お客が殺到する

飲食店の始め方と運営

'24～'25年版

成美堂出版

はじめに　'24～'25年版　飲食業界の動向

環境の変化を味方につけて、開業を目指そう

本書が最初に出版されてから15年という年月が過ぎ、外食の世界ばかりではなく、日本の経済を取り巻く状況もいろいろと変化しています。本書もそのあいだに、毎年少しずつ改訂を重ねてきました。

現在の日本の経済状況は、必ずしも楽観できるものではないかもしれません。少子高齢化による市場の変化は重要な課題ですし、直近では、円安が外食の仕入れ価格に大きな影響を及ぼしています。

けれども、そうしたマクロの経済環境が、すべての飲食店に同じような打撃を与えるとはかぎりません。飲食業というのは、“店舗に来店するお客様に、その場で用意した飲食を提供するビジネス”です。減少しているとはいえ、日本は先進国の中でまだ人口が多く、国土の狭い範囲に多くの人々が暮らしています。ですから、実際にお客様が来店することで成立する飲食店には、まだ多くのビジネスチャンスが残されています。規模の大きな外食企業には厳しい環境であっても、地域の人々を顧客とする個人経営のような飲食店には、さほど脅威にならないという場合もあるのです。

今から50年あまり前、ファミリー層が気軽に行けるレストランがなかったことを背景に、ファミリーレストランは大きく飛躍しました。高齢人口が増えている現在は、シニア層が安心して楽しめる飲食店が求められているともいえるでしょう。

本書は、これから飲食店を始めてみようと考えている皆さんに向けて、流行に左右されない飲食店の開業と運営の基本を整理してまとめた入門書です。

2024年5月　入江直之

巻頭特集

飲食店を始めよう！

自分の店を持ちたい！　あこがれの飲食店オーナーへの第一歩を踏み出しましょう。

飲食店経営を成功させる 8カ条

はじめての飲食店経営! まず、これだけは心得ておきましょう。

楽しい食事のひとときを過ごしたあと、「自分もこんなお店を持ちたい!」または「自分だったらこう工夫して、もっとすばらしいお店をつくれるのに……」などと考えることはとても楽しいものです。本書を手にした皆さんは、そんな想いを実現するために、一歩を踏み出したところなのでしょう。

飲食店とは「食」を仲立ちとして、多くの人たちが集い、出会い、語らうためのステージです。そしてそのステージをプロデュースすることが、飲食店オーナーの仕事なのです。

そうした皆さんの夢を実現するために、まず、次の「飲食店経営を成功させる8カ条」からスタートしてください。

誰のものでもない、あなただけの理想の飲食店を成功に導くために。

第1条 経営は数字で考える

「人と接するのが好き」だったり「食べ物に興味がある」というのはとても大事なことですが、それだけでは経営はできません。安定した経営を行うためには、きちんと数字で考えるという姿勢が重要です。どんぶり勘定で成功した会社はありません。

第2条 グルメになりすぎない

「おいしいものを食べるのが大好き」という理由から飲食店経営を志す人は多いものです。それはたしかに大切なことですが、おいしさにこだわるあまり、単なる「美食家(グルメ)」になってしまってはいけません。飲食店はあくまでビジネスです。お金を払うお客様の立場で考えることを忘れないようにしてください。

第3条 見栄を張らない

繁盛店には毎日さまざまなお客様が訪れ、とても華やかで派手な印象があります。けれども、経営者は、見た目の華やかさに心を奪われてはいけません。飲食店は、毎日の地味で地道な作業で成り立っています。派手な生活で話題になる経営者の店はたいてい短命です。

第4条 人間関係を大切にする

飲食店とは、「人が人にサービスするビジネス」です。お客様はもちろん、スタッフや取引先など、日々、多くの人とかかわっていくのが飲食店の経営です。ですから、飲食店の経営者は人間関係を大切にし、人とかかわることを楽しめなければいけません。

第5条 専門家は上手に使う

飲食店を開業し、経営することは、自分ひとりだけの力ではできません。食材や不動産、経理や税務など、さまざまな専門家の力を借りて、はじめて成功が可能になります。自分だけでやろうとせずに、専門家の力を上手に活用するのが賢い経営者といえるでしょう。

第6条 計画を立てて行動する

飲食店の経営は日々の店舗営業の積み重ねです。食べ物を扱う仕事は、年間の四季に応じて変化をつける必要がありますし、店舗投資が大きな飲食店では数年先の再投資についても考えなくてはいけません。目先の売上ばかりでなく、1年単位の長期的な計画で経営を考えることが大切です。

第7条 お金は上手に使う

飲食店は毎日の売上が現金で手元に入ります。小売業などに比べて原価率《げんかりつ》の低いビジネスなので、資金繰りには有利ですが、ついお金の使い方がずさんになりがちです。必要な投資とムダな経費をきちんと区別すること。そして、支払いの期限は必ず守ることを肝に銘じましょう。

第8条 情報に敏感になる

食べ物の流行には、あまり急激な変化はありません。そのため、何年も同じメニューで営業を続けて、いつしか時代遅れになってしまう飲食店は意外と多いものです。食べ物だけにかぎらず、さまざまなトレンドの情報を敏感に感じ取るアンテナが、経営を左右する場合もあります。

巻頭特集❷

個人で開業する飲食店の分野例

ひとくちに飲食店といっても、その中にはさまざまな分野があります。本書では、おもに左図のような飲食店を開業しようとする人を対象にした内容となっています。

喫茶店・カフェ

もともと日本には個人経営の喫茶店が全国に数多くありました。本来のカフェは食事やアルコール飲料も提供する店のことを指しますが、日本では喫茶店とカフェの区別は曖昧になっています。

居酒屋・ダイニングバー

飲酒と食事を一緒に提供する居酒屋は、日本ならではの食文化に対応しています。それをモダンなスタイルにアレンジしたのがダイニングバーで、メニューや店の雰囲気は違っても基本的な考え方は同じです。

ファストフード

フランチャイズチェーン（P140 参照）に加盟して開業するというケースが多いですが、どのチェーンを選ぶか判断する際にも、飲食店の基本を知っていると参考になるでしょう。

バー・パブ

バーのように酒類を中心に提供する飲食店は、食事を中心にした店とは少し考え方が異なりますが、店舗経営の基本は同じです。パブとは本来、英国の大衆的な酒場を指す言葉です。

食堂・定食店

それほど専門的ではない料理を提供する飲食店として、個人の開業者が比較的取り組みやすい分野です。ただし、利益を出すのが難しい側面もあり、経営面では慎重な計画が必要になります。

麺類専門店

日本には個人が経営する飲食店として、ラーメンやそば、うどんなど、麺類の専門店が数多くあります。とくにラーメン専門店は経営者の創意工夫が活かせる半面、競争が激しい分野でもあります。

専門料理店

専門料理店は、和・洋・中などの各国料理や郷土料理、寿司、焼肉、天ぷらなど、料理の専門性で勝負する飲食店です。その分野の知識や技術が必要ですが、他店と差別化しやすい利点もあります。

スモールビジネスから飲食店にステップアップ (P60参照)

食物販・飲料スタンド

食物販とは、調理済みの食べ物を小売販売することで、弁当や惣菜、ベーカリー、スイーツ（菓子・デザート)、ドリンク類など多くの分野があります。小売業についての知識も必要です。

キッチンカー(移動販売)

キッチンカーでの起業も人気の分野です。初期の投資が少なくて済む半面、法律面や設備などさまざまな制約があるので、事前に十分な情報収集が必要でしょう。

飲食店の経営に向き不向きはある？

「大切なのは向き不向きではなく、自分の長所や短所を把握し、それを経営に活かすことです。」

筆者が出会った飲食店の経営者を例にとって、特徴やアドバイスなどをまとめてみました。もちろん、このほかにもさまざまなタイプの経営者がいます。どのタイプがよいということはありません。

堅実経営タイプ

■向いている性格や特徴

- 真面目で堅実な性格。
- 見栄を張らずにコツコツと仕事をするタイプ。
- ファッションも地味で目立たない。
- 接客が苦手な人もいるが、素朴で誠実な性格が好印象。
- 勉強家でコスト削減などの経営管理面が得意。

アドバイス

比較的、庶民的な業態に向く。フランチャイズ加盟からのスタートもよい。

注意点

流行を追うのが苦手なので、時代の変化に取り残されないようにする。

サービスマン／ウーマンタイプ

■向いている性格や特徴

- 接客だけでも商売できるサービス力。
- スタッフにも好かれて人材では苦労しない。
- さりげないオシャレで嫌味がない。
- いつでもどこでもつねに周囲への気配りを忘れない。
- 頭はよいのに、意外と経営が下手なところがある。

アドバイス

大衆型よりも、固定客重視の店がよい。よいパートナーと出会えることが成功の秘訣。

注意点

気を配りすぎて、ストレスがたまってしまうかも。経営にはわがままなところも必要。

クリエイタータイプ

■向いている性格や特徴

- センスがよく、流行を採り入れるのが得意。
- 店やメニューのデザインを自分でする人もいる。
- 外見も格好よく、スタッフやお客様の人気者に。
- 変化に応じて店の方針をすばやく変えることができる。
- 既成概念にとらわれず、自分の考えでよいアイデアを生み出せる。

アドバイス

自分のセンスを活かせる場所に出店することが大事。

注意点

他人の意見を聞かない傾向があるので、最初に成功した後に大きく失敗することもある。

職人タイプ

■向いている性格や特徴

- 人と話すよりも料理を研究するほうが好き。
- 同じ職人タイプのスタッフには尊敬される。
- 普段着よりもユニフォームなどの仕事着が似合う。
- 接客が苦手なのが弱点だが、しゃべらなくても存在感がある。
- 経営管理は苦手だが、かぎられた材料費の中でおいしいメニューをつくるのは得意。
- フランチャイズに加盟することは考えない。

アドバイス

専門店でこだわりを追求する。ただし、経営を甘く見ずにしっかり勉強することが大切。

注意点

ひとりでは成功できる業態がかぎられる。自分を活かしてくれるパートナーの存在が重要。

商売人タイプ

■向いている性格や特徴

- もうかるビジネスを自然と見分ける能力がある。
- 倹約家だが商売に必要な出費はいとわない。
- 独自のこだわりファッションが印象的。
- 人と接するのが得意で、話題も豊富な接客上手。
- 勉強していないようでいて、経営のセンスはしっかり身についている。
- どんな場合にももうかる方法を考え出せる。

アドバイス

日々の売上などの目先の利益にとらわれず、小さくまとまらなければ大成功する可能性もある。

注意点

もうけばかりを考えて誠実さをなくすと、お客様もスタッフも離れてしまうかもしれない。

飲食店経営にかかる費用一覧

「飲食店を始めるに当たって、かかる費用はさまざま。必要な費用を把握しておきましょう。」

かかる費用

- 食材の仕入れ
……月額売上の約28～33%
- 食器・包材の購入
……通常、食材の仕入原価に含まれる
- 研究開発費
……他店の視察など数万円～／月
- 印刷物の制作費用
……総投資額の2～4%程度が目安

■商品■

- 仕入食材
- 食器・包材《ほうざい》
- メニュー開発
- メニューブック

かかる費用

- インターネット接続
……電話契約と一緒で1万円前後～／月
- 業界誌・経営誌
……1,000～2,000円／冊
- 新聞・テレビ……家庭と同じ
- 広告代理店
……必要に応じて契約する
- セミナー、交流会などへの参加
……1回数千円～数万円程度
- BGMの著作権使用料（JASRAC）
……面積500㎡までの店舗は年額6,000円（税別）。有線放送の事業者が代行して支払う場合もある

■情報■

- 食のトレンド
- 仕入情報
- 経営情報
- 情報発信（広告宣伝）

※原則として2024年4月時点での金額の例です。

店舗面積：20 坪
家賃　　：25 万円／月
保証金　：300 万円
　　　　　（家賃の12 カ月分）
業態　　：カフェ
売上　　：平均月商350万円

かかる費用

- 不動産取得費用
  ……保証金（敷金《しききん》）、前家賃１カ月、仲介手数料１カ月分～（居抜《いぬ》き物件の場合は造作《ぞうさく》譲《じょう》渡《と》費用も）
- 店舗設計費用
  ……総工事費の数%～
- 店舗工事費用
  ……坪当たり 100 万円まで
- 付帯設備購入費用
  ……必要に応じて数万～数十万円
- リース料
  ……リース総額とリース期間で月額費用が決まる
- 機器メンテナンス料
  ……機器１台当たり数千円～／月
- 店舗保険料
  ……保険内容による（数万円～／月）

■店舗■

- 不動産物件
- 店舗設計施工《せこう》
- 家具・什器《じゅうき》
- 設備・機器
- 店舗維持管理

■運営■

- スタッフ（従業員）
- 専門家（税理士など）
- 店舗サービス業者
- 店舗運営備品
- 運転資金

かかる費用

- 人件費
  ……月額売上の約 20 ～ 27%
- 求人媒体費用
  ……数万～十数万円（１回掲載）
- 税理士、会計士などへの顧問料
  ……数万円～／月
- レンタル品、害虫駆除、店舗清掃、クリーニングなど
  ……各数千～数万円／月
- 備品、消耗品の購入費
  ……必要に応じて数万円～／月
- 開業運転資金
  ……“仕入れ＋人件費”の３～６カ月分

計画から開業までのスケジュール

「決意してから開業までに8カ月〜1年間は必要です。スケジュールを立てて準備をしましょう。」

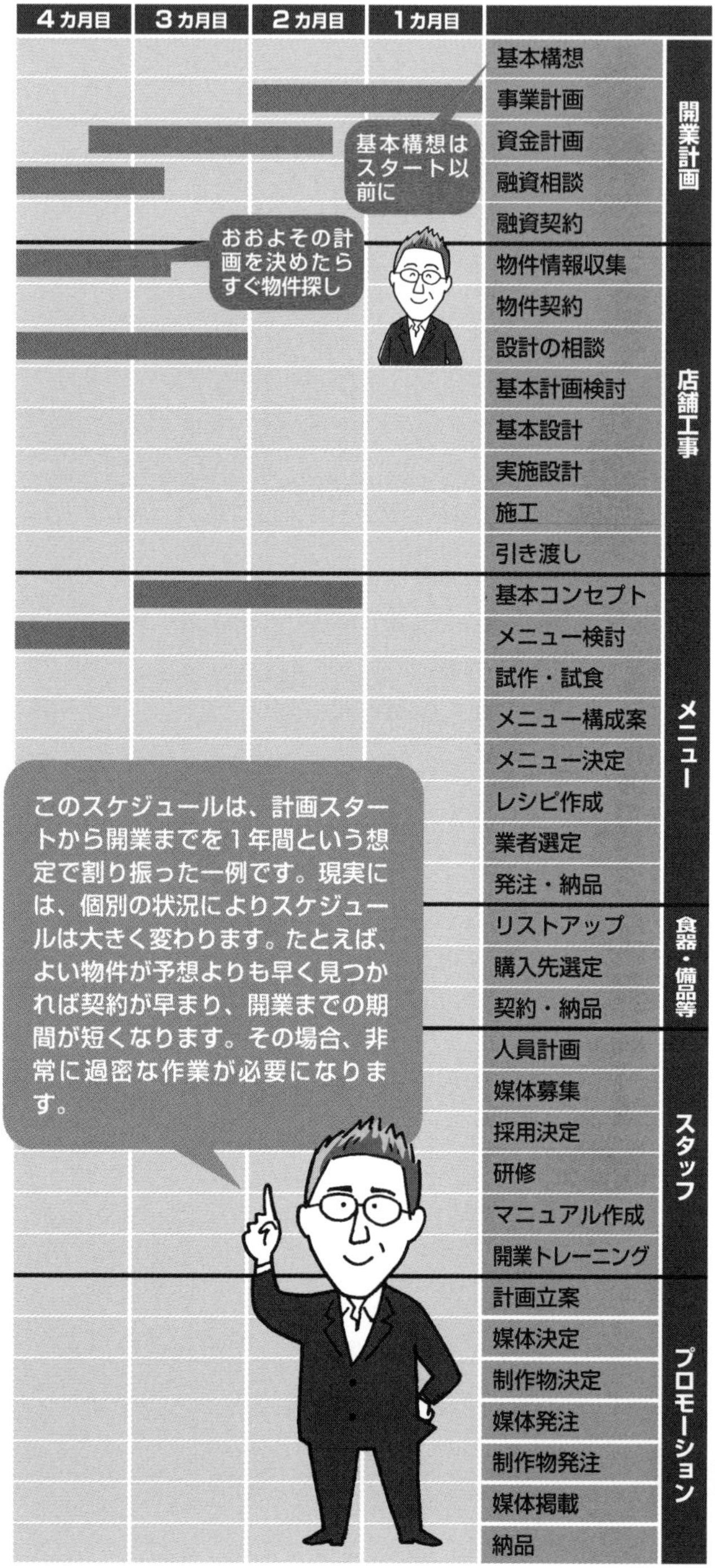
4カ月目
3カ月目
2カ月目
1カ月目
開業計画
基本構想
事業計画
資金計画
融資相談
融資契約
店舗工事
物件情報収集
物件契約
設計の相談
基本計画検討
基本設計
実施設計
施工
引き渡し
メニュー
基本コンセプト
メニュー検討
試作・試食
メニュー構成案
メニュー決定
レシピ作成
業者選定
発注・納品
食器・備品等
リストアップ
購入先選定
契約・納品
スタッフ
人員計画
媒体募集
採用決定
研修
マニュアル作成
開業トレーニング
プロモーション
計画立案
媒体決定
制作物決定
媒体発注
制作物発注
媒体掲載
納品
基本構想はスタート以前に
おおよその計画を決めたらすぐ物件探し
このスケジュールは、計画スタートから開業までを1年間という想定で割り振った一例です。現実には、個別の状況によりスケジュールは大きく変わります。たとえば、よい物件が予想よりも早く見つかれば契約が早まり、開業までの期間が短くなります。その場合、非常に過密な作業が必要になります。

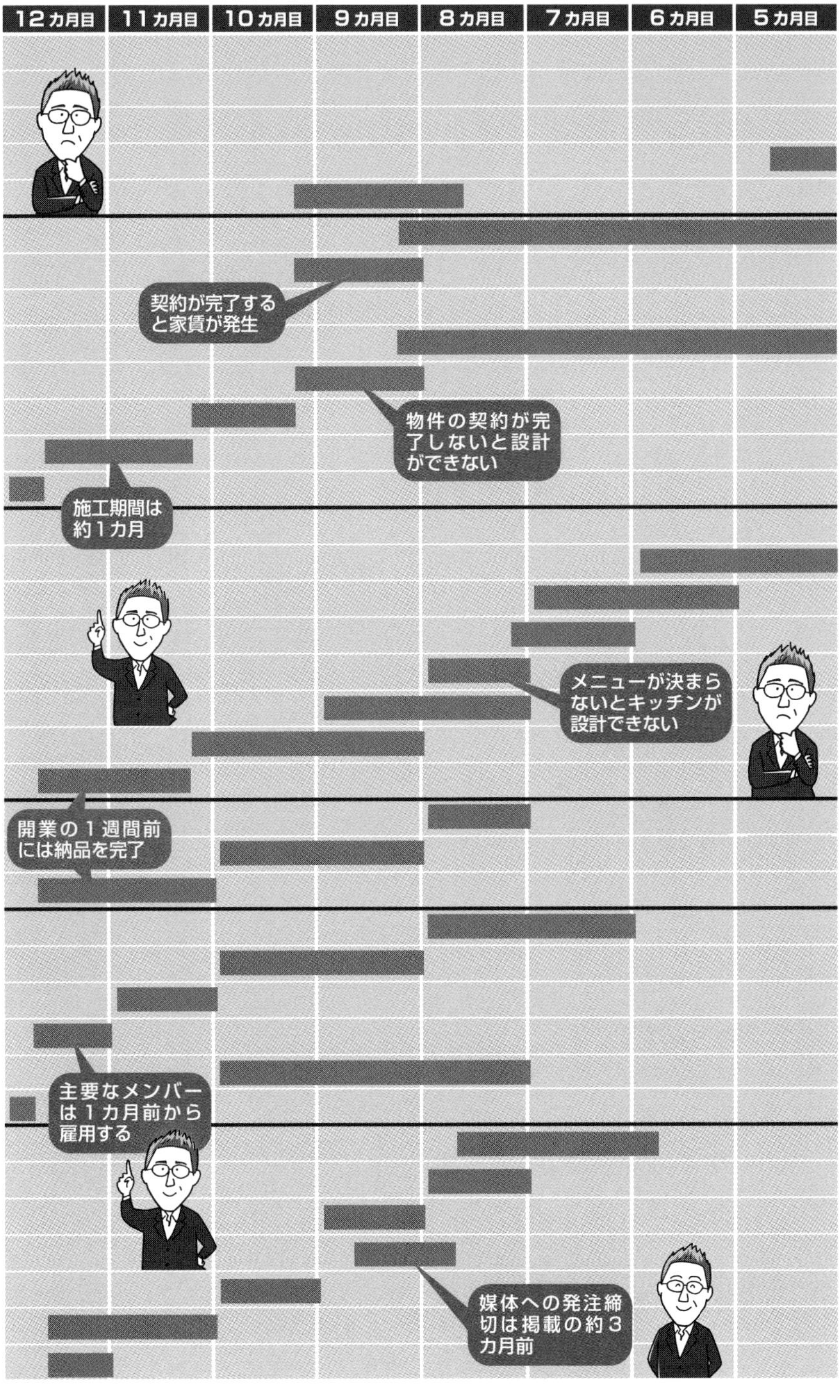
12カ月目
11カ月目
10カ月目
9カ月目
8カ月目
7カ月目
6カ月目
5カ月目
契約が完了すると家賃が発生
物件の契約が完了しないと設計ができない
施工期間は約1カ月
メニューが決まらないとキッチンが設計できない
開業の1週間前には納品を完了
主要なメンバーは1カ月前から雇用する
媒体への発注締切は掲載の約3カ月前

「インボイス制度」と「電子帳簿保存法」

既存の飲食店は大きな影響を受けますが、新規開業でも注意が必要です。

２０２３年10月から施行された「インボイス制度」は、正式には「適格請求書等保存方式」といいます。

飲食店にかぎらず、法人や個人が事業を行っている場合、その売上にも仕入れなどの支払いにも消費税が加算されています。事業者が実際に納税する金額は、事業の売上で受け取った消費税と、経費などで支払った消費税の差額ですから（次ページ図参照）、仕入れなどで支払った消費税を控除します。

従来から、課税売上高が年間１０００万円以下の事業者は免税事業者となり、消費税の支払いを免除されていました。

しかし、「インボイス制度」に**より免税事業者は「適格請求書発行事業者」になれず、「適格請求書」を発行できません。**

飲食店の場合、多くは課税事業者になりますが、仕入れ先などに免税事業者があると、その仕入れ先に支払った消費税は控除できなくなります（※制度の開始から６年間の経過措置があります）。

これから飲食店を開業しようとする場合、**仕入れ先として想定している業者が「適格請求書発行事業者」かどうかに注意が必要です。**

！ワンポイント

「インボイス制度」の経過措置

「インボイス制度」は事業者に大きな影響があるため、制度の開始から６年間の経過措置が設けられています。これはおもに、既存で営業を行っている事業者に対する救済措置ですが、新しく飲食店を開業する経営者も知っておいて損はありません。経過措置の内容や手続きはかなり複雑なので、詳しくは管轄の税務署などで確認してください。

また、「インボイス制度」の施行に先立って、2022年に「電子帳簿保存法」が改正されました。「電子帳簿保存法」は国税に関する帳簿や書類の保存に関する法律です。

経理や決算などで必要な帳簿類、貸借対照表や損益計算書、領収書、請求書などの書類はすべて法律で一定期間の保存義務があります。これらについて、**決められた要件を満たせば電子データで保存できる**というルールを定めたのが「電子帳簿保存法」です。

改正で電子データの保存が厳密になった部分もありますが、同時に保存に関する要件の一部が緩和され、より導入しやすくなりました。

経理業務のデジタル化により、作業の負担を軽減することも検討しましょう。

消費税の納税と仕入控除の仕組み

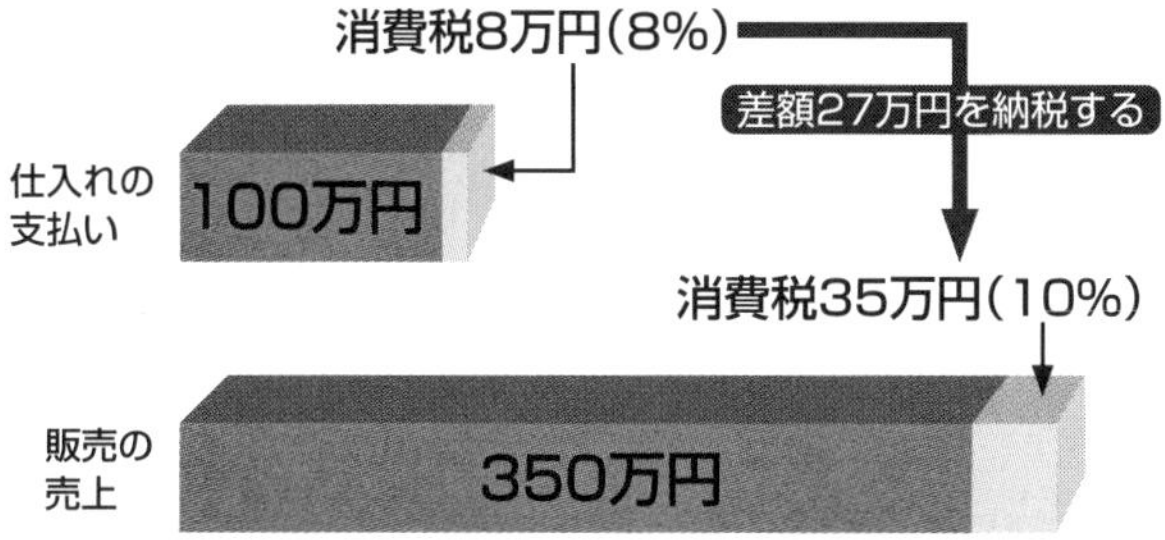

消費税8万円(8%)
差額27万円を納税する
仕入れの支払い
100万円
消費税35万円(10%)
販売の売上
350万円

消費税の課税事業者は、支払った消費税と受け取った消費税の差額を納税しますが、「インボイス制度」では「インボイス(適格請求書)」がないと支払った消費税を控除することができません。(上記の場合8万円を控除できない)

※上図はイメージなので、金額とバーの長さは対応していません。

※「インボイス」とは「適格請求書」のことです。登録された「適格請求書発行事業者」から、登録番号や税率、税額などが記載された「適格請求書」を発行するという仕組みが「インボイス制度」です。

ココが知りたいQ&A

「電子帳簿保存法」の改正とは？

「電子帳簿保存法」では、「電子帳簿等保存」「スキャナ保存」「電子取引」という3つの保存方法が定められています。2022年の改正により、このうち「電子取引」については2024年から電子データでの保存が義務づけられました。たとえば、郵送ではなく電子メールで送られてきた請求書などは「電子取引」として扱われるため、必ず電子データのまま保存して（※欄外参照）おかなければなりません。

※猶予措置として紙での保存と併用できる場合もあります。

飲食店のDXを考える

「飲食店もデジタル技術を積極的に活用する時代がやってきました。」

インターネットとデジタル技術の進化により、DX（※Q&A参照）という言葉が広く使われています。

現在、飲食店でおもに利用されているDXの分野を、次ページの表に記載しました。これらの大部分は、**インターネットに接続した機器によるクラウド（コンピューティング）サービスで提供されています。**

クラウドサービスの利用で注意すべきことは、まず、停電や機器の故障などによりネットへの接続が切れると、サービスが使えなくなるという点です。ですから、次ページの表内（A）に記載した会計機器などのように、営業中に使用できなくなると支障をきたすものについては、そうしたときの対策も考えておかなければなりません。

もうひとつ**重要なのは、利用しているクラウドサービスを他社に変更したいと考えたとき、これまでの管理データを手元に保存したり、他社への移行ができるかどうか**です。とくに、同表内の（B）にあるような顧客情報を扱うサービスでは、クラウドサービスに顧客データを預けることで個人情報の管理を行っているため、他社へのデータの移行が難しい場合があります。この分野では、

ココが知りたいQ&A

DXとは何か？

DX（デジタルトランスフォーメーション）とは、デジタル技術を活用して「①従来からの仕事のやり方を改善すること」に加え、「②既存の製品やサービス、ビジネスモデルなどを変化させて行くこと」を指します。本書が解説する飲食店の開業や運営においては、②のような分野はあまり関係しないでしょう。

どのサービスを導入するかを慎重に検討してください。

また、表内（C）に記載したようなシステムは、**店舗の規模などによって必要性が異なります**。開業後の導入でも構わない場合が多いので、必要に応じて検討すればよいでしょう。

たとえば、クラウドサービスで提供されるPOSレジ（ワンポイント参照）は、省スペースで移動しやすく、キャッシュレス決済やモバイル決済のような関係するサービスとの連携もよいので、現在では多くの店で導入されています。

いずれにしても、こうしたサービスは時間や人員、ミスの低減などについて、**コストに比べて大きな効果が得られるかどうかが導入の判断基準になります**。

飲食店で利用されているおもなＤＸの分野

	おもな分野	内容
（A）	・POS レジ ・キャッシュレス会計 ・セルフオーダー ・モバイルオーダー	【会計や注文に関連するシステム】 店舗の営業中はつねに使用するので、信頼性や操作性が重要。オーダー関連は営業内容によって必要かどうかを判断。
（B）	・予約管理 ・顧客管理 ・デリバリー管理	【顧客データに関連するシステム】 予約の多い店は予約管理の利用価値は高い。導入後に他社への移転が容易にできるか、導入前に十分な比較検討が必要。
（C）	・オンライン仕入れ ・在庫管理（自動発注） ・勤怠管理（シフト管理）	【店舗の内部を管理するシステム】 オンライン仕入れは通常、納入業者側のサービスを利用。在庫管理や勤怠管理は小規模店ではあまり必要がない。
（D）	・配膳ロボット ・調理ロボット ・フードテック	【その他】 小規模な飲食店では、現在は導入が難しい。フードテックは食材の生産なども含めた食品業界全体での取り組み。

ワンポイント

POSレジ

POSとはPoint Of Sales（販売時点）の略。会計に使用するレジスターのうち、販売した商品や顧客などの情報をその場でデータとして記録し、分析を行うことができる機器を指します。従来は非常に高価でしたが、クラウドサービスにより比較的安い利用料金で導入できるようになりました。

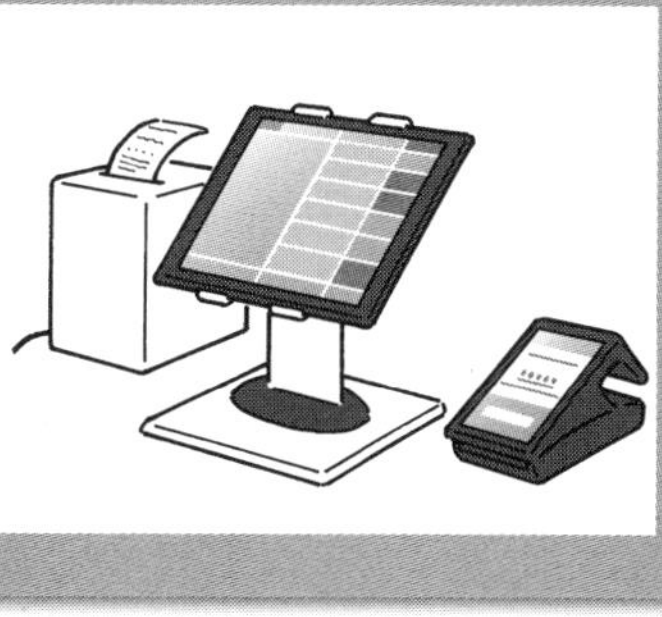

目次

お客が殺到する飲食店の始め方と運営

開業編

第1章　どこにどんな店をつくるか……25

第2章　メニュー計画を立てる …… 69

第3章　店舗の設計・施工はどうする …… 97

運営編

第6章 スタッフの育成とプロモーション

本書の使い方

お客が殺到する飲食店の始め方と運営のポイントを
経験豊富なコンサルタントがやさしく解説！

本書では、飲食店の開業計画から運営までの方法をわかりやすく解説しています。

わかりやすい図解

本文に書かれている内容をわかりやすく図解。文章と合わせて見ると、より理解が深まります。

鉄則　その項目で必ず押さえるべきポイントを簡潔に示しています。

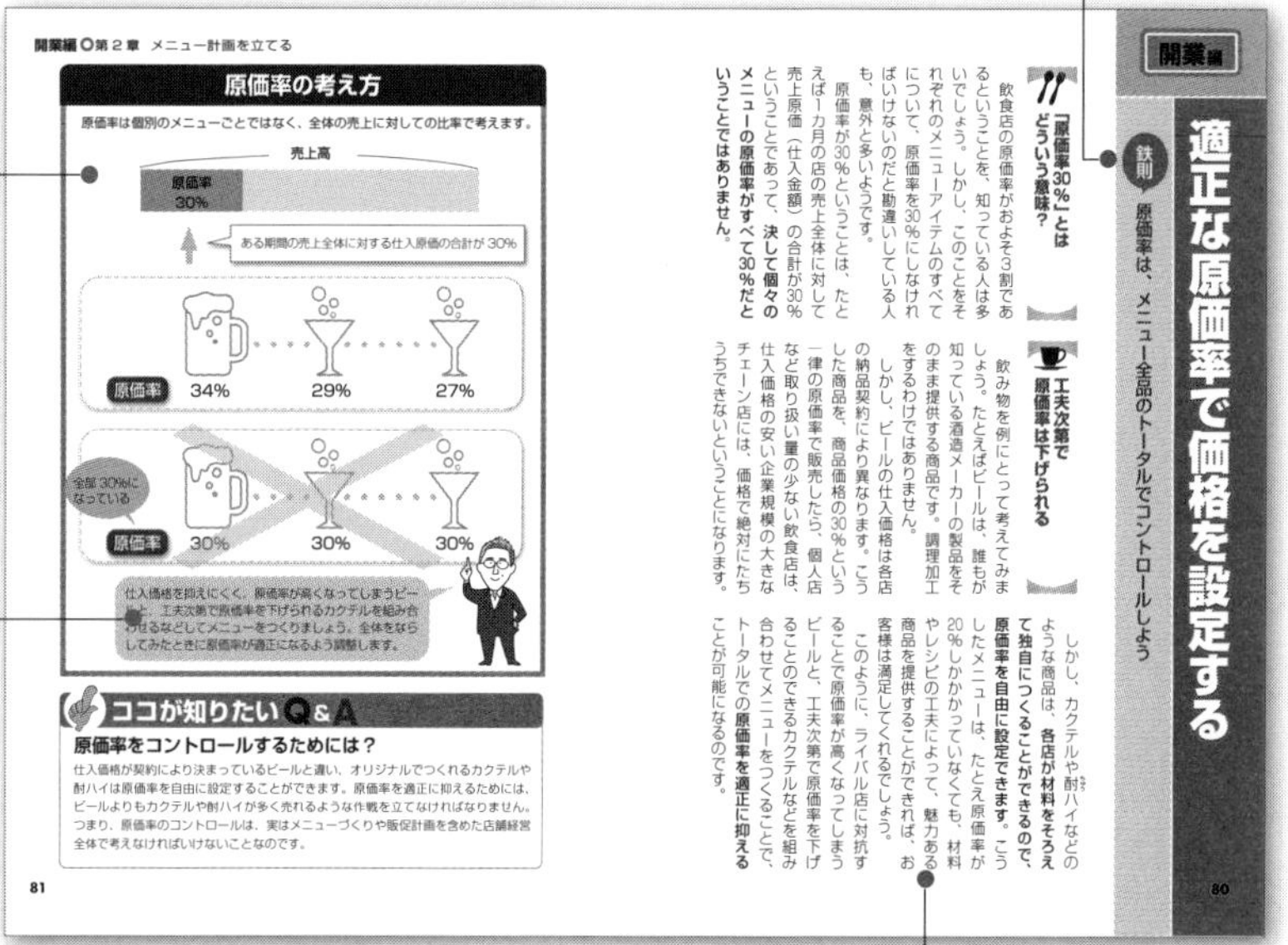

開業編

適正な原価率で価格を設定する

鉄則　原価率は、メニュー全品のトータルでコントロールしよう

「原価率30％」とはどういう意味？

飲食店の原価率がおよそ3割であるということを、知っている人は多いでしょう。しかし、このことをそれぞれのメニューアイテムのすべてについて、原価率を30％にしなければいけないのだと勘違いしている人も、意外と多いようです。

原価率が30％ということは、たとえば1カ月の店の売上全体に対して売上原価（仕入金額）の合計が30％ということであって、**決して個々のメニューの原価率がすべて30％だということではありません。**

工夫次第で原価率は下げられる

飲み物を例にとって考えてみましょう。たとえばビールは、誰もが知っている酒造メーカーの製品をそのまま提供する商品です。調理加工をするわけではありません。

しかし、ビールの仕入価格は各店の納品契約により異なります。こうした商品を、商品価格の30％という一律の原価率で販売したら、個人店など取り扱い量の少ない飲食店は、仕入価格の安い企業規模の大きなチェーン店には、価格で絶対にたちうちできないということになります。

しかし、カクテルや酎《ちゅう》ハイなどのような商品は、**各店が材料をそろえて独自につくることができるので、原価率を自由に設定できます。**こうしたメニューは、たとえ原価率が20％しかかかっていなくても、材料やレシピの工夫によって、魅力ある商品を提供することができれば、お客様は満足してくれるでしょう。

このように、ライバル店に対抗することで原価率が高くなってしまうビールと、工夫次第で原価率を下げることのできるカクテルなどを組み合わせてメニューをつくることで、トータルでの**原価率を適正に抑える**ことが可能になるのです。

80

開業編○第2章　メニュー計画を立てる

原価率の考え方

原価率は個別のメニューごとではなく、全体の売上に対しての比率で考えます。

ココが知りたいQ&A

原価率をコントロールするためには？

仕入価格が契約により決まっているビールと違い、オリジナルでつくれるカクテルや酎ハイは原価率を自由に設定することができます。原価率を適正に抑えるためには、ビールよりもカクテルや酎ハイが多く売れるような作戦を立てなければなりません。つまり、原価率のコントロールは、実はメニューづくりや販促計画を含めた店舗経営全体で考えなければいけないことなのです。

81

著者からのコメント

飲食店開業の経験豊富な著者からのアドバイスです。

読みやすい本文

わかりやすい言葉で飲食店の開業と運営のノウハウを説明しています。とくに重要な箇所は太字で記載しています。

ココが知りたいQ&A　開業希望者の知りたい疑問に答えます。

ワンポイント　覚えておきたいこと、知っているとお得な情報を記載しています。

ココに注意！　気をつけるべきポイントを紹介しています。

開業のウラワザ　知っていると差がつくポイントを紹介しています。
運営のウラワザ　さらなる知識の充実が図れます。

※本書は、原則として2024年4月時点の情報をもとに編集しています。

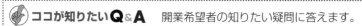

開業編

第1章

どこに どんな店をつくるか

飲食店のコンセプトづくりから、出店立地の選び方、必要な費用や届出・申請についてなど、開業に関する第一歩をまとめました。

「どんな店にしよう」と考える前に

鉄則 「何を売るか」だけでなく、「どう売るか」についても考えよう

業種と業態の考え方の違いを知る

飲食店を始めるときに、まず考えるのは「どんな店にしようか」ということでしょう。

このとき知っておいてほしいのが**「業種」と「業態《ぎょうたい》」という言葉**です。

ごく簡単に説明すると、**「業種」とは、「おもにどの種類の商品を取り扱っているか」**という点からビジネスを分類する考え方。それに対して**「業態」は「どのような販売（営業）方法なのか」**という視点からビジネスを分類する考え方です。

たとえば、精肉店や青果店などのように扱う商品がはっきりしている店舗は、「業種」として分類できます。

しかし、さまざまな種類の商品を取り扱うコンビニエンスストアは、「業種」では分類できません。コンビニエンスストアは「近くですぐに買えると便利な商品なら、何でもそろえる」という「販売方法」、つまり「業態」によって分類される小売店です。

もともと、店舗は売っている商品ごとの「業種店」として始まりましたが、世の中の変化にともなって、**「業態」的な発想でビジネスをとらえる**必要が生まれてきました。

商売を、単なる「商品＝モノ」の視点でとらえるのではなく、**「販売方法＝サービス」の視点で考える**のが「業態」という考え方です。

飲食店の業種と業態はどんなもの？

「業種」と「業態」というのは、すべてのビジネスに通じる考え方です。飲食店でいえば、**「ラーメン店」とか「うどん屋」が「業種」的な分類であるのに対して、「カフェ」は「業態」**的な発想のビジネスです。

「どんな店」というだけではずいぶん漠然としています。ビジネスとして飲食店を考える場合には、このように筋道立ったとらえ方をする必要があります。

業種と業態の違いを知る

業種と業態でビジネスをとらえましょう。業種とは「どのような商品を取り扱っているか」、業態は「どのような販売（営業）方法なのか」をいいます。

業態

商品の販売方法によってビジネスを分類する

→どうやって売るか？

立ち食いそば

業種としては同じ「そば屋」でも、「立ち食いそば」はファストフード、「そば懐石」はレストランと、業態が異なる

そば懐石

コンビニエンスストアは取り扱う商品などではなく販売方法によって分類される小売店

業種

取り扱う商品によってビジネスを分類する

→何を売るか？

「何を」売るかを決めている人は多くいます。しかし、大切なのは「どのように売るか」まで具体的に考えることです。

ワンポイント

「喫茶店」と「カフェ」は考え方が異なる

「喫茶店」が「業種」的な分類であるのに対して、「カフェ」は「業態」的な分類の店舗です。喫茶店は、お茶やコーヒーなどを飲ませる店という「業種」的な発想から生まれています。一方、カフェはお客様にとって居心地のよい空間と、そこで注文したいメニューを提供するという視点からつくり上げられています。

そもそもの考え方が異なるということに注意しましょう。

将来の目標に合わせた経営方法を選ぶ

鉄則 まずは1軒の店！ という人は個人事業として始めよう

個人事業と法人とどちらで始めればいい？

飲食店を始める場合、経営方法にはいくつか選択肢があります。

まず、**個人事業として始めるのか、法人をつくり会社として経営するのか**という判断が必要です。どちらがよいと一概にはいえませんが、「とりあえず1軒の店を持ちたい」というところからスタートする場合は、まずは個人事業で始めるかたちでかまわないでしょう。

法人（会社）で経営を行う場合のメリットは、税務上の優遇などが挙げられますが、その半面、経理処理などが個人事業の場合に比べて複雑になります。

はじめて飲食店を経営するオーナーにとって、事務作業などが増えることで本来の店舗運営にかける時間が削られてしまうことは、あまり望ましくありません。

個人事業からスタートして、将来法人化するという流れは無理がありませんが、その逆は事務的な手続きの上でも面倒なことが多くなる可能性があります。個人事業として始めるのが無難でしょう。

もちろん、ハッキリとした目標や計画のもとに、会社を設立して店舗経営を行うことも問題ありません。

フランチャイズのオーナーになる

また、**フランチャイズの募集を行っている企業との加盟店契約**により起業したいと考えている方も多いと思います。フランチャイズチェーンへの加盟は、店舗の計画立案や開業に関するさまざまな面倒な作業を代行、あるいは指導してくれるので、初心者にとってはありがたい存在です。

しかし契約料として毎月一定の金額を本部に支払う必要があったり、オーナー独自の判断でメニューや価格を変更できないといったデメリットもあります（P140参照）。

経営方法を選択する

飲食店を開業する！

法人として会社をつくる

個人事業として始める

フランチャイズ契約するという選択肢も

フランチャイズチェーンには、個人で加盟するものと法人で加盟するものがあります。

ハッキリとした目標があるという場合以外は、個人事業から始めるという規模で十分でしょう。

開業のウラワザ

その他の経営スタイル

少数派ですが、似たような加盟店型の経営スタイルで「ボランタリーチェーン」（P141 参照）という方式もあります。これは、加盟店が主体となるため、フランチャイズほど契約内容が厳しくありません。しかしその代わりに、よりオーナーの経営手腕が必要になる方式だといえるでしょう。また、「のれん分け」と呼ばれている社員独立型のフランチャイズ方式も増えています。これは一定期間、本部企業の社員にならないと加盟店として独立できません。

さらに、「社会的な弱者の人々が働く場を作る」など、営利を目的としない飲食店の経営を行う場合には NPO 法人による経営という考え方もあります。

自分の目標に合った経営方法かどうか検討してみましょう。

お店のコンセプトは「1行」で！

鉄則 「ひと言」でいえるコンセプトを持とう

お店のコンセプトとはいったい何か？

新しく飲食店を始めるときには、**その店舗の「コンセプト」を決める**必要があります。

「コンセプト」とは、新しいビジネスを始めるときに、**その事業の趣旨を簡単にまとめたもの**です。

店舗を持ち起業しようという方たちの事業計画書を見ると、「コンセプト」という項目で何ページにもわたって書かれたものがあったりします。気持ちはとてもよくわかりますが、残念ながら、これでは「コンセプト」とはいえません。

コンセプトとは、もともと「概念」という意味の言葉です。私はこれを**「ひと言でいうと」**という意味でとらえています。コンセプトは、長くなってしまったとしても、**ひとつの文章、つまり1行程度で表現できなければなりません。**

どのビジネスでも、中心の部分は、ごく簡単な文章で説明できるはずです。もし、自分の考えている店について1行では説明できないとすれば、それは考えがまだ明確に整理されておらず混乱しているのかもしれません。あるいはアイデアが複雑すぎて、あまり現実的ではないのか、そのどちらかである可能性が高いでしょう。

魅力的なコンセプトの考え方

成功する飲食店のコンセプトは、**簡潔でわかりやすく、メニュー（商品）構成やターゲットとなる客層、メニューの価格帯、店舗を出店する場所などといった各要素と、矛盾せずに結びついている**必要があります。

ですから、コンセプトを考える際には、こうした要素を踏まえて検討しなければなりません（P34参照）。

前述した業種と業態の考え方をもとにして、魅力的でほかのライバル店に打ち勝てるようなコンセプトを考え出してください。

コンセプト検討シートをつくる

P32 ～ 34 を参考にして、ターゲット客層は「どんな人たち」で「どのような目的」で来店するのか考えてみましょう。

コンセプト検討シート

基本コンセプト	
キーワード	
ターゲット客層	
	メイン
	サブ
ターゲット利用動機	
商品 昼間 夜間	
価格帯設定 客単価 昼間 夜間	
メニュー構成	
コンセプトの演出・アイデア	

ココに注意！

コンセプトは簡潔に表現できなければいけない

「お店を持ちたい」と夢を持つ人は誰でも、その理想の店について何時間でも話すことができるでしょう。しかし、それは「説明」であって、決して「コンセプト」ではありません。

もしも、短い言葉でわかりやすく伝えられないのであれば、考えがまとまっていないということかもしれません。

コンセプトは１行くらいの長さですっきり伝えられるものであると理解してください。

ターゲットを絞りコンセプトを打ち出す

鉄則 どんな人が自分の店を「利用したい!」と思うのか、狙いを定めよう

ターゲット客層を設定する

コンセプトを考える上で重要なのは、**あなたの店に、どのような人たちにお客様として来店してもらうのか**ということです。これを、「ある特定のお客様に狙いを定める」という意味で、**「ターゲット客層」などと呼んでいます。**

このターゲット客層は、なるべく幅広い層に設定できればそれだけ対象となるお客様が増えますが、かといって「誰でもかまわない」「すべての人々がターゲット」という考え方では、商売はうまくいきません。

多くのお客様が、ほかの店ではなく「あなたの店」に行きたいと思うためには、ある程度特定のターゲットに的を絞って、そうした人々を集められるコンセプトを明確に打ち出していく必要があるのです。

来店する目的で区分し客層を決める

ここでいう「客層」とは、「若者」や「女性」といった「年齢」「性別」での区分よりも、**「どのような目的で来店するか」という、その人の来店理由**が重要になります。これを専門用語では**「利用動機」とか「来店動機」と呼んでいます。**そうした利用動機は年齢や性別での違いというよりも、その人の**職業やライフスタイル、趣味嗜好《しこう》、価値観、所得**などといった要素によって大きく左右されます。

少し極端な例で考えてみましょう。たとえば、ほかの飲食店が営業していない早朝や深夜に営業している店は、どうしてもそうした時間に食事をしなければならない、という理由のある人々にとっては、強力な利用動機に応えてくれるありがたい店ということになります。

タクシーやトラックの運転手をターゲットにして、深夜営業を行っているラーメン店や食堂などがその

ターゲット客層を考える

同じ女性客ターゲットでも、求めるものによって雰囲気や価格は異なってきます。ただし、ターゲットは絞りすぎてはいけません。

ランチタイムにすばやく満足できる食事をしたい会社員

立地……………ビジネス街
利用目的……ランチ
時間帯…………平日ランチタイム
価格……………なるべく安く

落ち着いてゆっくり食事を楽しみたい主婦

立地……………住宅街
利用目的……ランチ
時間帯…………平日〜週末午後
価格……………少しぜいたくでもOK

例です。ほかにも、アレルギー体質の人々のために、アレルギーを引き起こすような食材を使わない自然食料理を提供するレストランなどは、年齢や性別を問わず、**他店を利用できない特定の人々を集める**ことが可能になるわけです。

ターゲットは絞り込みすぎない

しかし、こうした店のターゲットとなるお客様は、平日ランチタイムのビジネス街や週末の繁華街に比べれば、絶対数は決して多くありません。

深夜のラーメン店では、隣により安い店ができたらお客様が半減してしまうかもしれません。また、自然食料理の店も、もっとおいしい店が便利な場所にできればお客様の大部分がそちらに行ってしまうかもしれないのです。

コンセプトづくりのポイント

成功する飲食店は商品構成、出店立地、ターゲット客層やその利用動機などの各要素が矛盾なく結びついています。①〜③の順に追って確認しましょう。

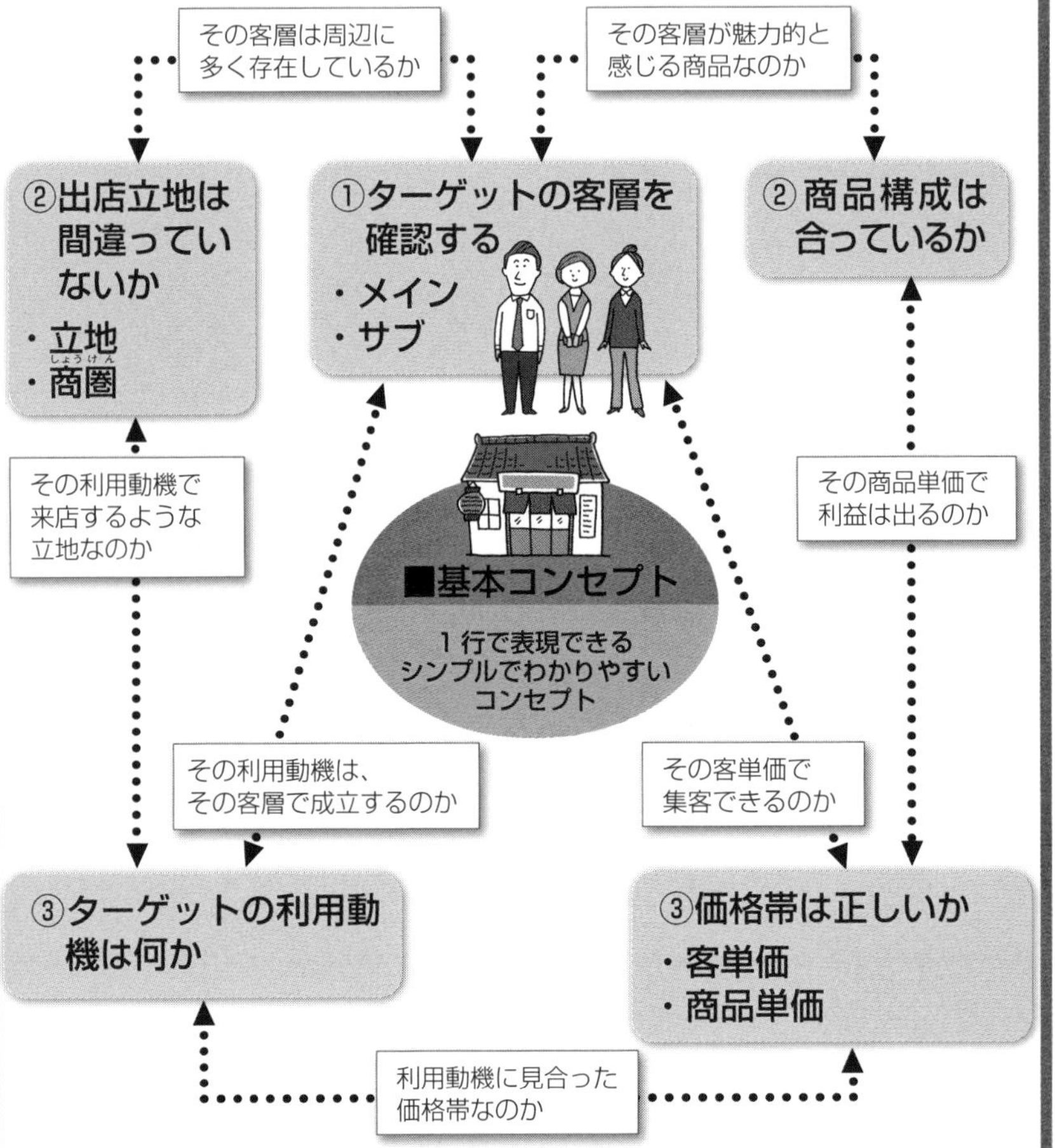

その客層は周辺に多く存在しているか
その客層が魅力的と感じる商品なのか
②出店立地は間違っていないか
・立地
・商圏《しょうけん》
①ターゲットの客層を確認する
・メイン
・サブ
②商品構成は合っているか
その利用動機で来店するような立地なのか
その商品単価で利益は出るのか
■基本コンセプト
1行で表現できるシンプルでわかりやすいコンセプト
その利用動機は、その客層で成立するのか
その客単価で集客できるのか
③ターゲットの利用動機は何か
③価格帯は正しいか
・客単価
・商品単価
利用動機に見合った価格帯なのか

ワンポイント

コンセプトを考えるときには

たとえば「まだ小さい子どもを連れた若い両親が、週末におじいちゃんとおばあちゃんを誘ってみんなで外食をしている」といった具体的なシーン（情景）を思い浮かべてみます。そして、コンセプトとメニュー、価格、利用動機、店の雰囲気やサービスといったものに不自然な部分や矛盾がないかどうか、現実にはありそうもない状況になっていないかなど、チェックをしましょう。そうすることで、成功するコンセプトを練り上げていくことができるのです。

開業編

店の名前を決める

鉄則　声に出して、文字に書いて、店の名前を検討しよう

店名はお客様に与えるもっとも基本的な情報

「業態」を決め、「コンセプト」を固めていく中で、もうひとつ**重要な要素は「店名」です**。店名とは、あなたがこれから始める飲食店という**事業を示すブランド名です**。

たとえばコンビニエンスストアは同じような商品を売っていても、利用者は「セブン-イレブン」とか「ローソン」という店名（＝ブランド名）で、違いを区別しているでしょう。

このように、店名はお客様にあなたの店を知ってもらう上でのもっとも基本的な情報です。企業が新商品を開発する際には、コピーライターなどに多額の費用を払って依頼するぐらい、名前を付けること（＝ネーミング）は重要な要素なのです。

語呂はよいか言いやすいかを確認

店名の付け方に、とくに決まったルールはありませんが、店名案は**「発音したとき」と「文字に書いて見たとき」の両面から検討してみる必要があります**。

まず、店名を声に出したときの語《ご》呂《ろ》がよいかどうか、発音しにくくないかを確認します。外国語などを使った、一般の人には発音しにくい（できない）店名も見かけますが、こうした店名は、口頭で伝えられないので口コミの効果が弱まります。

日本には、ひらがなとカタカナ、そして漢字という3種類の文字があります。そのほかにアルファベットや数字を組み合わせる場合もあり、とても複雑です。

看板や印刷物に記載される店名は「文字」として読まれるので、**見た目にわかりやすいことが重要**です。たとえば「やまなかうどん」や「スカイカフェ」のようにひらがなやカタカナが続くと、パッと見たときに読みにくく、店名によっては間違って記憶される場合もあります。

繁盛店の名付けポイント

店の名前を付けるときのポイントは、「発音がしやすいか」と、文字に書かれたとき「見た目にわかりやすいか」です。

わかりやすい店の名前

かな＋漢字

漢字＋カナ

見た目にわかりやすく、口頭でも伝えやすいので、口コミの効果も期待できます。

わかりにくい店の名前

ひらがなばかりの店名

フランス語の店名

ひらがなばかりの店名はパッと見たときに読みづらく、フランス語の店名は発音もしづらいので、口コミ効果は弱まります。

開業のウラワザ

あえて逆効果を狙った店名を付ける

記憶に残るように読めない漢字を使用するなど、あえて逆効果を狙った店名アイデアもあります。その場合は、一度覚えたら決して忘れられないくらいのインパクトが必要です。

以前に、メニューに特徴があるラーメン専門店に「○○食堂」という意外性のある店名を提案したことがあります。その店は、コンセプトと商品がマッチして繁盛店になりました。料理のおいしさをイメージさせるため「○○キッチン」という店名を付けたカフェなどもありますね。

いろいろな場面を想定して、じっくりと、かつ楽しく店名を考えてみましょう。

開業編

飲食店を開業する立地の選び方

鉄則　「よい立地」とはどのような場所なのか知ろう

飲食店経営のためのよい立地とは何か

飲食店を開業する場所の周辺環境などを踏まえた状況を**「立地」または「ロケーション」と呼びます**。よく「立地がよい」という言葉を聞きますが、立地は店舗を開業する「商業立地」のほか、「工業立地」「住宅立地」など、幅広く使われ、それぞれ「よい立地」の条件は異なっています。

店舗経営のための立地条件を判断する要素には、**周辺の人口構成とその変化、道路の交通量、住居地域からの距離や交通機関、競合する店舗の状況、不動産価格など**があります。

立地のよしあしを判断するのは難しい

店舗の内装やメニューは、出店した後からでもある程度変更することができますが、立地は変えることができません。ですから、「人通りが多そうだ」とか「駅に近い」といった単純な理由で出店を決めずに、出店する店舗の**業態やコンセプトが立地と合っているかどうか**、よく検討して結論を出さなければなりません。

全国展開している大手チェーンでも、新しく出店する場合には専門の担当者がちみつな立地の調査を行った上で、取締役以上の企業トップから了解を得なければ決められません。それほど、立地の判断は難しいのです。

具体的に、あなたが検討している店舗物件について立地のよしあしを判断する場合には、その物件の立地上の要素と不動産条件（家賃や保証金など）を比較検討することになります。つまり、**見込める売上に見合った賃料《ちんりょう》条件なのかどうか**ということです。

立地の調査自体は初心者でもできますが、その結果をどう判断するかについては、できれば経験のある専門家の手を借りたほうがよいでしょう。

立地判定の5大基準

鉄則 店舗の売上に影響する立地上の要因を考えよう

①人口統計データ

地域の役所に行くと**人口や世帯《せたい》数といった統計データが入手できます**。ただし、大都市の繁華街やターミナル駅周辺などの場合は、住んでいる人が少ないので、これはあまり参考になりません。**駅周辺ならば、その駅の乗降客《じょうこうきゃく》数データなどを調べる**と、駅周辺に毎日どのくらいの人々がいるのか、おおよその人数を把握できます。

②店前交通量・通行量

店舗前の道路で、曜日（平日と週末）、時間帯（朝・昼・夜）ごとに**クルマや、歩行者の1時間当たりの通行量**を数えてみましょう。主要な幹線道路《かんせんどうろ》では、自動車交通量などの調査データも公表されています。

③周辺マーケットの状況

近年では、さまざまな統計データがインターネットでダウンロードできます。**総務省が実施する「経済センサス」**や、各自治体の統計調査データなどにより、他地域と比較することで、出店を計画しているエリアの市場規模がわかります。

駅など、**人がたくさん集まる場所を「誘導施設」**と呼び、周辺にある店舗の集客に大きく影響します。

④心理的な動線

多くの人は、心理的に**「歩きやすい」「クルマで走りやすい」道路や通路を選ぶ**傾向があります。左右の歩道に同じ数だけ人が歩いていることはまずありません。さまざまな心理的傾向を立地の判断材料として、活用します。

⑤競合店

お客様があなたの店と**比較するようなライバル店を「競合店」**といいます。たとえば、同じ価格帯でランチタイムに比較検討される店は、「カレー店」でも「ラーメン店」でも、競合店となります。逆に、同じ「ステーキ店」でも、1500円と5000円といったように、価格帯が何倍も違うような店は競合店ではありません。

店前通行量を調べる

Ａ店とＢ店の店前通行量を比較してみましょう。

Ａ店　オフィス街で、毎日通勤者が 1,000 人通っている。

毎日同じ人だから１カ月の総人数はほぼ同じ＝ 1,000 人

※一見すると人通りが多く見えるＡ店よりも、Ｂ店のほうが対象となる客数ははるかに多いことがわかります。

Ｂ店　商店街で、毎日いろいろな人々が 100 人通っている。

１カ月の総人数は 100 人×30 日＝3,000 人

100 人のうちに、重複する人が３割いたとしてもＡ店の倍の 2,000 人以上になる

１時間じっと立って数えるよりも、同じような時間帯に 15 分間ずつ数回に分けて調査し、平均値を４倍するほうが正確な値に近づきます。
ちなみに通行量は、ただ多ければよいというわけではありません。街へ来ている人の中に、自店がターゲットにしている人たちがどのくらい含まれているのかが重要です。

ワンポイント

歩行者の心理的傾向

①現在地から目的地までの最短距離と思える道筋を選ぶ。
②目的地までの道筋の手前側で有利になるほうを選ぶ（交差点や横断歩道を渡らなければならない場合、より手前のほうで渡ろうとする）。
③より安全そうな道筋を選ぶ（細い道より広い道、歩道や信号があるほうを選ぶ）。
④より多く人が通っているほう、人が集まっているほうを選ぼうとする。
これらの心理的傾向を立地判断の材料にしましょう。

店舗評価シートの作成例

立地のよしあしを含めて店舗を総合的に評価するため、外食チェーンなどでは下のような「店舗評価シート」を作成しています。

	判定基準		
	A ランク	B ランク	C ランク
半径 1 km 以内の人口	15,000 人以上	10,000 人以上	5,000 人以上
半径 5 km 以内の人口	50,000 人以上	30,000 人以上	20,000 人以上
周辺人口の増加率	5%以上	3%以上	1%以上
周辺の 1 世帯当たり人数	2.5 人以上	2.0 人以上	2.0 人未満
周辺の事業所数	増加	微増	変化なし
最寄り駅までの時間（徒歩）	1 分以内	5 分以内	8 分以内
最寄り駅までの距離	30m 以内	50m 以内	100m 以内
最寄り駅の乗降客数（1 日）	10 万人以上	7 万人以上	5 万人以上
前面道路の自動車交通量（12時間）	3 万台以上	2 万台以上	1 万台以上
前面道路の歩行者通行量（12時間）	10,000 人以上	7,000 人以上	4,000 人以上
店舗の視認性	非常に良い	良い	普通
駐車場台数	20 台以上	10 台以上	5 台以上
店舗間口《まぐち》	4 メートル以上	3 メートル以上	2 メートル以上
店舗階数	1 階	1 階＋ 2 階	2 階または地下
袖《そで》看板の設置	可能（無料）	可能（有料）	共用看板

※チェーン店などが出店検討の際に調査しているおもな指標の例です。
※判定基準は企業や業態によって変わります。

立地の違いによる物件の評価

駅の近く、大通り沿いなど、立地ごとの特徴を分析する視点を持ちましょう。

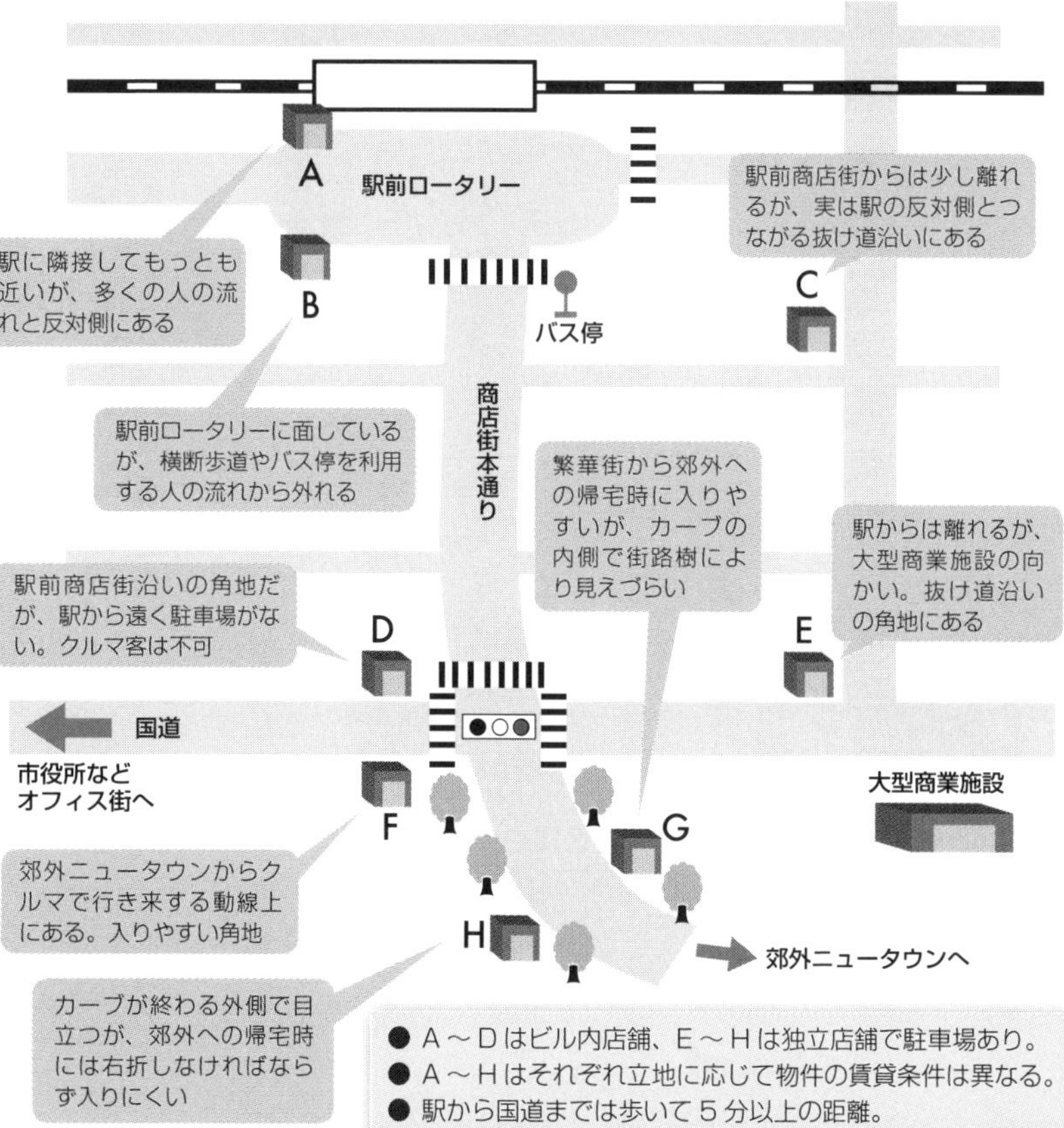
A
駅前ロータリー
駅に隣接してもっとも近いが、多くの人の流れと反対側にある
B
駅前ロータリーに面しているが、横断歩道やバス停を利用する人の流れから外れる
バス停
駅前商店街からは少し離れるが、実は駅の反対側とつながる抜け道沿いにある
C
商店街本通り
繁華街から郊外への帰宅時に入りやすいが、カーブの内側で街路樹により見えづらい
駅からは離れるが、大型商業施設の向かい。抜け道沿いの角地にある
駅前商店街沿いの角地だが、駅から遠く駐車場がない。クルマ客は不可
D
E
国道
市役所など
オフィス街へ
大型商業施設
F
G
郊外ニュータウンからクルマで行き来する動線上にある。入りやすい角地
H
郊外ニュータウンへ
カーブが終わる外側で目立つが、郊外への帰宅時には右折しなければならず入りにくい

- A～Dはビル内店舗、E～Hは独立店舗で駐車場あり。
- A～Hはそれぞれ立地に応じて物件の賃貸条件は異なる。
- 駅から国道までは歩いて５分以上の距離。
- 商店街は比較的にぎやかで、週末にはかなりの人が集まってくる。

ココが知りたいQ&A

「よい立地」はどこで判断すればいいの？

100%よい立地というのは存在しません。上図のように、それぞれの立地にはたいていの場合、何らかのメリットやデメリットがあります。その上で、それぞれの立地でターゲットとする客層にとってどのような利点があるか、賃貸条件と比べてどうなのか、それらを総合的に判断するしかないのです。

右ページの店舗評価シートを作成するなどして、慎重に検討しましょう。

店舗物件の種類を知る

鉄則

「居抜《いぬ》き」や「インショップ」など、さまざまな店舗物件を知ろう

「居抜き」物件と「スケルトン」物件

店舗物件には、大きく分けて左ページの表のような種類があります。

まず、不動産物件では賃貸と購入に分かれます。賃貸の場合に注意が必要なのは、いわゆる**「居抜き店舗」**です。通常、**店舗物件は内装などがすべて撤去された状態（＝「スケルトン」）**で貸し出されますが、「造作譲渡」とか「内装譲渡」（正式には「造作使用権譲渡《ぞうさくしようけんじょうと》」）などといって、以前の店舗の内装や設備などを譲り受けるかたちで借りる場合があります。これを俗に「居抜き」と呼んでいるのです。

家主側が内装をほどこした店舗を内装ごと貸すリース店舗と混同している方もいるようですが、居抜きは、あくまでも以前に借りていたテナントから資産（内装、設備など）を譲り受けるもので、家主との契約とは関係ありません。

店舗を借りるための契約にも種類がある

土地を借りる場合は、敷地の地代《ちだい》を支払う契約をして自分で店舗を建てる場合と、**家主側に店舗を建ててもらい、それを賃借する「建て貸《たが》し契約」**があります。現実には、税務上の問題などから現在は後者がほとんどでしょう。「建て貸し契約」はさらに、**テナント側が店舗の建築費用を「建築協力金」として預け入れる「リースバック契約」**や、建てた建物の保証金を支払う契約方法などがあります。

百貨店やスーパー、駅ビル、ショッピングセンターなど、商業施設の中の店舗は不動産物件ではありません。このような商業施設の中で**店舗スペースを完全に壁で区切らずに貸す店舗は「インショップ」**などと呼ばれています。貸主は総称して「デベロッパー」と呼ばれ、百貨店やスーパーなどが自社の核となる店舗などを出店している場合もあります。

店舗物件の種類

飲食店の店舗物件には以下のような種類があります。

種類	賃貸店舗	土地物件	インショップ	分譲店舗
契約方法	賃貸借《ちんたいしゃく》契約	借地《しゃくち》契約 または 購入など	賃貸借契約 または 業務委託契約	購入
店舗例	●一般商業ビル ●オフィスビル ●マンション ●戸建て建物	●土地を賃借または購入し店舗を建てる ●建て貸し契約（リースバックなど）	●百貨店 ●スーパー ●ショッピングセンター ●駅ビルや地下街	●一般商業ビル ●戸建て建物と土地 ●公営住宅の分譲店舗など
家賃方式	固定賃料	地代または家賃（通常は固定賃料）	固定賃料＋歩合《ぶあい》賃料（どちらか片方の場合もある）	なし
注意点	居抜き物件やリース店舗の場合は、付帯する内装や設備に問題がないか、必要ない設備はないか、後々トラブルのもとになるものはないかなど、注意が必要	●店舗を建てる場合、設備工事の費用を必ず確認する ●建て貸しの場合は契約期間が長いことが多い	●業務委託契約は賃貸借契約とは異なる ●工事区分がある ●家賃契約が複雑	●後で売ることができる物件かどうか ●現在は少ない

ココに注意！

契約条件を確認する

駅ビルなどの商業施設内では、給排水《きゅうはいすい》設備や防火区画などの問題から、飲食店が出店できるエリアが限定されています。不動産物件ではないインショップなどは、一般の不動産業者ではほとんど取り扱っていません。そのため、専門の業者などから情報を得る必要があります。

それ以外の不動産物件として取り扱われている店舗は、賃貸でも分譲でも、おおむね住居などの不動産物件と同じような扱いです。しかし、最近は「定期借地」「定期借家《しゃっか》」というふたつをまとめて「定借《ていしゃく》」と呼ばれる、賃貸契約期間を限定した契約も増えてきています。

物件探しは1年計画で

鉄則 物件探しに焦りは禁物。希望条件を整理して臨むこと

たくさん情報を集めてたくさん見るのが基本

店舗物件を探す基本は、**たくさんの情報を集めて、たくさんの物件を見ること**です。

1年以上かけて夫婦で物件を探し、東京青山のど真ん中によい物件を見つけ出したカフェオーナーもいます。**物件を探すときには、1年かける**覚悟で探してください。年末にはなかったよい物件が、年が明けて出てくることはよくあります。ビジネスでも人の生活でもサイクルは1年間ですから、焦って今ある物件の中から決めようとしないことです。

逆にいえば、1年間探してもよい物件が出てこないなら、探している地域では希望の物件は見つからない可能性が高いでしょう。**「希望条件」か「探し方」を再検討**してみてください。

最終的には、あなたがどれだけ積極的に動けるかが決め手になります。街を歩いていて気になる物件があったら、貸主か管理会社を探してとりあえず連絡してみるぐらいの積極性が必要です。現在は空いていなくても「空いたらお貸しします」ということもあります。実際に次の借り手を探しているというケースもあるのです。

実際に店舗物件を探すときに注意すべきポイントは次の5つです。

①本当によい物件は表に出てこない

店舗物件はアパートや事務所などと違って、**優良物件ほど情報がオープンになりません。**店舗物件の場合、さまざまな条件が店舗の売上に関係しています。そのため、条件のよい店舗物件というのは、住居やオフィス（賃料条件以外の大部分が入居する側の都合や好みで決まる）とは違って、誰にとってもよい物件です。よい物件をわざわざ一般公募する必要はありません。こうしたよい物件は、表に出る前にほぼ人脈だけのルートで出店が決定してしまうのです。

店舗物件条件リストをつくる

自分が探している物件の条件を明確にしておきましょう。

店舗の特性	業種・業態	居酒屋
	客層	会社員
	営業時間	17 ～ 24 時
希望地域		第 1 希望 ●●駅　第 2 希望 ○○駅
階数		1 ～ 2 階（地下も検討）
規模		20 ～ 25 坪
賃料		1 万～ 1.2 万円／坪当たり
保証金		総額 250 万円まで または、敷金 10 カ月分まで
その他の希望		2 階か地下なら専用階段希望 歩道の広いところ 看板使用 ガスオーブン使用 IH 調理器使用 クルマの通行量は少なくてもよい

保証金のみ、敷金《しききん》のみ、どちらも取るという場合がある

IH 調理器を使用するには、電気容量の確認が必要

一般的に希望されがちな条件だが自分は「希望しない」、という条件項目も明確にしておきましょう。掘り出し物の物件が見つかる可能性が高まります。

開業する店舗の業種しか伝えていなければ、前に同じ業種だった物件を中心に不動産業者は提示してきます。希望している物件の条件はきちんと伝えましょう。

ココが知りたい Q&A

優良物件の情報はどう探す？

たとえ手持ちの優良物件があっても、会ったばかりのあなたに、不動産仲介業者がいきなり情報を提供してくれるとはかぎりません。優良物件を入手するには、まず仲介者との信頼関係が必要です。資金面はもちろん、これまでの経歴や計画している飲食店の将来性、そして約束を守る人物かどうかなど、あなたが信頼できる経営者であると判断してはじめて、仲介者もよい物件情報を提示しようと真剣になってくれるでしょう。

誰もが即座に「手付《てつ》け」を払いたくなるような優良物件は、不動産屋の店頭には並んでいないのです。

②交渉手順を間違えない

「これは！」と思った物件は、まず現場を見るのが先決です。家賃などの条件交渉をするのはその後にしてください。家主と面談する前に、いろいろ交渉しようとする方もいますが、これは逆効果です。仲介業者にしても、実際に借り手を紹介してからでないと、家主に対して強気の交渉はできません。

また、仲介業者の専門分野はさまざまですから、いくら一生懸命になってくれるからといって、専門でないところには多くを期待しないで幅広く付き合うことが重要です。

③回答はすばやく明快に

物件を見たら、**交渉を進めるかどうかはできるだけすみやかに回答**しましょう。家主や仲介業者にもそれぞれの都合があります。とくに「断る場合」にはすばやく連絡すべきです。検討が長引いている場合も、その旨をひと言伝えてください。

明確な理由もなく断っていると、「冷やかし」と思われてよい情報をもらえなくなってしまうことがあります。「なぜ、この物件ではダメなのか」を説明することが大切です。妥協点はどのあたりなのかもきちんと伝えてください。仲介業者から次の情報が出やすくなります。

④賃貸条件の交渉をする

店舗物件の条件は交渉できないと思っている人が多いですが、多くの場合交渉は可能です。ただし、そのためには、「この物件を借りたい」という意思表示をハッキリとすることが第一です。また、**条件交渉に当たっては、事業計画書（試算表）を作成して提示**してください。その物件が高いか安いかは、「相場」ではなく、試算表にもとづいて検討するべきです。多くの家主は堅実なテナントと契約したいと考えていますから、きちんと数字を示して交渉すれば好感を持ってくれるはずです。

⑤物件の判断基準を決めておく

まず、自分が開業しようと考えている店は「どのような場所」の「どんな物件」が向いているのか、事前に判断基準を決めておく必要があります。前述の業態やコンセプトにもとづいて、「立地」や「商圏」、その他のチェックポイントについて検討し、**どの要素が重要になるのか、譲れない条件は何かなどを明確に**した上で物件を探しましょう。

「何かよい物件はありませんか？」といった曖昧な言葉では、よい物件は見つかりません。

条件交渉に事業計画書を活用

店舗のビジュアルイメージや、図面などを事業計画書（P138 参照）につけておくとよいでしょう。どのような店を開業したいのか、具体的に伝えることが大切です。

店舗内のスケッチ

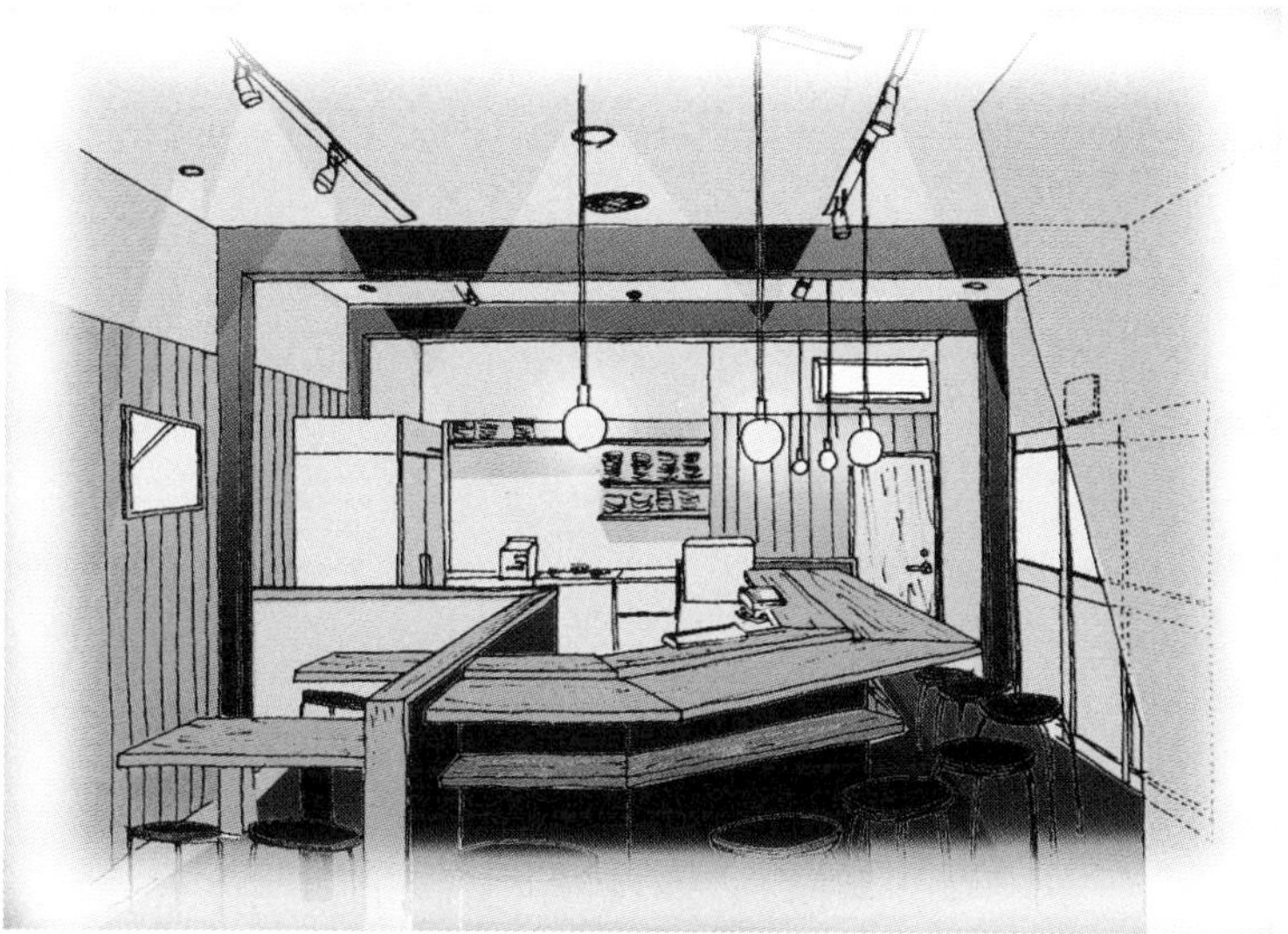

資料提供：有限会社 デザインスタジオ・レイズ

店舗内の図面

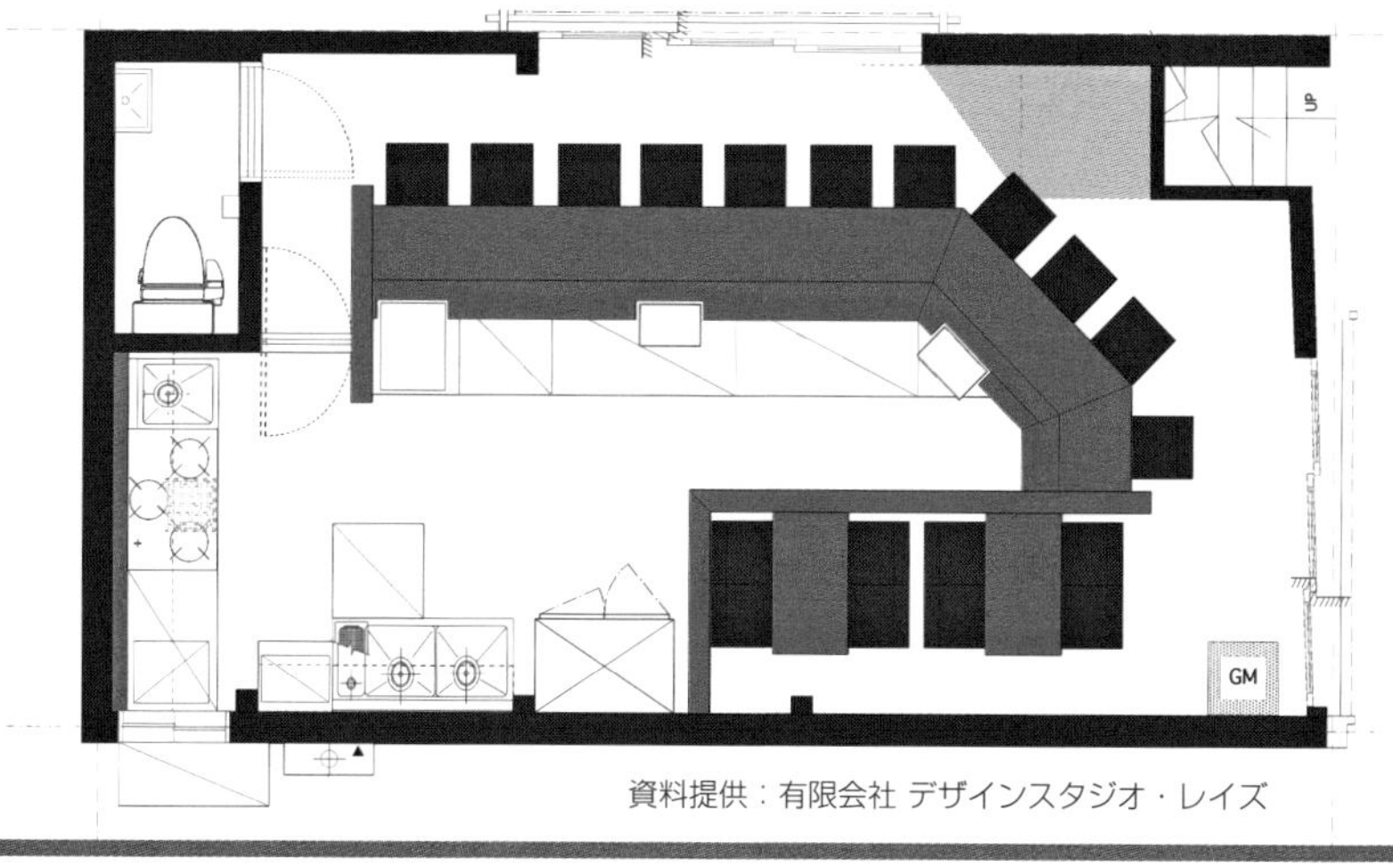

資料提供：有限会社 デザインスタジオ・レイズ

店舗物件は、どう見ればよいのか

鉄則 決め手はお客様から見えやすく、入りやすいこと

物件を正しく見て価値を見極める

店舗物件は、ひとつとして同じものがないといっていいほどさまざまです。そのため、店舗物件を判断するときには、決して不動産業者などの人任せにしてはいけません。初心者の場合は必ず、**物件すべてを自分の目でたしかめる覚悟で、たくさんの物件を実際に見てください。**

店舗物件を見る上でのポイントは、賃貸条件のほかに大きく分けて次の3つになります。

①**建物条件**

店舗物件は、まず原則として**1階（道路面と同じ高さ）にある**ことが基本です。都市部の繁華街などでは、1階の家賃がとても高いため、やむを得ず地下や上層階に出店するケースが多いですが、1階に比べると入店比率はかなり低くなることを理解しておいてください。

さらに、店舗のかたちや内部の配置、各設備の状況のほか、建物の大きさやかたち、入口の位置と広さ、階段や看板の状況などが含まれます。

②**視認性《しにんせい》条件**

視認性とは目で見てわかること。**視認性のよい店とは、遠くからでも、そこにどんな店があるかがよくわかる店のこと**をいいます。「隠《かく》れ家風《がふう》の店」などといって、わかりにくいことを売りにしているような飲食店が評判になったりしますが、初心者はそうした言葉にまどわされてはいけません。わかりにくい場所で繁盛しているのは、それなりに理由があり、また努力をしているからです。本来は**視認性のよい1階の店がもっともよい**のです。

③**敷地条件**

建物の建っている土地の位置やかたち、道路の状況（歩道・車道の幅、車線数、街路樹、ガードレール、信号、横断歩道など）、建物のまわりの状態、周辺の環境などについてもチェックします。

店舗物件のチェックポイント30項目

- □ 1. 階数は何階か。
- □ 2. 前面道路は直線か。
- □ 3. 前面道路は横断可能か。
- □ 4. 前面歩道の歩行者数と速度は適切か。
- □ 5. どちらの方角から店が見えるか。
- □ 6. 店のどこが見えているか。
- □ 7. どのくらいの距離から見えるか。
- □ 8. 看板の取り付け位置は見やすいか。
- □ 9. 看板の取り付け幅は十分か。
- □ 10. 店頭に置き看板は置けるか。
- □ 11. 袖《そで》看板はあるか。取り付け可能か。
- □ 12. 店頭間口はどのくらいか。
- □ 13. 店頭の歩道には余裕があるか。
- □ 14. 周辺に障害物はないか。
- □ 15. 周辺および同ビル内のテナントは適切か。
- □ 16. 入口は店のどちら側にあるか。
- □ 17. 入口は専用か共用か。（専用階段はあるか）
- □ 18. 入口に段差はないか。
- □ 19. 入口前スペースに余裕があるか。
- □ 20. 入口が奥まっていないか。
- □ 21. 店舗面積は適切か。
- □ 22. 店舗のかたちは使いやすいか。
- □ 23. 建物が古すぎないか。
- □ 24. 設備容量（電気・ガス・水道）は適切か。
- □ 25. 店舗工事はしやすいか。
- □ 26. 建物の建築・設備図面などは入手できるか。
- □ 27. 日陰になりすぎないか。西日が当たらないか。
- □ 28. 家賃以外に多くの費用がかからないか。
- □ 29. 裏口はあるか。
- □ 30. 駐車場はあるか。

※ショッピングセンター内店舗などの場合は、当てはまらないものもあります。
※店舗内部の細かい条件は省いてあります。

契約後でないと教えてもらえない条件も中にはあります。しかし、事前に確認できることは早めにチェックしておきましょう。

ワンポイント

物件探しのときは

住宅を探すときと同じで、飲食店の物件探しもたくさん見れば見るほど、物件を見る目は肥えていきます。はじめのうちは、どこをどのように見ればよいのかわからなければ、物件に詳しい信頼できる人などに同行してもらい、見るべきポイントや、相手側に質問すべきことを教えてもらってもよいでしょう。

店舗経営を決める「商圏」とは？

鉄則 自店のお客様のいる範囲がどこまでかをチェック

具体的に検討する店舗物件が見つかったら、その店舗の**「商圏」について調べてみましょう。**

「商圏」とはお客様のいるエリア

商圏とは、ある店舗について、その**店舗に来店するお客様が居住または勤務している範囲**のことです。

この商圏の範囲は、距離ではなく、店までの時間で表されます。あなたが自宅からどこかの店に食事に行こうとするときにも、おそらく「そこまでどのくらいの距離があるか」ではなく、「そこまで何分かかるか」と考えるでしょう。そのように、ある店舗に徒歩や自転車、クルマなどの交通手段を使って、**一定時間に到着することのできる範囲**を、その店の商圏（商圏の範囲）と呼ぶのです。

商圏の大きさは「人口」で表す

店舗まで一定時間内にたどり着ける範囲に、どのくらいの人数が住んでいるか（勤務しているか）というのが商圏の大きさです。

商圏の範囲（広さ）が同じであれば、商圏人口が多い場所ほど、店舗経営には有利だということは理解できると思いますが、それでは商圏は、どのようにして決まるのでしょうか。

たとえば、あなたがコンビニエンスストアに行く場合、わざわざ遠くの店まで行くことはなく、もっとも手近な店で済ませると思います。このように客単価の低い業態では、同じ店に行く回数は多くなる代わりに、遠くの店まで出かけることはありません。

逆に、百貨店に行くときは電車やクルマで遠くでも出かけるでしょう。しかし、百貨店で買物をするのはせいぜい1カ月か2カ月に1回ではないでしょうか。

一般的に、**店舗の業態と商圏**との間には左図のような関係が成り立ちます。

店舗の業態と商圏の関係

商圏とは、その店舗に来店するお客様が居住または勤務している範囲をいいます。飲食店ではありませんが、コンビニエンスストアと百貨店の商圏を比べて考えてみましょう。

コンビニエンスストアは客単価が低く、来店する頻度は高い→商圏は小さくて OK

百貨店は客単価が高く、来店する頻度は低い→商圏を大きく取らなければいけない

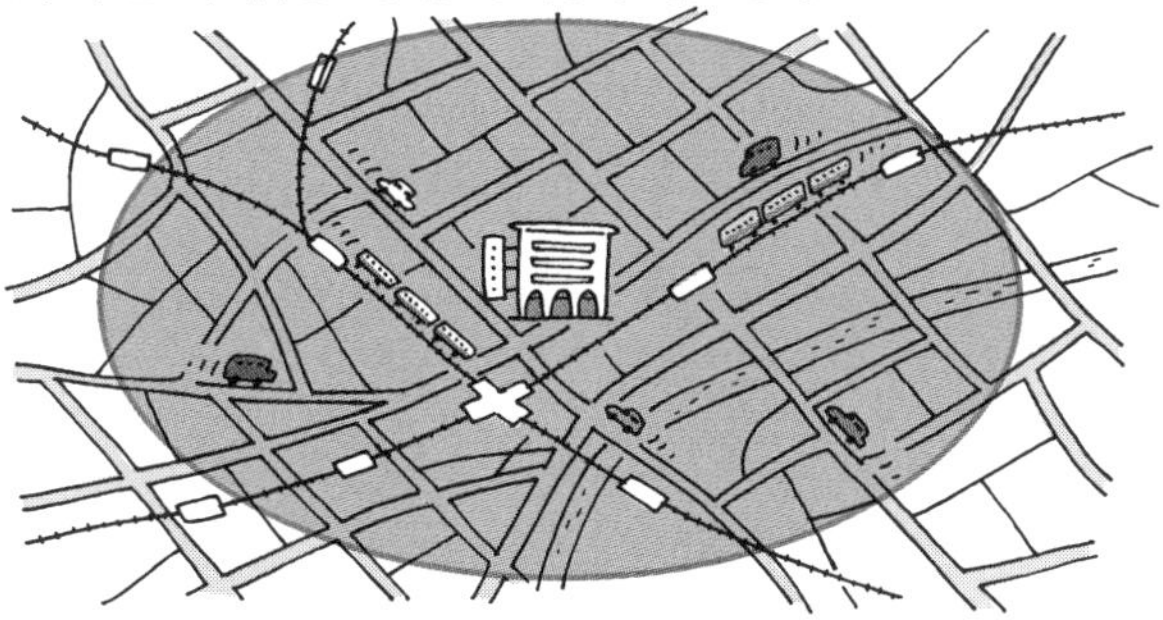

飲食店も客単価の高い業態ほど、お客様の利用動機は目的型になり、来店する頻度は低くなります。
同じお客様が一定期間に来店する回数が少なくなれば、その分商圏の範囲を広く取る必要があります。遠方からも来店できる交通の便のよい繁華街などに店をかまえましょう。その場合、平日よりも週末の売上が高くなります。
どのような客層のどのような利用動機に対応する飲食店を開業するのか、十分に検討して出店するエリアを決めなければいけません。

店舗物件の商圏調査を行う

鉄則　商圏を調査して商圏範囲を図に表してみる

いろいろな方向に向かって移動してみる

あなたが計画している店舗物件の商圏を調べるために、たとえばその物件から地図を片手に自転車で、東西南北のあらゆる方向に向けて3〜5分ぐらい走ってみましょう。**それぞれの方角で、同じ時間で到達した地点に、地図上でしるしをつけ、それをぐるりとつないで**輪郭《りんかく》を描いてみてください（左図参照）。

道路の状況により、この輪郭はいびつなかたちになります。これがあなたの店の商圏範囲です。その内側に住んでいる人たちが、あなたの店のお客様になり得る人たちだということになります。

統計データと調査図を照らし合わせる

地域の役所が発行している町丁目《ちょうちょうもく》別《べつ》の人口統計をもとにして、町丁目の範囲まで記載された地図と照らし合わせれば、この**商圏範囲の中に、どのような人たち（男女別、年齢別など）が、どのくらい住んでいるか**が算出できます。また、統計データの人口を世帯数で割ると、一世帯当たりの平均人数がわかり、各町丁目に住んでいる人たちの多くが、単身者なのか大家族なのかといったこともわかるのです。

この方法は、オフィス街など居住者がほとんどいない場所を除いて、店舗物件を検討する場合に役立つ比較的簡単な調査方法です。規模や精度は異なりますが、大手チェーンでも出店物件について検討する際には同じような調査を行います。

客単価が高く、もっと商圏範囲が広い店の場合は、こうした方法だけでは正確な調査ができません。日本では主要な交通機関が鉄道であるため、多くの場合、**店舗の商圏は、鉄道の沿線に沿って長く延びる**ような、特殊なかたちになることを覚えておきましょう。

商圏マップをつくってみよう

検討している店舗物件の商圏マップをつくってみましょう。

多少、距離が離れても分断するものがなければ商圏は広がる
川の向こう側には、商圏が広がりづらい
大通りや線路で、商圏は分断される
物件から一定の時間ずついろいろな方向に向かって、到達した地点をつないでできたものが商圏範囲です。
商圏は、線路や川、大きな道路で分断されます。また、間に障害物があるかもしれないので、単純に距離で見ることはできません。実際に行って確認しましょう。

※３～５分はあくまでもひとつの目安です。

ワンポイント

商圏調査は自転車で行う

商圏調査は自転車で行うのがオススメです。３～５分自転車でいろいろな方向に走ります。自転車の平均時速を10kmとすれば、３分間走った距離は500mくらいとわかります。このようにして商圏の範囲を知ることができます。もしも自転車を持ち込むのが難しいようであれば、自分の歩く速さの平均速度から距離を考えてみればよいでしょう。

開業するために必要な費用は？

鉄則 必要な費用を把握し、節約できるポイントを押さえる

開業時にかかる費用の分類

店舗を開業する際にかかる費用は、大きく**「店舗物件を取得するために必要な費用」「店舗の設計・施工《こう》などに必要な費用」「その他、開業に際して発生するおもな費用」**の3つに分けられます。

「その他、開業に際して発生するおもな費用」の中にはさまざまな種類の費用が含まれますが、前者の2つにかかる費用の割合が大きく、項目も明確なので、このように整理したほうがわかりやすいでしょう。おもな内訳は下表のようになります。

開業の際にかかるおもな費用

店舗物件を取得するために必要な費用（通常の不動産物件の場合）
①敷金または保証金 ②不動産業者などに支払う手数料 ③契約後、開業までに発生する家賃 ④造作譲渡費用（居抜き物件の場合）
店舗の設計・施工などに必要な費用
①設計・デザイン料 ②内外装工事費用 ③キッチンおよび電気・上下水道・ガス・空調の各工事費用 ④家具や什器《じゅうき》の購入費用 ⑤看板・サイン費用
その他、開業に際して発生するおもな費用
①調理器具 ②食器やテーブルまわり備品 ③事務用品 ④清掃用具とトイレ備品 ⑤レジスターおよびレジスター備品 ⑥ BGM 用の音響機器 ⑦パソコンやインターネット関連機器 ⑧バックヤード家具（事務室がある場合） ⑨観葉植物や鉢植えなど ⑩店内の装飾品 ⑪ユニフォーム（エプロンなども含む） ⑫営業許可等の申請手数料 ※開業時の食材仕入れ、スタッフ採用、広告などの費用は含まず

支払いの必要な項目と支払い先を把握しよう

右ページ下表の「店舗物件を取得するために必要な費用」のポイントは、**まだ売上がない状態でも契約後は、開業前から家賃が発生すること**（③）と**居抜き物件を取得する際に造作譲渡費用がかかること**（④）です。③は、契約してから実際にオープンするまで時間がかかると、その分の家賃が必要ですから注意してください。また④は、家主に支払うのではなく、内装部分の権利を持っている前の借主に対して支払います。

敷金または保証金（①）は通常、解約時に返却されます。しかし、「償却《しょうきゃく》」といって、契約期間ごと、あるいは解約時に一定の割合で減額される場合もあります。

店舗物件は、**内装などが一切施されない「スケルトン状態」**で引き渡されるのが普通で、開業のためには内外装の工事が必要です。「店舗の設計・施工などに必要な費用」は、さらに右表の①～⑤のように分類できることを知っておいてください。物件の状況や店舗のスタイルにより、コストをかける比率が異なります。

見積もりを取って値引き交渉を行う

「その他、開業に際して発生するおもな費用」の各項目は、大部分が少額の費用ですが、すべてを合計すると、意外とまとまった資金が必要になります。

調理器具や食器、その他の備品は、まず**必要なものを分類してリストアップ**してから、購入する店舗や納入業者を探して見積もりを取る方法により、値引き交渉ができます。

ワンポイント

少額の購入品は総額で予算を決める

ユニフォームは低価格なカジュアルウエアでもかまいませんが、コックコートやサロン（腰から下だけのエプロン）は耐久性のあるプロ仕様のものがよいでしょう。レジスターはできれば売上データをパソコンで分析できる機種をオススメします。観葉植物などは定期的に交換してくれるレンタル植木サービスも利用できます。意外と忘れがちなのが「電話回線」。遅くともオープンの1週間前には電話がつながらないと、食材の納品等で不便なこともあります。電話機は、子機が別にあるFAX機がオススメです。こうした低価格の購入品は、たとえば店舗面積坪当たり5万円以下、もしくは店舗投資総額の5%以内といった目安を立てて、それを基準に購入金額の総額を決めると、予算オーバーを防ぐことができます。

開業にかかわる費用の目安を決める

鉄則 見込みの売上高をベースにして、開業にかかる費用を設定しよう

家賃の適正価格はどれくらい?

開業費用の目安となる金額を設定する基準は、売上高の見込額です（売上目標はＰ１５６参照）。

物件費用の基準は家賃です。**月額の家賃は見込み売上高の10％以内に収める**ことを目標にします。つまり、月商３００万円以上を売れるような店舗ならば、家賃30万円は適正だということです。

初心者の場合、開業当初は大きな売上が期待できないでしょうが、どんなに譲っても12％以内と考えましょう。

敷金と保証金は、総額で家賃の10カ月分以内、できれば半年分程度に収まるよう交渉すべきです。ただし、これらは最終的に戻って来るので、手持ちの資金に余裕があり、よい物件でどうしても手に入れたいという場合は例外もあり得ます。

設計・施工の費用は坪当たりで目安を決める

店舗の設計・施工に関する費用は、**店舗面積の坪当たり金額に換算**して検討します。「20坪の店をつくるのに１８００万円の費用がかかるとしたら、坪当たり費用は90万円」という考え方です。「設計・デザイン料」を除いた**店舗工事費の合計金額は、坪当たり１００万円を超えたら過剰投資**だと考えてください。居抜き店舗を上手に活用できれば、工事費用を低減できる可能性があります。

「グラフィックデザイン」「メニューブック」「ショップカードやリーフレット」「ホームページ」「開業販促《はんそく》ツール」なども必要に応じて準備が必要です。グラフィックデザインとは、店のロゴマークやシンボルマークなど、印刷物等に使用するデザインのことです。これらは一式で数十万円～百数十万円かかりますが、メニューブックなどはパソコンで自作することも可能です。

開業にかかわる費用の目安

月額の家賃や、店舗工事費の目安を把握しましょう。

家賃の目安

月額の家賃は、想定する売上高の10％までに収めましょう。家賃が30万円だとすれば、月間売上は300万円以上必要です。

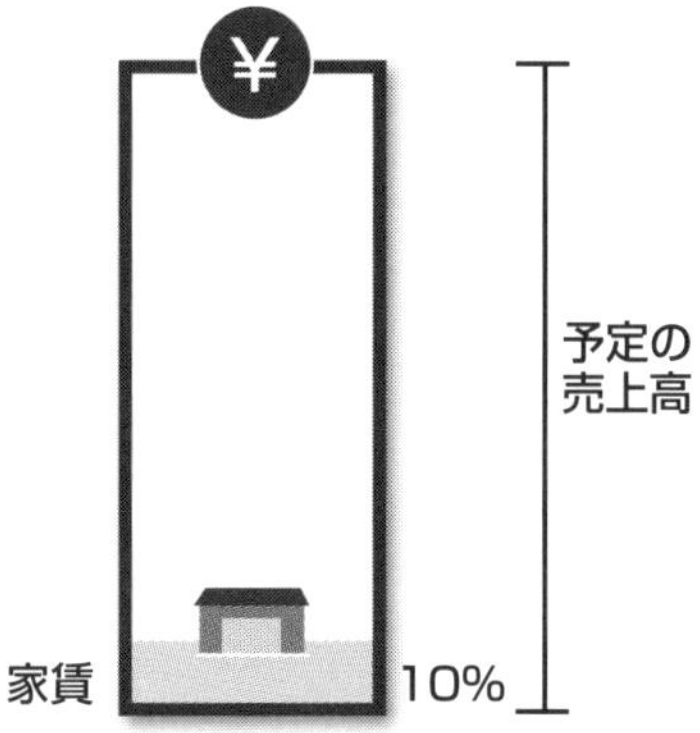

店舗工事費の目安

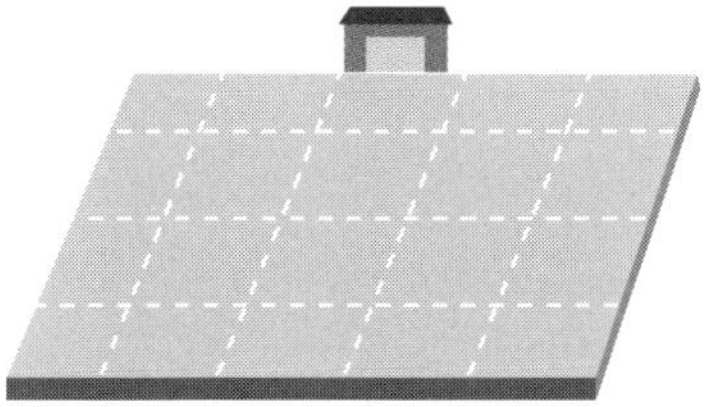

20坪の店の工事費用が1,800万円とすると、1坪当たりにかかる費用は90万円となります。100万円／坪を超えたら過剰投資だと考えてください。

20坪の店舗工事費
1,800万円

↓

90万円／坪

100万円／坪を超えたら過剰投資！

ココに注意！

開業時にはさまざまな資金が必要になる

店舗の開業費用ではありませんが、オープン後の当座の「運転資金」も開業時に見込んでおく必要があります。この運転資金は最低でも、仕入れと人件費の合計の２～３カ月分は用意しておきたいものです。
ほかにも、開業時に招待客などを呼ぶ場合は、「開業レセプション」（P170参照）の経費が必要です。また、スタッフの募集・採用の費用や、研修など、開業前に必要なスタッフの人件費も見込んでおく必要があります。

開業までのスケジュールを立てる

鉄則 開業のコンセプトが決まったら、具体的な計画を作成しよう

よい相談相手を見つけて開業計画を立てる

「どのような店を開業したいか」という計画がおおよそ決まったら、具体的な開業に向けて作業をします。

ここで、**店舗設計を相談できる店舗設計者やコンサルタントを決めておく**と、後のスケジュールが比較的楽になります。なぜなら、「どのような店を開業したいか」さえ決まってしまえば、具体的な店舗物件が決まっていなくても、店舗の設計などについて相談することは可能だからです。

初心者の場合、店舗物件が決まっていないこの段階から相談に乗ってくれる専門家を探すべきです。

店づくりを考えつつじっくり物件を探す

どんな物件がいくらぐらいなのか、どのような不動産業者に依頼すればよいか、まず情報収集から始めます。物件探しは専門家にも協力してもらい、結論は自分自身でよく考えて判断しましょう。

また、並行してメニューや食器、サービス方法なども検討します。具体的な店のかたちが見えてきたら、物件も本契約を前提として真剣に検討し始めてください。ここまででおそらくすでに3カ月から半年は経過していますが、さらに3カ月から半年はよい物件を探すというつもりで、焦らずに情報収集しましょう。

初心者に無理のない開業スケジュールとは、開業を決意して活動を始めてから、物件の契約までが最低でも6～9カ月、その後の2～3カ月が店舗工事を含めた開店準備期間ということになります。

つまり、**スタートから8カ月～1年間はかかると計画する**必要があります。また、直前の3カ月はほかの仕事などと並行することはできないほど忙しいと覚悟しておいてください。

開業までのタイムスケジュール例

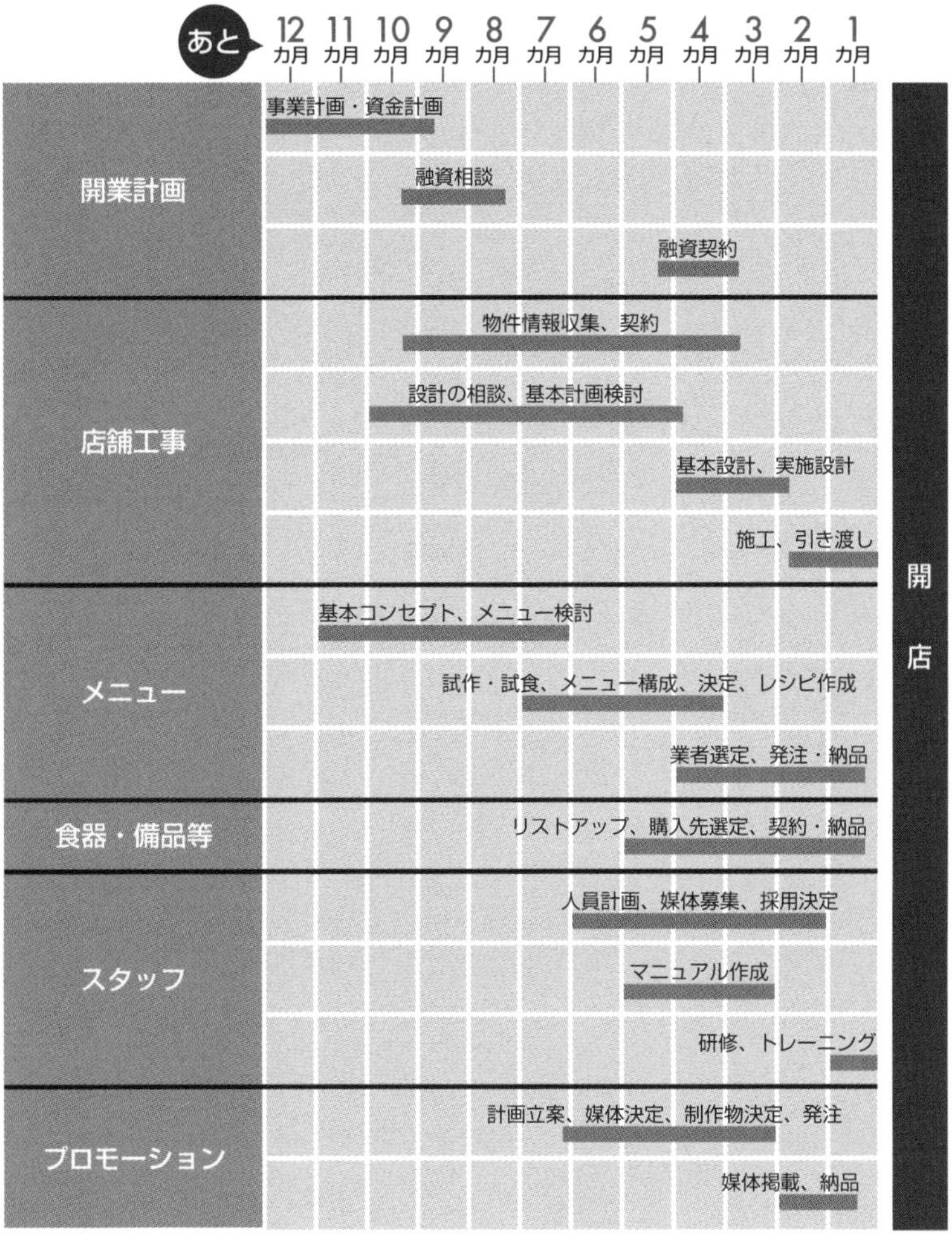
あと
12カ月
11カ月
10カ月
9カ月
8カ月
7カ月
6カ月
5カ月
4カ月
3カ月
2カ月
1カ月
開業計画
事業計画・資金計画
融資相談
融資契約
店舗工事
物件情報収集、契約
設計の相談、基本計画検討
基本設計、実施設計
施工、引き渡し
メニュー
基本コンセプト、メニュー検討
試作・試食、メニュー構成、決定、レシピ作成
業者選定、発注・納品
食器・備品等
リストアップ、購入先選定、契約・納品
スタッフ
人員計画、媒体募集、採用決定
マニュアル作成
研修、トレーニング
プロモーション
計画立案、媒体決定、制作物決定、発注
媒体掲載、納品
開店

ワンポイント

相談できる開業コンサルタントを選ぶ

店舗設計者やコンサルタントに開業の相談をする場合は、１年間ほどのスケジュールに付き合ってくれる人を探すとよいでしょう。とくに開業の３カ月前頃から集中して発生する作業は、ひとりで行うには大変なハードスケジュールになります。開業のスケジュールはよく検討して計画すべきです。また、予算の範囲内で協力してもらえる専門家や、作業を代行してくれる業者なども見つけておく必要があります。

スモールビジネスからのステップアップ

鉄則 食物販（食品の製造小売り）やキッチンカーからスタートする

食物販で料理のアイデアを試す

時代とともに、飲食業で起業するスタイルにも変化が訪れています。近年では、**小規模な食物販（食品の小売 ※ワンポイント参照）の店舗や、キッチンカーなどの営業からスタートし、飲食店にステップアップするという方法も検討できる**ようになってきました。

食物販とは、食品を小売りする店舗ビジネス全般を指します。最近では、飲食店の開業を志す人がまずこの食物販の分野で小さな店舗からスタートし、成功を収めたのちに本格的な飲食店を出店するという例が増えています。小規模な食物販の店舗は、商品を製造するためのキッチンさえあれば客席がいらず、小さな販売スペースだけで営業が可能です。ですから開業の際の費用が少なくて済み、店舗運営の人員も少人数です。まず、こうした小規模な食物販からスタートし、地域で十分な知名度を得ることができれば、その後、飲食店へとステップアップすることも不可能ではありません。

食物販で競争相手に負けないためには、仕入れた食品を並べて売るスタイルではなく、他店にはないオリジナルな商品をつくり上げることが必要になります。また、食物販はあくまでも小売業ですから、それで成功しても、その運営方法をそのまま飲食店の運営に流用することはできません。

食物販の開業で考えるべきポイントは、以下のようなことです。

①**一般に小売業では十分な原価をかけないと売れない。**つまり利益率は低い。

②利幅が少ないので、**利益（金額）を確保するために多くの商品を売る必要**がある。

③多くの商品を売るには、**多くのお客様が見込めるよい立地への出店**が基本。

個人が開業する食物販の例

弁当・惣菜、和洋菓子（スイーツ）、ベーカリー、サンドイッチ、コーヒー豆の焙煎販売、ソフトドリンクの飲料スタンドなど、種類はさまざま。他店と差別化できる商品を開発できることが重要です。

弁当・惣菜

実用的な弁当や惣菜よりも
グルメ志向を狙う

和洋菓子（スイーツ）

画期的なアイデア商品か、
伝統的・本格的な商品

ベーカリー・サンドイッチ

人気の分野なので他店との
差別化が必要

コーヒー豆の焙煎販売

販売量を確保できる出店
立地が重要

ワンポイント

食物販とは

商業施設の業界では、入居テナントを「物販（小売）」と「飲食」のふたつに大きく分けています。今世紀に入って個性的なスイーツ店や惣菜店、ベーカリーなどが人気を集め、商業施設内での人気が高まりました。そこで、「食品を売る物販」を総称して食物販と呼ぶようになりました。
食物販には、弁当や惣菜などのように店舗内で調理加工を行う店舗と、デパ地下の菓子店のように工場で製造した商品を販売する売店形式の店舗があります。以前は別の分野とされていましたが、現在はその両方を食物販と呼んでいます。

※「食物販」は小規模なものだけとはかぎりませんが、ここでは、個人でスタートできる小規模な食物販の店舗を対象にして説明しています。

④大量の商品を製造するために、**厨房は十分な規模と設備が必要**になる。

まずはキッチンカーから始める

　ここ10年ほどのあいだに大きな人気を集めるようになったキッチンカーも、食物販の店舗と同様に、飲食店の開業に向けたスタートアップとして検討できる可能性があります。キッチンカーは、屋台のような「移動販売（※欄外参照）」を管轄する法律に沿って営業許可を受けます。移動販売では衛生設備などに限界があるため、一般の飲食店とは異なった基準や規制があり、メニューや営業方法がかなり限定されます。

　キッチンカーの開業で考えるべきポイントは、以下のようなことです。

①勝手に路上での販売などはできないので、**出店先の確保が難しい**。
②**一般の店舗とは法律が異なる**ため、営業許可の分類が異なる。
③**各都道府県の条例等による制限**があり、判断は管轄の保健所が行う。
④車両の設備や機器は、営業許可の基準に沿っていなければならない。
⑤キッチンカーの**大きさにより販売できる量に限界**がある。
⑥キッチンカー以外に、**料理の仕込み場所が必要になる場合**がある。

スモールビジネスからのスタート

　小規模な食物販やキッチンカーのようなスモールビジネスでは、1店舗の売上に限界があります。売上の規模が小さいと、かなり繁盛してもそれほど大きな利益を確保することができません。通常の飲食店を開業できるような資金を貯めるには長い期間がかかりますし、場合によっては、その1店舗を維持するのが精いっぱいということになるかもしれません。そうした理由で、従来はあまりオススメできる方法ではありませんでした。

　しかし最近では、小規模な店舗であっても、**地域で圧倒的な人気を集め知名度が高ければ、ビジネスを拡大できるチャンス**が増えてきました。たとえば、商業施設から有利な条件で出店の依頼があったり、他の企業から提携や出資の申し出が来たりするようなケースです。インターネットの普及で、ローカルの小さな店であっても幅広く知られる可能性が高まったことが大きいでしょう。その店のブランドが評価されるようになったわけです。

　しかし、こうした方法にも、それなりのリスクがあることはしっかり

※「移動販売」とは正式な呼称ではなく、食品衛生法ではキッチンカーも飲食店の営業許可と同様の扱いになります。

理解しておいてください。多くの場合、食物販やキッチンカーから起業を成功させるには、**他店にはまねのできないオリジナリティのある商品開発力、店舗のブランドを育成できるマーケティングの知識、複数店を効率よく運営できるマネジメント能力などが必須**になります。

キッチンカーとは日本での名称です。英語では、キッチン付きの移動販売車両をフードトラックと呼んでいます。

個人で始めるキッチンカー

日本では、軽自動車からトラックを改造したものまで、さまざまな大きさのキッチンカーがあります。軽バンを改造したキッチンカーは手ごろな価格ですが、機能にかなり制限があり、車内では最低限の調理加工しかできません。目的と予算をしっかり検討して選択しましょう。

MENU
OPEN!

開業の事務手続き

鉄則 新規で事業を始めるために必要な手続きを知る

個人と法人で異なる手続き

飲食店にかぎらず、新しく事業を始める際には、関係する諸官庁などに、必要な届出手続きを行わなければなりません。

ビジネスを創業するには大きく分けて、**個人事業として行う場合と法人を設立する場合**があります。そのどちらかによって、開業の事務手続きは少し異なります。

下と左の表は、一般的な創業にともなって必要な**税務署や社会保険、雇用保険などの届出手続き**をまとめたものです。

社会保険関係の届出と留意点

	届出先	種類・提出期限	留意点等
健康保険・厚生年金保険	年金事務所	①新規適用届 ②被保険者資格取得届 ③(法人の添付書類) 履歴事項全部証明書または登記簿謄本、法人番号指定通知書等のコピー (個人の添付書類) 事業主の世帯全員の住民票 届出は５日以内	・法人の事業所はすべて加入 ・個人の場合（注） 従業員５人以上はすべて加入（サービス業の一部等については任意加入） 従業員５人未満は任意加入
労災保険	労働基準監督署	①保険関係成立届 ②概算保険料申告書 ①は保険関係が成立した翌日から10日以内、②は成立した翌日から50日以内に手続き	・雇用保険と労災保険を併せて「労働保険」と呼び、飲食店の場合、通常は同時に手続きを行う。 ・個人、法人ともに従業員を雇用するときに適用事業所となる。 ※いずれも、規定の確認書類などの提出が必要になる場合があります。
雇用保険	公共職業安定所（ハローワーク）	①雇用保険適用事業所設置届 ②雇用保険被保険者資格取得届 ①は設置の翌日から10日以内、②は資格取得の翌月10日までに手続き	

（注）個人の事業主は、国民健康保険・国民年金の適用となります。届出先は区市町村役場です。詳しくは各届出先に問い合わせてください。
※原則として2024年４月時点での内容です。

税務署等への届出と留意点

	届出先	種類	提出期限・留意点等
個人	税務署	①個人事業の開業・廃業等届出書	・事業を開始した日から１カ月以内
		②青色申告承認申請書（青色申告したいとき）	・事業を開始した日から２カ月以内（事業を開始した日が１月１日から１月15日の場合は、３月15日まで）
		③給与支払事務所等の開設届出書（従業員を雇うとき）	・給与支払事務所等を設けた日から１カ月以内
		④たな卸資産の評価方法の届出書（法人も同様）	・確定申告の提出期限まで（届出がない場合は、最終仕入原価法となります）
		⑤減価償却資産の償却方法の届出書（法人も同様）	・確定申告の提出期限まで（届出がない場合は、規定の法定償却方法が適用されます）
	各都道府県税事務所（市町村役場）	事業開始等申告書（開業等届出書）	・各都道府県で定める日（たとえば東京都の場合は、事業を開始した日から15日以内）
法人	税務署	①法人設立届出書	・設立の日から２カ月以内 ・定款等の写しや設立趣意書など定められた書類の添付が必要
		②青色申告承認申請書（青色申告したいとき）	・設立３カ月を経過した日と最初の事業年度終了日のうち、いずれか早い日の前日まで
		③給与支払事務所等の開設届出書	・給与支払事務所等を設けた日から１カ月以内
	各都道府県税事務所（市町村役場）	法人設立・設置届出書（ほかに規定の書類の添付が必要）	・各都道府県で定める日（たとえば東京都の場合は、設立の日から15日以内）

（注意）上記のほかにも、必要に応じて提出する書類などがあります。また、書類の名称・形式や提出方法は都道府県や市町村によって異なる場合があります。
※提出期限が土・日・祝日にあたる場合は、翌営業日となります。
※原則として2024年４月時点での内容です。

飲食店の営業許可と届出

鉄則 開業にあたって保健所や消防署、警察署などに行う手続き

飲食店を開業するときには、**店舗の地域を管轄する保健所の営業許可と、消防署や警察署への届出が必要です**（左ページ参照）。保健所や消防署への手続きには、内装・設備工事などに関わる専門的な要素が多く含まれます。ですから、飲食店の経験が豊富な設計士など専門家にアドバイスを受けたり、代行してもらうのが普通です。また、**自治体により基準が異なる場合がある**ため、その地域に詳しい専門家のほうが有利です。

保健所の営業許可を得る

飲食店は、**食品衛生法および各自治体の条例で定められている営業許可が必要です**。

厨房を含めた店舗の図面ができあがった時点で、まず、管轄の保健所に「事前相談」をします。事前相談の前に工事を始めてしまうと、その設計で許可がおりなかった場合は工事をやり直さなければなりません。必ず工事を着工する前に相談に行ってください。

ここで指摘があれば図面を修正し、所定の書類をそろえて「営業許可申請」を行います。申請をすると、工事完了後に「確認検査」が行われます。検査ではおもに、申請された設計図面と実際の施工が同じかどうかを確認します。検査で何らかの指摘があれば、改善が必要であり再検査となります。検査に合格すれば「営業許可書」が交付されます。

消防署への届出など

火気を使用する厨房設備を持ち、不特定多数のお客様が出入りする飲食店では、**原則的に開業にあたり消防署の検査が必要です**。これは前提条件によって手続きも異なるので、かなり複雑です。

新しく店舗の建物を建てたり、賃貸ビル内で一定の基準を超えた内装工事を行う場合は、その地域の自治

体が指定する先に「建築確認申請」を行う必要があります。この場合、この手続きの中で消防署へ申請書が送られます。「建築確認申請」が必要かどうかについては、その地域の状況により異なる場合があります。

もし、工事が小規模で「建築確認申請」の必要がない場合、消防署に「防火対象物工事等計画届出書」を提出します。キッチン設備なども関係するので、十分な注意が必要です。

警察署への届出

飲酒を中心に深夜0時以降に営業する飲食店や、従業員が接待する風俗営業に関係する飲食店は、警察署への届出が必要です。

すべての飲食店が必要なわけではありません。

飲食店の開業時に必要な届出や許可申請

申請・届出先	申請や届出の項目	実施するタイミングなど
保健所（食品衛生責任者の選任が必要）	・営業許可の申請	・店舗の図面が完成したら事前相談 ・工事が完了する約10日前までに申請
消防署（防火管理者の選任が必要）	・建築確認の申請	・建築確認申請が必要な場合 ・店舗設計が始まる段階で事前協議
	・防火対象物工事等計画の届出	・建築確認申請の必要がない場合 ・工事を始める７日前までに届出
	・防火対象物使用開始の届出	・工事を行わずに使用する場合にも必要 ・営業を始める７日前までに届出
警察署（対応する場合のみ）	・深夜酒類提供飲食店営業の届出	・バーなどの場合のみ ・営業を始める10日前までに届出
	・風俗営業許可の申請	・接待を伴う場合 ・通常は許可まで数カ月かかる

※いずれも手続きには必要な書類があります。また、事前に管轄する公的機関に確認や相談が必要です。

ココが知りたいQ&A

飲食店の開業に資格は必要？

飲食店を開業する際には、保健所に「食品衛生責任者」、消防署に「防火管理者」の選任を届け出る必要があります。これらはいずれも、短期間の講習で取得できる資格です。調理師や栄養士などの資格があれば、講習を受けずに「食品衛生責任者」になることもできますし、小規模な店舗では「防火管理者」が必要ない場合もあります。

※上記の表などに記載した内容は、原則として東京都の場合です。各地域によって手続きの条件などは異なる場合があります。詳しくは管轄の公的機関に問い合わせてください。

コラム

ムチャなスケジュールを立てるのは禁物！

飲食店を開業したいという起業者から、物件もまだ決まっていない段階で「半年後にはオープンしたいのですが、どうすればよいでしょうか？」といった相談を受けることがしばしばあります。

すでに何店舗かの飲食店を経営し、新規開業の手順をよく知る経営者ならともかく、はじめて出店する初心者がそんなスケジュールで１号店を計画するのはかなりムチャな話です。

大まかなスケジュールについては、P59の表にある通りですが、飲食店を開業しようと思い立って、どのような店にするかを決めた後、実際に開業にいたるまでには、やるべきことが非常にたくさんあります。さらに、こうした作業はそれぞれが関連していますから、ひとつひとつ順番に片づけていくというわけにはいかないものが多いのです。

たとえば、店舗の設計にじっくり時間をかけたいと思っても、店舗物件が決まらなければ具体的な店舗の設計を始めることはできません。しかし物件の契約を済ませた後は毎月の家賃が発生しますから、そうなると設計の打ち合わせにゆっくり時間を費やしている余裕はなくなってしまうのです。また、公的な融資などにより資金調達する場合も、具体的な店舗物件の契約が進んでいないと申請できないため、物件が決まる以前に必要な費用は、自己資金でまかなわなければなりません。店舗のスタッフにしても、計画段階でよい人材が見つかったからといって、開業まで給与を支払って待っていてもらうわけにはいかないでしょう。

開業のスケジュールは十分な余裕を持って計画しましょう。

開業編

第2章

メニュー計画を立てる

自分の運営する店でどんな料理を提供するのか。価格設定のポイントや食材の仕入れについても詳しく紹介します。

商品コンセプトを決定する

鉄則 店舗コンセプトを踏まえて、商品コンセプトを決めよう

どんな料理や飲み物を どのようなスタイルで

飲食店のメニューを決めるためには、**まず商品のコンセプトを決定する**必要があります。

「商品コンセプト」とは、店舗のコンセプト（P30参照）と関連して、メニュー全体の方針や範囲を明確にするために考えるものです。店舗のコンセプトを受け「どんな料理や飲み物を、どのようなスタイルで提供するか」というように考えていきます。

たとえば、ある店の店舗コンセプトが「会社帰りのビジネスマンに気軽に立ち寄ってもらう居酒屋」とすると、商品コンセプトは「新鮮な魚介類を中心に」という考え方もあれば、「産直地鶏《さんちょくじどり》を使った焼き鳥を」という場合もあるでしょう。

このように**店舗コンセプトは、いくつかの商品コンセプトに展開することが可能**です。メニューの特徴を明確にするためにも、商品コンセプトを決める必要があります。

商品コンセプトを決めて 魅力ある店づくりを

もちろん、先に商品のコンセプトがあって、そこから店舗のコンセプトが導き出されるという場合もあります。ただし、「商品ありき」でコンセプトづくりをすると、「お客様が何を求めているか」ということよりも、「自分が何を売りたいか」が優先してしまい、その結果ビジネスとしては成立しなくなってしまうというケースがしばしば見られるので、注意が必要です。

また、商品コンセプトをしっかり考えておかないと、**メニュー構成にまとまりがなくなって、店の魅力が薄れてしまいます。**

商品コンセプトを検討しながら、その中にどのような料理や飲み物を入れるか、簡単にリストアップしておいてください。ただし、最終決定はまだ先になります。

商品コンセプトの展開を考える

店舗のコンセプトを受けて、商品コンセプトを考えましょう。

店舗コンセプトの例

会社帰りのビジネスマンに気軽に立ち寄ってもらう居酒屋

店名「地鶏や○○」

◆商品コンセプト

・産直地鶏を使った焼き鳥を

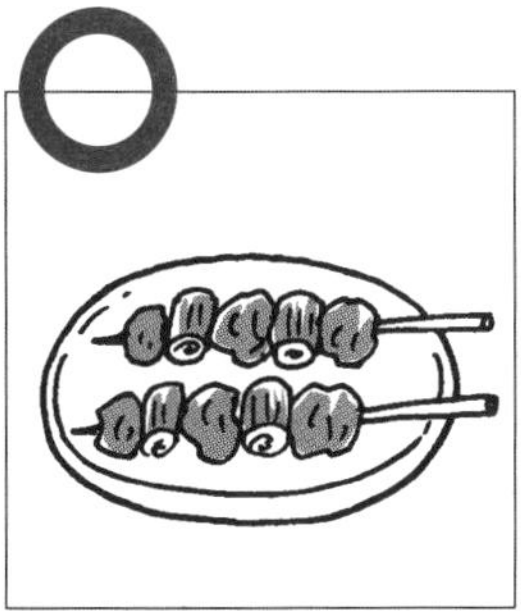

◆メニュー

・地鶏のふわっとつくね
・こだわりの焼き鳥
・地鶏もも焼き

店名「新鮮魚介の店○○」

◆商品コンセプト

・新鮮な魚介類を中心に

◆メニュー

・刺身盛り合わせ
・ヤリイカの活け造り
・貝の酒蒸し

店名「中華亭○○」

◆商品コンセプト

・高級食材を活かして

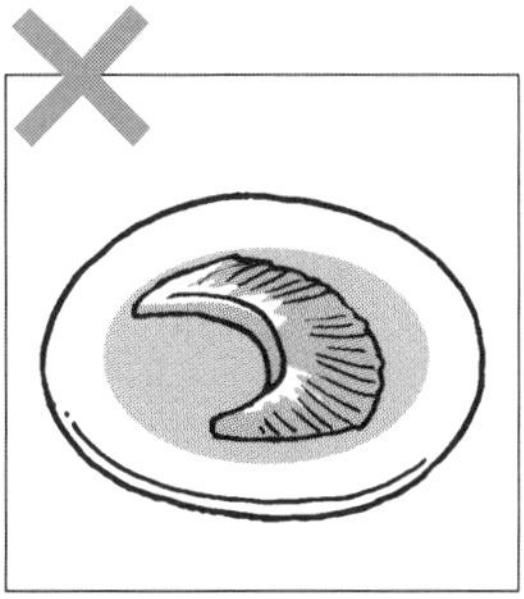

◆メニュー

・特選ラーメン
・フカヒレの姿煮
・あわびの煮込み

「気軽に」という店舗コンセプトと「高級」という商品コンセプトがずれている

ココに注意！

商品コンセプトは明確に！

よく、ラーメン店やそば屋の看板を掲げていながら、店内に入るとカレーライスやカツ丼、ハンバーグ定食まで、何でもメニューに載っている店があります。これは商品コンセプトが明確でない店の典型的な例です。こうした店はランチタイムなどに近隣の勤め人に利用されることはあっても、決してわざわざ遠くから人が訪れる店でないことはおわかりでしょう。

メニューのアイテム数を決定する

鉄則 メニューのアイテム数を決めて、全体の枠組みをつくろう

アイテム数を決め メニューづくり開始

商品コンセプトが決まったら、まずはじめに、**メニュー全体のアイテム数をどのくらいにするか**検討してみましょう。どうしてもこれを最初に決めなければいけないという法則はありませんが、初心者の場合は、全体の枠組みから検討するほうが考えやすいでしょう。

メニューのアイテム数は、単品の料理や飲み物だけをカウントするのではなく、たとえばランチのカツ丼セットなどは単品のカツ丼とは別のアイテムとして数えます。ほかにも、生ビールの中ジョッキと大ジョッキなどのようなサイズ違い、宴会用のコース商品など、メニューとして異なった価格がついているものはすべて別のアイテムとしてカウントしてください。なぜなら、**違った価格の商品は、お客様にとって別の商品**だからです。

このように数えると、ファストフードのハンバーガー店でも50品くらいのアイテム数があることになります。

メニュー数は少なければ少ないほどよい

「メニュー数はなるべく少ないほうがよい」というのが大原則です。

ワンポイント

適切なメニューのアイテム数を設定するコツ

メニューが少なすぎる場合、お客様は品揃《ぞろ》えに満足できない可能性がある上、選ぶ楽しみもなくなります。メニューは多すぎても少なすぎてもいけないので、適切な数というのは難しいですが、初心者の場合は同規模の同じような業態の繁盛店を何店か視察し、そうした店よりも多くなりすぎないように注意しましょう。
一般に、専門店を除いて、個人や小規模な企業が経営するカフェや居酒屋などでは、フードメニューとして30～50品前後というアイテム数が無理なく取り扱える範囲でしょう。

メニューが多いほうがたくさんのお客様を呼べそうに思えるかもしれませんが、そんなことはありません。たとえば、10種類前後のメニューしかないラーメン専門店に、お客様は行列をつくっています。

専門店では、大多数のお客様が注文する主力メニューがいくつかあるため、メニューを増やす必要はないのです。アイテム数が少ないほうが、ひとつひとつの商品に手間をかけることができ、同じ材料を大量に使用するのでコスト効率もよくなります。そのため、商品の満足度を向上させやすいのです。**メニューの増やしすぎには、注意しましょう。**

また、いったんメニューに商品を載せてしまうと、どれを削るかを決めるのが難しいので、少ないアイテムでスタートして、必要に応じて増やしていく方法がベターです。

アイテムの数え方

メニューのアイテム数はこのように数えます。

サイズ違いの同じドリンク

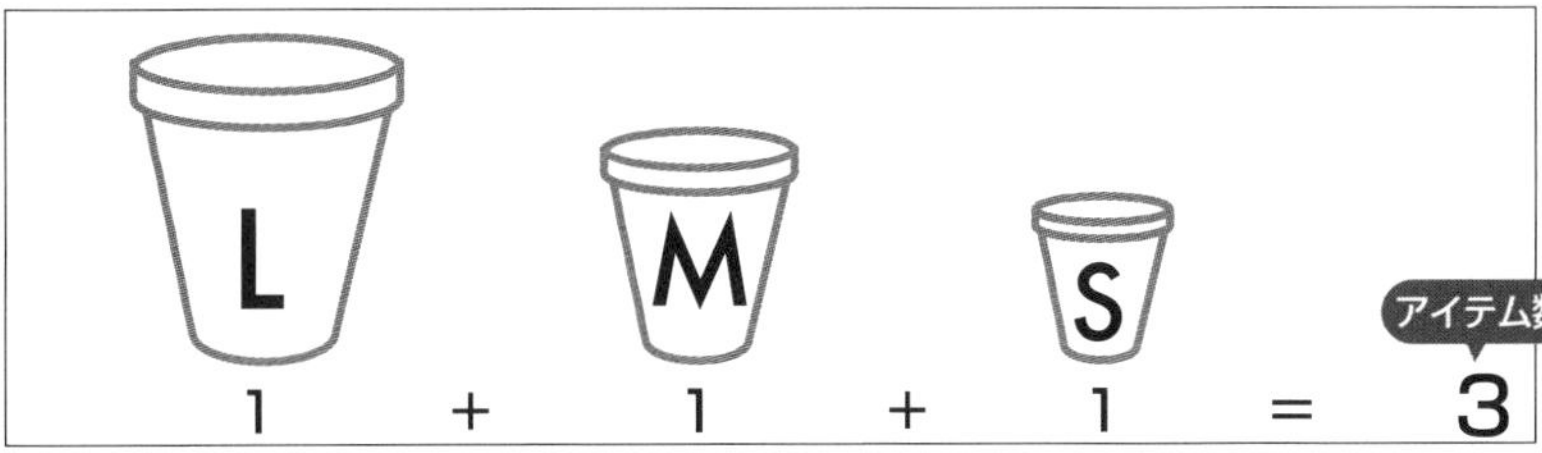
L
M
S
1　+　1　+　1　=
アイテム数
3

セットと単品

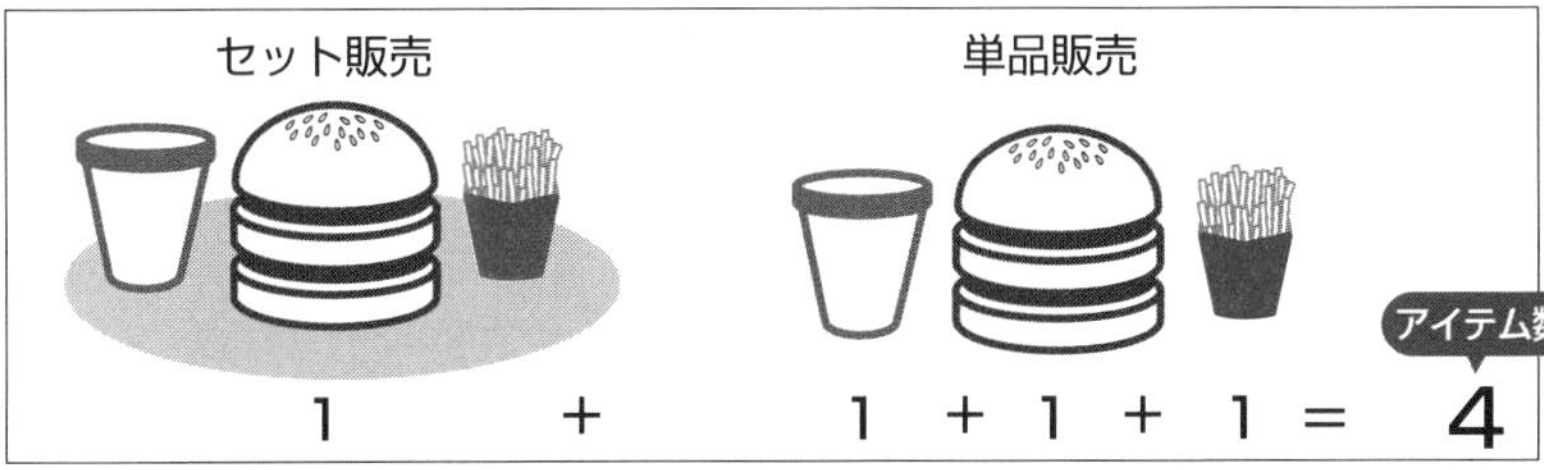
セット販売
単品販売
1　+　1 + 1 + 1 =
アイテム数
4

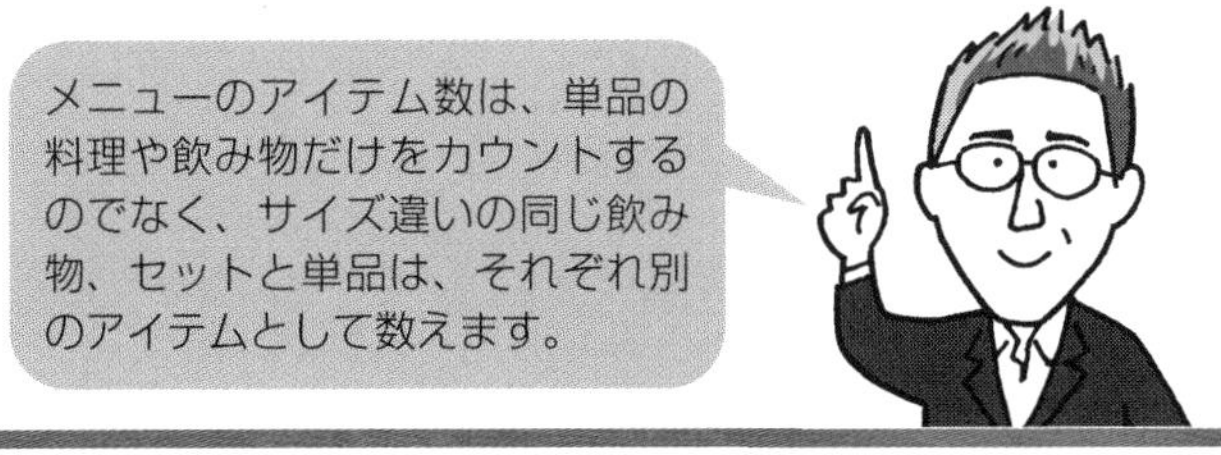
メニューのアイテム数は、単品の料理や飲み物だけをカウントするのでなく、サイズ違いの同じ飲み物、セットと単品は、それぞれ別のアイテムとして数えます。

メニューカテゴリーの決め方

鉄則 調理法別、食材別、利用目的別にメニューのカテゴリーを考える

メニューはカテゴリーの組み合わせでつくる

前ページで述べたようにメニュー全体の数を大まかに想定したら、商品コンセプト検討（P70参照）のときにリストアップした商品メニューをもとに、メニューのカテゴリー分類について考えます。

カテゴリー分類とは、「サラダ」「揚げ物」というように、メニューの中で分かれている項目のことを指します。たとえば「煮物」「グラタン」などの**調理法別のカテゴリー**、「肉料理」「パスタ」のような**食材別のカテゴリー**、「ランチ」「すぐできるおつまみ」といった**利用目的別カテゴリー**のように、さまざまな分類方法があります。飲食店のメニューは、こうしたカテゴリーを組み合わせてできあがっているのです。

カテゴリーとは「見出し」のようなもの

カテゴリーとは、たとえば**本の「見出し」のようなもの**と考えてみてください。もし、「見出し」のまったくない本文だけの本があったら、どうでしょうか。どのような内容が、どのような流れで書かれているのかわからないので、書店で手に取っても買うのをためらってしまうと思います。

メニューもこれと同じで、開いたときにパッと目に飛び込んでくるカテゴリーによって、その店が**どんな食べ物や飲み物を、どんなスタイルで提供しているのか**がわかります。ターゲットとする客層に一瞬でアピールできるようなカテゴリーを、いろいろ検討してみてください。

カテゴリー分類を考えたら、各カテゴリーの中に、**いくつぐらいのアイテムを入れるのか**も考えます。

ひとつのカテゴリーに入る適切なアイテム数は、平均すると3～5つぐらいです。ひとつではわざわざカテゴリーをつくる意味がありません

し、7~8つものアイテムがあると、お客様が選ぶのに迷ってしまう可能性が高くなるからです。

カテゴリーにメニューを当てはめていく

ここまで来ると、メニューの構成が見えてきたと思います。後は、各カテゴリーの中に、これまで考えていた**具体的な料理や飲み物を当てはめていく**わけです。

すると、考えていた料理では足りなかったり、余ってしまったりするカテゴリーが出るでしょう。また、価格のバランスも考えなければなりません。そうした点を調整しながら、新しい料理を考えたり、スタイルを変えて別のカテゴリーに移したり、ポーション（分量）を変更して価格を見直したりして、メニュー全体を完成に近づけていくのです。

メニューをカテゴリーに分ける

調理法別、食材別などのメニューのカテゴリー分類を考えましょう。

調理法別　煮物

肉じゃが　ぶり大根　カボチャの煮物

食材別　肉料理

からあげ　焼き鳥

肉じゃが

カテゴリー分類はこのような調理法別、食材別のほか、「ランチ」や「すぐできるおつまみ」といった利用目的別カテゴリーなど、いろいろあります。

価格設定のポイント

鉄則 メニューづくりの最重要ポイントは価格の設定

メニューの価格はどうやって決める？

飲食店で出す料理や飲み物は、値段が付けられてはじめて「商品」になります。なぜなら、どんなにおいしい料理であっても、それが**お客様にとって相応の価格**でなければビジネスとしては成立しないからです。そのため、メニューづくりでもっとも重要なのは、価格を決めることだといってもよいかもしれません。

メニューの価格を設定するには、それぞれの商品について、まず現在の**「相場」**を把握しなければなりません。たとえば現在、コーヒー1杯の価格をみると、ファストフード系で「250円以下」、チェーン系のカフェでは「250～350円ぐらい」、繁華街にある専門店系の喫茶店などでは「450～500円ぐらい」、大きなホテルや一部の高級店になると「700～900円以上」といったように、さまざまな価格帯に分かれています。メニュー価格にはかなりの差がありますが、実はコーヒー1杯の原価《げんか》にそれほどの差はありません。

つまり、メニューの価格を決めているのは材料の原価ではなく、どのような店（立地、内装、食器、サービスなど）で提供されているかなのです。言い換えれば**「業態の違い」によって、メニューの価格が異なる**のです。

客単価を意識して価格設定を検討する

飲食店の場合、お客様は「食事」をしに来るので、**単品のメニュー価格よりも「客単価」が重要**になります。たとえばハンバーガー店の場合、多くのお客様はハンバーガーだけを注文するのではなく、「ハンバーガー＋ドリンク＋サイドオーダー」といった組み合わせで注文します。この合計が満足のいく金額であって、はじめて「安い」と感じてもらえるわけです。

コーヒーの価格の違い

同じコーヒーであっても、提供する店の業態の違いによって価格に大きな差があります。

チェーン系のカフェのコーヒー

¥350

ファストフード店のコーヒー

¥230

ホテルのコーヒー

¥800

単品の価格と客単価を検討する

居酒屋で飲み物とおつまみを注文したときに、合計金額が２０００円程度の大衆居酒屋もあれば、５０００円以上もする高級居酒屋もあります。このように、飲食店のメニュー価格を考えるときには、**単品の価格と同時に客単価も併せて検討する**必要があります。

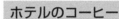

２品以上のメニューを注文するお客様が大部分である業態の場合は、単品の価格ばかりに気を取られないように十分注意してください。

既存のライバル店などの客単価を参考にして、価格設定の基本方針を立て、メニューの価格を決定していきましょう。方針とはたとえば、同じ客単価でよりグレードの高い商品を提供するのか、同程度の商品がより低価格であることを売りにするのか、少し高めの客単価でもサービスなどでそれ以上の満足感を与えるのか、というようなことです。

基本メニューの構成を確認し客単価を決める

具体的な価格設定のやり方は、店のスタイルによっても変わってきますが、標準的な考え方は次のようになります。

まず、時間帯ごとに、**どのようなメニュー構成を基本にするのか**を考えます。たとえばカフェならば、仮にランチタイムの客単価を１２００円と設定して、ドリンク・フード・スイーツ各１品が基本になるとします。すると、各アイテムの中心価格としてたとえばドリンク２５０円、フード６５０円、スイーツ３００円ぐらいといった基準の価格ができることになります。この価格をもとにして、個別のアイテムの価格を決めていくわけです。実際には、これでは１品当たりの価格が少し低くなってしまうので、それぞれのアイテムの単価は少し高めに設定し、ランチセット３品で割引価格１２００円になるといった工夫をして、**客単価のばらつきをなくす**ように考えましょう。

客単価から基準の価格を設定する

居酒屋などの場合は、まず客単価を２５００円と設定したら、内訳の構成を「飲み物２杯＋おつまみ2.5品」といったように想定します。「2.5品」というのは２人で５品、つまり「２人で飲み物４杯＋おつまみ５品＝５０００円」という意味です。たとえば「飲み物５００円×４杯＋おつまみ６００円×５品」で合計５０００円になります。この場合、ドリンク５００円、フード６００円という基準の価格が設定できるわけです。

また、同じ構成で「飲み物４００円×４杯＋おつまみ６８０円×５品」でも合計は５０００円です。この場合は、飲み物を比較的安く、料理を少し高く設定したメニューということになるわけです。

このように、あくまでも**客単価を基本として、それを構成するアイテムとその価格を設定していく**のがメニューの価格を考える基本となります。

実際には計画する店の業態やメニューの各アイテムなどによって、さまざまなアイデアを使って価格を決めていく必要があります。いろいろな店舗に行ってみて、どのような価格の工夫があるか調べましょう。

客単価の内訳

客単価が同じでも、メニューのつくり方次第で内訳はいろいろ変わります。

客単価 ¥2,500

２人で ¥5,000

飲み物¥500
×
４杯

おつまみ¥600
×
５品

¥2,000 ＋ ¥3,000

客単価 ¥2,500

２人で ¥5,000

飲み物¥400
×
４杯

おつまみ¥680
×
５品

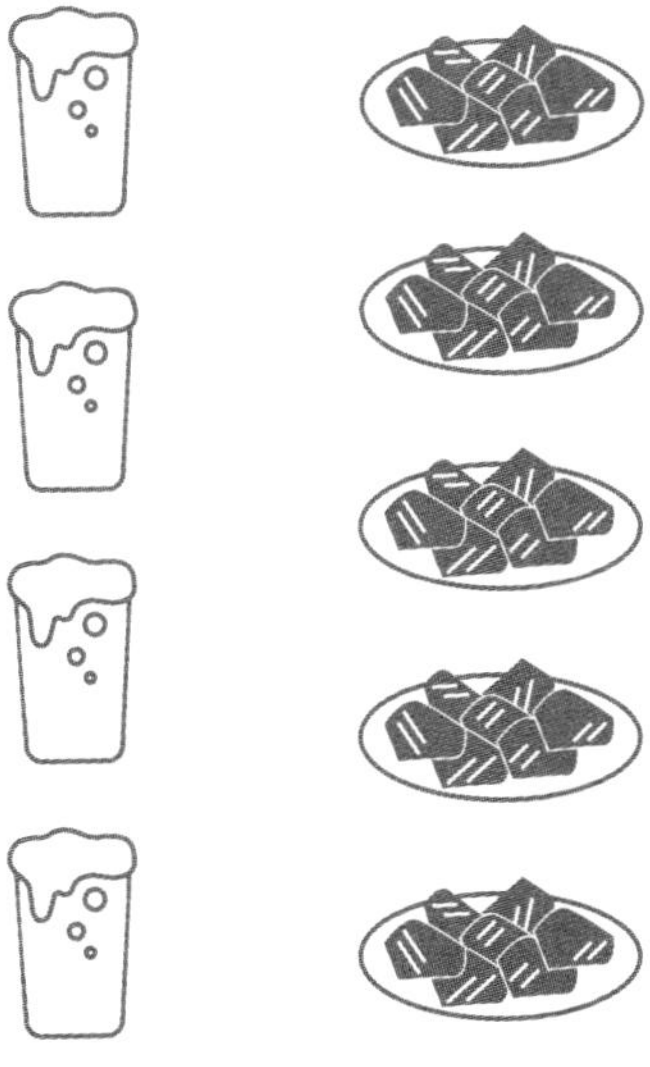

¥1,600 ＋ ¥3,400

飲み物の値段を安く、料理を高く設定しているこちらの場合は、飲み物よりも料理に自信があることがわかります。

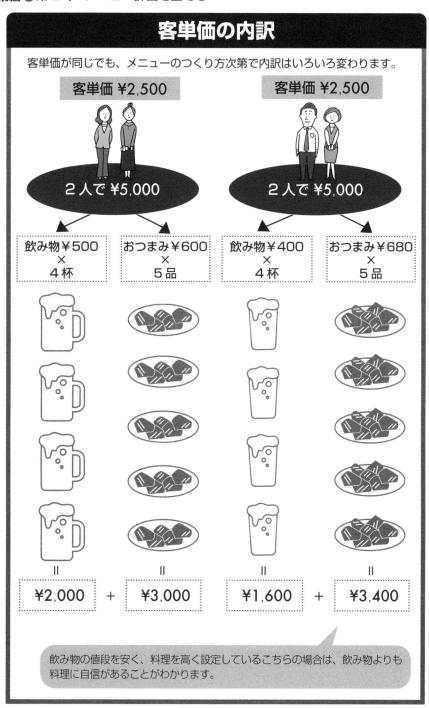

適正な原価率で価格を設定する

鉄則 原価率は、メニュー全品のトータルでコントロールしよう

「原価率30％」とはどういう意味？

飲食店の原価率がおよそ3割であるということを、知っている人は多いでしょう。しかし、このことをそれぞれのメニューアイテムのすべてについて、原価率を30％にしなければいけないのだと勘違いしている人も、意外と多いようです。

原価率が30％ということは、たとえば1カ月の店の売上全体に対して売上原価（仕入金額）の合計が30％ということであって、**決して個々のメニューの原価率がすべて30％だということではありません。**

工夫次第で原価率は下げられる

飲み物を例にとって考えてみましょう。たとえばビールは、誰もが知っている酒造メーカーの製品をそのまま提供する商品です。調理加工をするわけではありません。

しかし、ビールの仕入価格は各店の納品契約により異なります。こうした商品を、商品価格の30％という一律の原価率で販売したら、個人店など取り扱い量の少ない飲食店は、仕入価格の安い企業規模の大きなチェーン店には、価格で絶対にたちうちできないということになります。

しかし、カクテルや酎《ちゅう》ハイなどのような商品は、**各店が材料をそろえて独自につくることができるので、原価率を自由に設定できます。**こうしたメニューは、たとえ原価率が20％しかかかっていなくても、材料やレシピの工夫によって、魅力ある商品を提供することができれば、お客様は満足してくれるでしょう。

このように、ライバル店に対抗することで原価率が高くなってしまうビールと、工夫次第で原価率を下げることのできるカクテルなどを組み合わせてメニューをつくることで、トータルでの**原価率を適正に抑えることが可能になる**のです。

原価率の考え方

原価率は個別のメニューごとではなく、全体の売上に対しての比率で考えます。

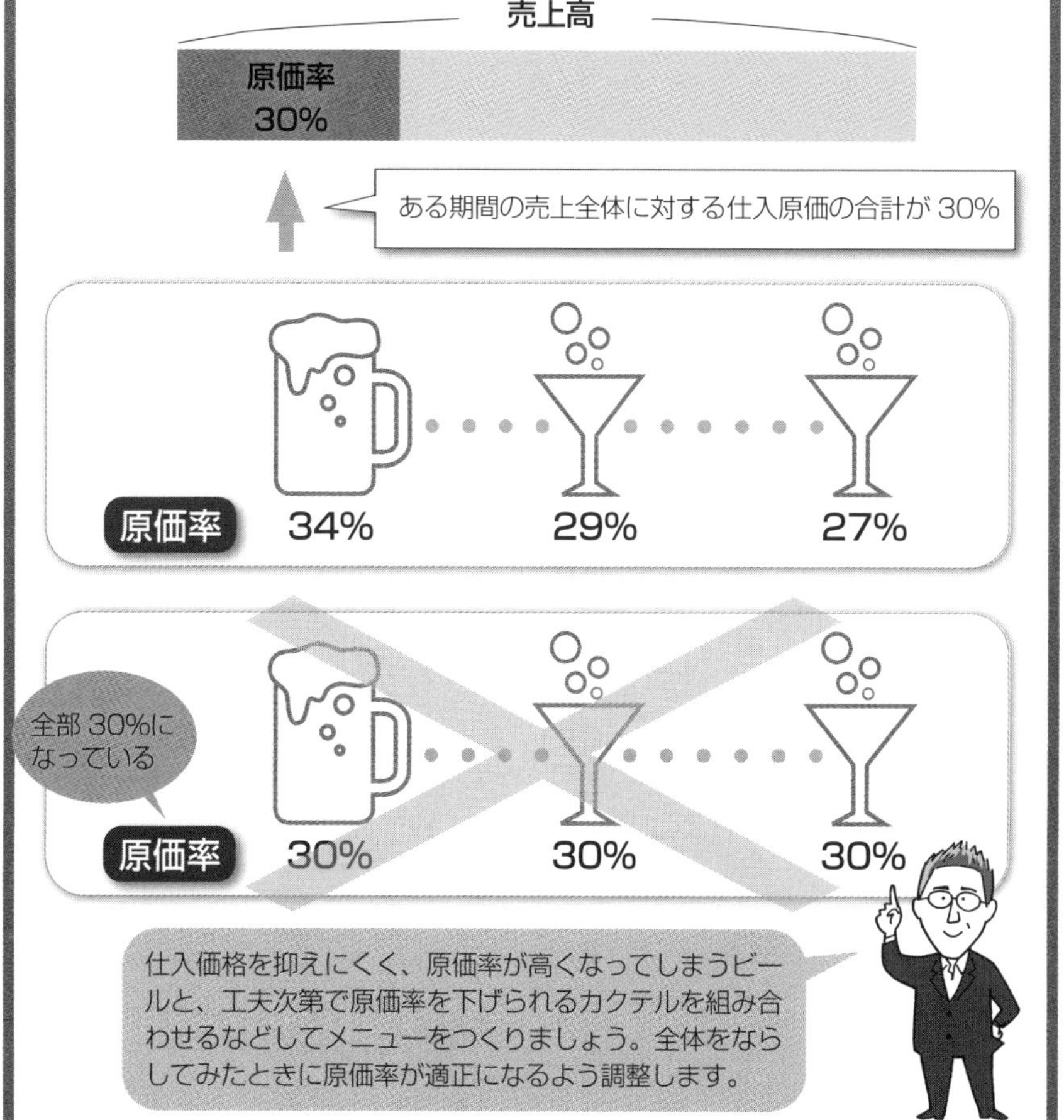
売上高
原価率
30%
ある期間の売上全体に対する仕入原価の合計が 30%
原価率
34%
29%
27%
全部 30%になっている
原価率
30%
30%
30%
仕入価格を抑えにくく、原価率が高くなってしまうビールと、工夫次第で原価率を下げられるカクテルを組み合わせるなどしてメニューをつくりましょう。全体をならしてみたときに原価率が適正になるよう調整します。

ココが知りたいQ&A

原価率をコントロールするためには？

仕入価格が契約により決まっているビールと違い、オリジナルでつくれるカクテルや酎ハイは原価率を自由に設定することができます。原価率を適正に抑えるためには、ビールよりもカクテルや酎ハイが多く売れるような作戦を立てなければなりません。つまり、原価率のコントロールは、実はメニューづくりや販促計画を含めた店舗経営全体で考えなければいけないことなのです。

開業編

レシピシートで原価を管理する

鉄則 メニューごとに原価率を把握するため、レシピシートを作成しよう

レシピシートで正確な原価を把握する

飲食店の売上原価をコントロールするためには、まず個々のメニューについて**正確な原価（原材料費）**を算出しなければなりません。それには、店で提供する**料理や飲み物のレシピシートを作成**し、レシピにもとづいた原価を明確にしておく必要があります。

レシピには、材料やつくり方を文書化することで料理の味と品質のばらつきをなくすという目的もありますが、同時に経営面では、正確な原価を算出する上でのベースになる資料という意味合いもあります。そのため、レシピシートは左図のように、原材料費の計算も行うことができるフォーマットを用いるとよいでしょう。

また、レシピシートは**「料理や飲み物」**だけではなく**「ソースやドレッシング」「仕込み」**などについても作成します。「仕込み」とは、手早く料理を提供するために、下ごしらえの一部などを数量をまとめて事前に行っておくことをいいます。たとえば、ハンバーグを注文ごとに挽肉からこねて調理するわけにはいきませんから、材料を合わせて1個分ずつの分量をはかっておくところまでは、事前に「仕込んで」おくということになります。

原価管理をして食材のロスを減らす

原価率には、こうした**ひとつひとつのメニューの原価を合計して算出する「標準原価率」**と、**その月の仕入額から月末に在庫している食材を差し引きして算出する「実際原価率」**のふたつがあります。それぞれの算出方法はP85の算出式を参照してください。

実際に飲食店を運営する場面では、食材の使えない部分がムダになったり、仕込んだ材料が売れずに

レシピシートの見本

商品レシピ基準表　　　　　　　　店名

メニュー名	タコライス		商品コード		
食器	クープ皿（白）	売価	950円	原価率	29.2%
適用			期日	年　月　日	
調理備品			原価	277円	

	食材	使用量	加工法その他の必要事項	原材料費	単価
	ライス	200 g		50円	
	リーフ野菜	30 g	レタス（サニーレタス）＋ベビーリーフ	60円	
	トマト	25 g	角切り	20円	
	タコミート	80 g	※別紙仕込み表参照	55円	
	チーズ	10 g	ピザ用シュレッドチーズ	20円	
	温泉卵	1個	調理済製品	32円	
	アボカド	1／8個	熟したもの	20円	
	サルサソース	15 g	市販品	20円	

【盛り付け例】

【盛り付けポイント】

※チーズが溶けるように手早く載せる。

※野菜にドレッシングはかけない。

記入者

【調理手順】

①温かいライスを皿に盛り、まわりにリーフ野菜を飾る。

②タコミートをレンジで温めてライスの上に盛りチーズをかける。

③トマトとアボカドを飾る。

④温泉卵とサルサソースをココットで添える。

※盛り付け例のイラストはイメージです。また、レシピ表の数値は実際の事例を参考にした架空のものです。

傷《いた》んでしまったりなどといった「ロス」が発生します。こうしたロスが**標準原価率と実際原価率の差**になって現れます。

　このふたつの原価率に大きな差がある場合は、本来は利益になるはずの食材がロスとして消えてしまったということになりますので、こうした原価管理の作業は重要です。「ロスによっていくら損をしたのか」ということよりも、**「なぜこのロスが発生したのか」と原因を追及し、ロスを減らす**という姿勢が大切です。

レシピシートの目的は商品管理です。材料やつくり方を書いたレシピの要素と、正確な原価を算出しコストを管理するための要素があります。このように両方の要素を盛り込んだレシピシートを飲食店ではつくる必要があります。

レシピシートの構成要素

商品管理：どんな商品があるのかを管理する

商品レシピ基準表　　　　店名

メニュー名	タコライス		商品コード		
食器	クープ皿（白）	売価	950円	原価率	29.2%
適用			期日	年　月　日	
調理備品			原価	277円	

	食材	使用量	加工法その他の必要事項	原材料費	単価
	ライス	200g		50円	
	リーフ野菜	30g	レタス（サニーレタス）＋ベビーリーフ	60円	
	トマト	25g	角切り	20円	
	タコミート	80g	※別紙仕込み表参照	55円	
	チーズ	10g	ピザ用シュレッドチーズ	20円	
	温泉卵	1個	調理済製品	32円	
	アボカド	1/8個	熟したもの	20円	
	サルサソース	15g	市販品	20円	

コスト管理：原材料費を把握する

【盛り付け例】

【盛り付けポイント】
※チーズが溶けるように手早く載せる。
※野菜にドレッシングはかけない。

記入者

【調理手順】
①温かいライスを皿に盛り、まわりにリーフ野菜を飾る。
②タコミートをレンジで温めてライスの上に盛りチーズをかける。
③トマトとアボカドを飾る。
④温泉卵とサルサソースをココットで添える。

調理：材料やつくり方。料理の品質を保つ

※盛り付け例のイラストはイメージです。また、レシピ表の数値は実際の事例を参考にした架空のものです。

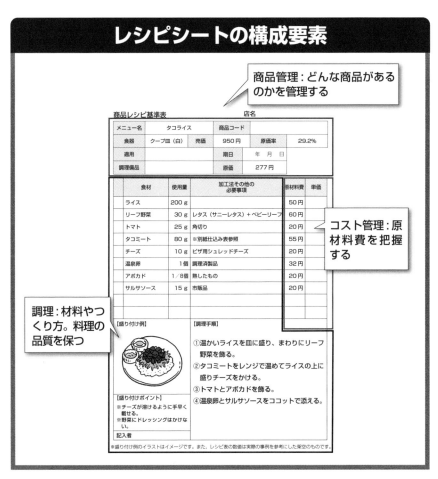

標準原価率と実際原価率

標準原価率とは、メニューのレシピが決まった段階で決まる計算上のもの。
実際原価率とは、実際に営業をした後の支払額にもとづくものです。

標準原価率とは何か？

計算上の原価率。メニューの原価を合計して算出する

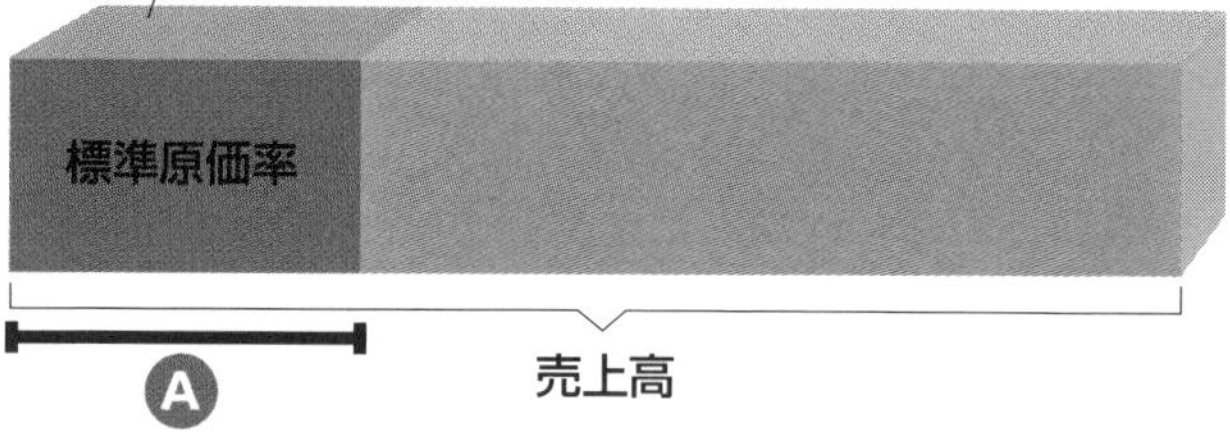

実際原価率とは何か？

実際の支払額にもとづく原価率。その月の仕入額から在庫を差し引いて算出する

標準原価率と実際原価率の差。仕込みミスや食材のムダ使いなどで増えたロス

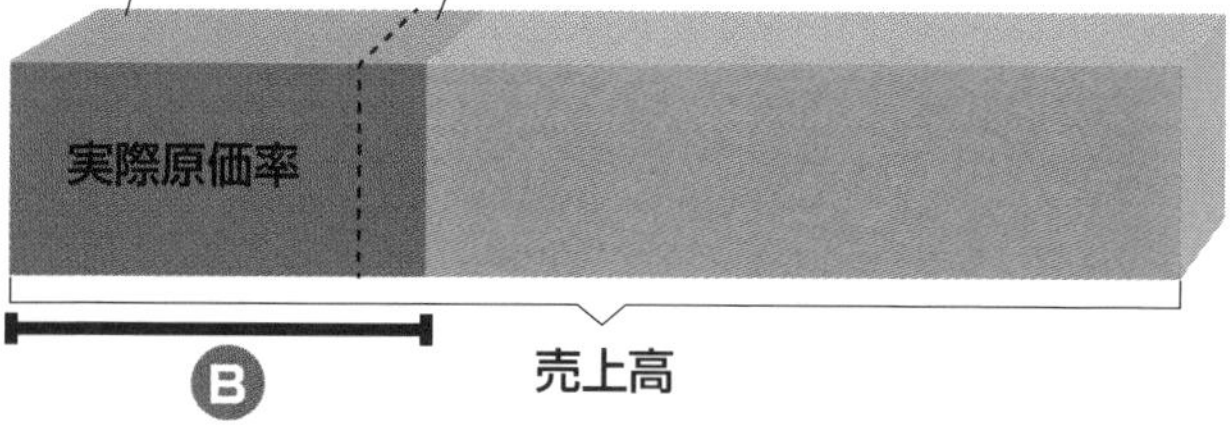

A 標準原価率（月次）＝

商品個別原価×個別販売数の合計 ／ 当月売上高 × 100％

B 実際原価率（月次）＝

（前月棚卸額《たなおろしがく》＋当月仕入額－当月棚卸額）／ 当月売上高 × 100％

きちんと計算をして、計算上の原価と実際の原価の差をなくすようにすることが大切です。仕込みミスや食材のムダなどのロスを減らしましょう。

仕入れの方法

鉄則 仕入先ごとのメリットの違いを知る

仕入れた材料に付加価値を付ける

飲食業とは、**「材料を仕入れて調理加工し、料理という製品をつくって販売する」**というビジネスです。

店舗をかまえるビジネスであっても、仕入れた製品をそのままのかたちで売場に並べて販売する小売店とは利益の仕組みが違います。

飲食店では、仕入れた材料をそのままお客様に提供することはほとんどありません。ビールのような調理加工しない商品でさえ、栓《せん》を抜き、グラスやコースターなどを添えて提供するという**付加価値を付けます。**

業務用の製品を上手に活用する

飲食店が仕入れる食材には、ごく普通の家庭で使われているのと同じ食品と、飲食店など専用につくられた「業務用」の製品とがあります。

どちらを使えばよいかは、**仕入れの価格と配送や包装・容器などのメリットを比較**して決めましょう。また食品のほかに、洗剤や包材《ほうざい》（包装材料）などにも業務用製品があります。

業務用製品を使うメリット

① 包装を簡素化したり、容量を大きくしたりして、その分価格を低く設定している。

② 大量に使う場合に便利な徳用の製品や、ムダの少ない小口のパッケージなどがある。

③ 飲食店で使いやすいような味付けやカットなど、事前に調理加工されている製品がある。

④ 専門的であったり希少であったりなど、一般家庭では入手できない特殊な製品がある。

⑤ 長期保存に適した製品や、ほとんどそのまま使用できる調理済み製品がある。

⑥ 生鮮食品の代わりになるような冷凍食品や加工食品がある。

さまざまな仕入先

食材などの仕入先はメリットを比較して決定しましょう。

	取り扱い商品	価格	支払方法	配送
一般のスーパー、小売店など	家庭用食品と同じ	家庭用食品と同じ	現金やカード支払いなど	自分で持ち帰り
業務用サプライヤー（卸業者《おろしぎょうしゃ》）	業務用製品と一般製品、自社ブランド製品	価格は取扱量などにより違うので見積もりにより交渉	信用がつけば月末締めの請求書払い	決められたスケジュールで店舗まで配送してくれる
インターネット通販（業務用）	さまざまな製品がある。入手しにくい特殊な製品も	価格が安い	振込やカード支払いなど	宅配業者
業務用スーパー	業務用製品(大ロット)が中心	一般のスーパーより比較的安い	現金やカード支払いなど	自分で持ち帰り
卸売市場《おろしうりしじょう》	生鮮食品を中心にさまざまな製品がある	一般の小売店より比較的安い	現金やカード支払いなど	自分で持ち帰り
生産地から直接	生鮮食品とその加工品。入手しにくい食品も	価格が安い	振込やカード支払いなど	宅配業者
メーカーや輸入商社など	輸入酒類のような特殊な製品など	価格よりも製品の特殊性が中心	取引先による	宅配業者など

開業のウラワザ

業務用サプライヤーから食材を仕入れるメリット

現金商売である飲食業では、仕入先からの請求書の締め日から支払日までの期間である支払サイト（決済《けっさい》期限）が長くなれば、その間に現金が手元に残ります。これにより、資金繰りが非常に有利になります。これを回転差資金といい、とくに複数店舗を経営する場合には大きなメリットとなります。

業務用サプライヤーと取引を続けて信用を得れば、現金払いではなく請求書払いで支払うことができます。食材のおもな仕入先は、上の表のように昔に比べてずっと幅広くなっており、さまざまな食材を誰もが購入できます。ごく特殊な製品を除いて、業務用サプライヤーを利用しなければならない必要性はあまりありませんが、上記のように見過ごせないメリットもあるのです。

以前、飲食店やホテルでメニューの名称などに実際と異なる食材が使われていた事件が相次ぎ、大きな社会問題となりました。食材の産地や規格などについてきちんと責任の持てる専門の納品業者と契約することで、こうしたトラブルを避けることができます。

食材を管理する

鉄則 使用期限内に無駄なく食材を使い切る

食材の保管スペースはどの程度設けるか

食材を保管し使用期限内に使い切るための効率的な方法を考えましょう。保管方法には**常温保管、冷蔵保管、冷凍保管**の3種類があります。

特殊な冷蔵保管方法としては、冷蔵（0℃まで下げない）よりも低く、冷凍（およそマイナス18℃以下）よりも高い「チルド温度帯」（0℃前後）でのチルド冷蔵という保管方法もあります。近年はチルド冷蔵で配送されてくる食品もあり、そうした食品を使用する場合はより厳密な温度管理が必要になります。

店舗を設計する上で、こうした**食材の保管（ストック）スペースをどこに、どの程度設ければよいか**は、難しい問題です。かぎられた店舗面積の中で、直接売上につながらない保管スペースはできるだけ小さくしたいと考えるでしょう。

しかし、食材が足りなくなってしまえば、お客様が来店しても商品を売ることができません。さまざまな工夫をして、保管スペースを広く取るようにしましょう。

冷蔵と冷凍の食材はキッチン内の冷蔵庫と冷凍庫（一体型の機器もある）に保管します。常温保存の食材はキッチン周辺で湿度や温度が一定に保てる場所に保管します。

冷蔵庫と冷凍庫の割合は、メニュー構成と調理オペレーションのやり方によって変わります。まず、冷蔵冷凍をあわせて、全体でどのくらいのスペースが確保できるのか確認し、割り振りを考えましょう。

先入れ先出しで廃棄ロスをなくす

使えなくなった食材は廃棄するしかないので、廃棄ロスが発生してしまいます。そのような**ロスを少なくするために鮮度管理をする**必要があります。**鮮度管理の基本は、日付の古い食材から先に使うという「先入**

れ先出し」です。

一定の日数が経ったら廃棄する必要がある食材は、必ずその日付を記入しましょう。棚などにしまう際に、古い食材を奥に押し込んでしまわないように気をつけてください。

納品時には必ず検品をする

また、経営的に重要なのは、**食材が納品されたらその場で品物と発注数が正しいかを検品《けんぴん》する**ことです。同じような食材でもグレードの違う品が間違って配達される場合もあります。

検品をきちんとせずに請求通りに支払っていると、必要のない金額まで支払ってしまう可能性もあります。業者によっては、こっそり品物の質を落とすようなケースもありますので十分に注意が必要です。

おもな食材と保管方法

食材ごとの保管方法を確認し、鮮度を保てる適切な場所に保管しましょう。

食材の種類	おもな食材	保管方法
生鮮食品	野菜、フルーツ、魚介類、肉類、卵などの農産物、畜産物、水産物食材。	常温または冷蔵。鮮度管理が必要。
乾物類《かんぶつるい》	米などの穀類や豆類、わかめや昆布のような乾燥させた食材、ゴマや唐辛子のような香辛料など。	常温保存が可能だが、多くは水分や湿気を嫌うので密閉容器などが必要。
調味料	醤油、塩、味噌などのほか、それらをベースにした加工調味料もある。	原則的には常温保存だが、開封後は風味の落ちない保管方法が必要。
加工食品	缶詰、ビン詰から麺類など、あらゆる種類がある。広い意味では生鮮食品以外はすべて加工食品。	それぞれの食材により保管方法は異なるが、常温保存可能なものが多い。
レトルト食品	滅菌した袋詰め食品。調理済みのソース類などに多い。	缶詰とほぼ同様に常温保管が可能だが、缶詰よりは劣化が早い場合もある。
冷凍食品	生鮮食品の保存食材が中心。麺類や調理済みの調理加工食品もある。	必ず冷凍保存。解凍後は冷蔵保存できるものと使い切りのものとがある。
チルド食品	一般的には練物製品や惣菜などの調理済みチルド食品を指す。	通常の冷蔵よりも低いチルド温度帯で保管する。
乳製品	牛乳、バター、チーズ、クリーム類など。	一部のものを除いて冷蔵保存。
清涼飲料	ジュースやコーラ、アルコール用のソーダなど。	常温保存できるが冷蔵が望ましい。とくに炭酸飲料は冷蔵しないと開栓時に炭酸が抜けてしまうので注意。
酒類	醸造酒（ビールや日本酒など）、蒸留酒（ウイスキーやウオッカなど）、混成酒（リキュール類）に分かれる。	常温でかまわないものと冷蔵が必要なものがある。また空気に触れると酸化が進む酒類もあるので注意。

衛生管理と食中毒

鉄則　食中毒の原因を探り、対策を練る

食中毒の原因は細菌だけではない

食中毒の原因は、「細菌」「ウイルス」「寄生虫」「自然毒」など、いろいろあります。梅雨から秋頃にかけては暖かさと湿気により細菌の増殖が活発になるため、食品が腐りやすくなり、食中毒の危険性も高まります。状況によっては重篤患者や死者が出ることもあります。十分に注意しましょう。

しかし、そもそも食物を腐敗させる細菌と食中毒を起こす細菌は別のものだということを知っておいてください。たまたま食品が腐敗するような状態にあると、食中毒を起こすような細菌も多く発生しやすいというだけなのです。臭いやベトつきなど腐敗の特徴はなくても、食中毒を起こす細菌が増えている可能性はあります。

細菌による食中毒で比較的多いのは、「サルモネラ菌」「カンピロバクター」「腸管出血性大腸菌《ちょうかんしゅっけつせいだいちょうきん》（O-157）」などによるものです。これらはおもに食肉や鶏卵などから感染するといわれています。

食品が腐りやすい時期に発生する食中毒は、おもに細菌によるものですが、食中毒は夏だけでなく、寒い冬にも多く発生します。なぜなら、冬にはウイルスが原因の食中毒が発生するからです。また最近は、魚介類に寄生する「アニサキス」のような寄生虫の食中毒も目立っています。

ウイルスによる食中毒の予防

ここ10年ほどのあいだに急激に被害が増えているのが、**ノロウイルスというウイルスによる食中毒**です。気温や湿度の低い冬期に多くの被害が発生していることが特徴で、おもに従業員の手などを介して感染すると考えられています。そのため、**正しい手洗いを徹底することが予防の基本**です（P93参照）。

食中毒を発生させるおもな微生物

「細菌やウイルスなどの微生物による食中毒予防の三原則」は、「付けない（清潔）」「増やさない（すばやい処理と冷却）」「やっつける（加熱）」というものです。

■細菌性食中毒

名称	特徴	原因・経路
サルモネラ属菌	日本で発生件数が多いもののひとつ。熱には弱いが、低温や乾燥には強い。風邪と似た症状が特徴。	鶏卵や食肉。
腸炎《ちょうえん》ビブリオ	加熱するほか、真水に弱いので真水でよく洗う。比較的短時間で増殖する。近年の発生件数は減少傾向にある。	生鮮魚介類や塩分のある二次加工品。
黄色《おうしょく》ブドウ球菌《きゅうきん》	増殖する際に毒素を作り出す。発生した毒素は非常に熱に強いので加熱では無毒化しない。手で触れる調理作業に注意。	人や動物に存在している。
ボツリヌス菌	酸素のないところで増殖し、強い神経毒を作る。発生は非常に少ないが、感染すると症状は重篤となる。	自然界に広く存在する。食品の他、缶詰・ビン詰に注意。
カンピロバクター	家畜の体内に生息し食肉（とくに鶏肉）や飲料水を汚染。潜伏期が長い。乾燥や加熱にはかなり弱い。	食肉（とくに鶏肉）やその加工品、飲料水。
腸管出血性大腸菌 O-157、O-111など	発生はそう多くないが、死にいたるほど重症化の危険性がある。強力な感染力があり、少数の菌で感染するため二次感染に注意。加熱や消毒に弱い。	家畜の体内から糞便《ふんべん》を介して食品や飲料水を汚染。

■ウイルス性食中毒　※食品よりもスタッフの衛生管理を徹底させることが重要。

ノロウイルス※	人の体内で増殖し、少量で感染して発症率も高い。乾燥やアルコール消毒にも強いので、飛沫感染を避け、空気感染にも気をつける。	二枚貝に蓄積、感染者からの二次感染。

キノコやフグなど、食品自体に含まれている「自然毒」による食中毒も、毎年発生しています。食中毒は季節を問わず一年中発生するので、つねにクレンリネス(P92参照)を守って、食中毒の予防を心がけましょう。

ワンポイント

HACCP（ハサップ）に沿った衛生管理

食品衛生法の改正により、2020年6月から飲食店は「HACCPの考え方を取り入れた衛生管理」を実施することが義務づけられました。1年間の猶予期間が終了し、今後は店内の食品衛生に関して「衛生管理計画」をつくり、それに沿って作業を実施しなければなりません。行った作業を確認し、記録を取ることも必要になります。これには、調理や食材の取り扱いだけではなく、次ページ以降にあるクレンリネスや従業員の健康管理などまで、幅広い分野が含まれます。手引書なども出ていますが、間違いを防ぐためにも、詳細は地域の保健所や食品衛生協会に問い合わせましょう。

※「HACCPの考え方を取り入れた衛生管理」は、調理・加工などをともなう一部の食物販の店舗でも必要になります。

クレンリネスの重要性

鉄則

「清掃」と「衛生管理」はもっとも重要なルール

クレンリネスとは「きれい」で「清潔」なこと

店舗は清掃を行き届かせ、衛生的にしていなければなりません。**見た目にきれいであることはもちろん、目に見えない細菌などの発生を防ぐ**ためにも、食品が触れる場所は清潔に保つ必要があります。

このように、店舗を「きれい」で「清潔」に保つことを「クレンリネス」と呼んでいます。

クレンリネスでは、まず「きれい（清掃）」と「清潔（衛生管理）」は違うということを理解しましょう。

「きれい」とは、目に見えるホコリや油分などの汚れがない状態です。これはお客様やスタッフにとって、不快感がない、精神的に気持ちのよい環境であるという意味です。

「清潔」とは、有害で病気などの原因となる細菌やウイルスなどの微生物がいない状態を指します。

クレンリネス作業の基本とは

実際の店舗運営においては、「清掃」と「衛生管理」は別々な作業ではありません。**「清掃を行いながら除菌する」**といった方法で効率的に実施していきましょう。

クレンリネス作業の基本は、「汚れを落とす用具」「殺菌消毒のための用具」「拭《ふ》き上げ、磨《みが》き上げのための用具」を使い分けることです。

バケツやぞうきん（ふきん）、モップなどの**用具は、それぞれの目的ごとに使い分け**、「汚れを落とすぞうきんを殺菌消毒のためのふきんとして使用しない」といったルールを守ることが大切です。殺菌消毒のためのふきんは、バケツの水に規定量の漂白剤を入れた漂白溶液をつくり、その中に漬けておきましょう。ふきんは使ったらまたバケツに戻します。漂白溶液は1時間に1回程度つくり直してください。キッチンなどでは、アルコール消毒スプレーも使用します。

汚れを落とすには中性洗剤を使います。薄めた溶液をつくってスプレーなどに入れておくとよいでしょう。

ふきんやぞうきんを取り違えないように、色違いのものを用意し、用途を決めておくと便利です。

定期的な手洗いが衛生管理の基本

食品を取り扱う飲食店では、手洗いがすべての基本です。有害な細菌やウイルスなどは、さまざまな経路で人間の手に付着します。

その細菌やウイルスが付着した手で食材や食器などに触れることで、汚染が広がる可能性があります。

そのため、**店内で働くスタッフ全員が、定期的に正しく手を洗う**ことは、もっとも積極的な衛生管理の作業だといえます。

正しい手洗いのタイミングと方法

手洗いのタイミング

下記①～⑥以外にも、最低１時間に１回は手を洗いましょう。

①店でその日の仕事を始める前、何か作業を始める前。
②自分の顔や髪の毛などを触った後。
③決められた休憩が終わった後。
④清掃作業の後や、トイレの使用後。
⑤汚れたものに触れたり、床に落ちたものを拾ったりした後。
⑥ゴミの処理をした後。

手洗いの方法

① 指輪や腕時計などを外し、食品への異物の混入を防止するため、粘着クリーナーを使用して、ユニフォームやエプロンなどについている髪の毛やゴミなどを取り除きます。
② ヒジから下を水で濡らし、ハンドソープを手に適量取り、手からヒジまでを洗います。
③ ハンドソープを泡立てて、手のひら同士をよく洗います。仕事が始まる前には、爪ブラシで爪の中の汚れを落としてください。
④ ハンドソープを完全に洗い流します。ノロウイルスは洗い流す以外に有効な除去手段がありませんので、十分な水量と時間をかけて水洗いしてください。
⑤ 使い捨てのペーパータオルで手の水分を拭きます。決してユニフォームやエプロンなどで手を拭いてはいけません。

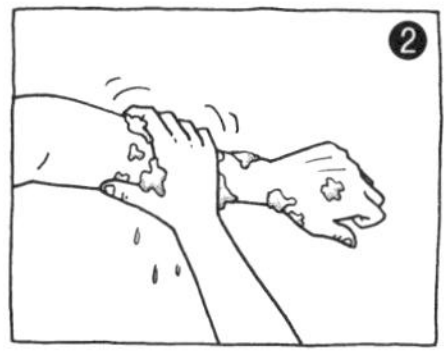

おもなクレンリネス作業

①手洗い	手洗いはクレンリネスの基本です。正しい手洗いの方法を知り、適切なタイミングで実施することを心がけてください（P93 参照）。
②開店前のクレンリネス	毎日、店舗の開店前に行うクレンリネス作業は、前日の閉店後から開店までの間にたまったホコリなどを取り去ることが目的です。店内外の清掃は、できるだけ閉店後ではなく開店前に行うようにしましょう。
③営業中のクレンリネス	営業中にクレンリネス作業ができる場所は限定されます。トイレなどのように決められた場所のほか、定期的に店内を巡回し、ゴミが落ちていたら拾う、店内に汚れを発見したら落とす、といった作業を行います。
④トイレのクレンリネス	トイレのチェックと清掃は開店前と営業中に定期的に行います。便器や手洗いだけではなく、ドアの取っ手や水洗コックなど、あらかじめチェック項目を決めておくことが大切です。  ▶トイレのクレンリネス
⑤キッチンのクレンリネス	キッチンでは、まず営業中にこまめに清掃し、食中毒のもとになる細菌などを発生させないこと。そして、まな板や包丁などは毎日閉店時に洗浄し乾かすこと。油汚れの付く設備･機器類、排水溝のグリーストラップ（P119 ココに注意！参照）などは定期的に清掃作業を行うことがポイントです。
⑥窓・床・ドアなどのクレンリネス	店内でもっとも汚れる場所である床、多数の人間が触れる可能性のあるドア、そして外部からの汚れも目立つ窓の３つは、クレンリネスの重点項目です。床には可能であればワックス掛けをすると、汚れが付きにくくなります。窓ガラスの清掃には、跡が残らない工夫が必要です。
⑦定期的な点検場所	⑤のキッチン内設備・機器のほか、客席内に置かれた冷蔵庫や製氷機、エアコン、照明器具などは、毎日ではなく決められたスケジュールで定期的に清掃を行います。また、店の外部や看板なども忘れないようにしてください。
⑧閉店後のクレンリネス	閉店後のクレンリネスのポイントは、キッチン器具や食器、家具、レジ機、清掃用具、ビールやソフトクリームのサーバーなど、営業中に使用した機器や用具類をきれいに洗浄し、細菌や臭いの発生を防ぐことにあります。ゴミ置き場の清掃も閉店後に行いましょう。
⑨害虫・害獣《がいじゅう》の駆除	ネズミやゴキブリ、ハエなどといった害獣や害虫は、食中毒の原因にもなりますから、真剣に対策を講じなければなりません。保健所に行けばいろいろな情報が入手でき、専門の駆除業者も紹介してくれます。よく検討した上で活用してください。  ▶害虫・害獣の駆除

クレンリネス・チェックリスト

毎日実施する清掃項目と、１週間単位で実施する清掃項目を区別して表にまとめます。

毎日	月曜	火曜	水曜	木曜	金曜	土曜	日曜
自動ドア	山田						
窓ガラス A							
窓ガラス B							
置き看板							
ゴミ箱	山田						
管理者チェック	石川						
週間	**月曜**	**火曜**	**水曜**	**木曜**	**金曜**	**土曜**	**日曜**
冷蔵庫内							
ショーケース							
レジ機内部							
管理者チェック							

清掃を実施したときに、誰が実施したか後でわかるよう、実施者がサインまたは印鑑を押します。

１日の終わりに、管理者がチェックします。

週間単位の清掃項目については、清掃の実施予定日以外は塗りつぶす、または×印を付けておきます。

お客様から見えるところに汚れが目立つと、キッチンでも正しく衛生管理がされていないのでは、という印象を与えてしまいます。注意しましょう。

コラム

経営という「試合」に勝てるメニューづくり

スポーツを趣味にしている人は多いと思います。野球やサッカーなどのようなチームプレイの場合、チーム全員の中から、どの選手を選んでどのポジションで試合に出場させるかという判断は、とても重要なことでしょう。重要だから、その選択はチームの最高責任者である監督に任されているのです。

飲食店のメニューブックに、どの料理や飲み物を掲載するのかということも、同じように重要なことです。飲食店の経営という「試合」に勝つためには、お客様に提示するメニューブックに、どの商品を、どの順番で、どの位置に、どのような大きさで掲載するのかといったことを、店の最高責任者であるオーナーが決定しなければなりません。

飲食店のメニューブックを見ると、その店がどのくらい一生懸命考えてメニューのラインナップを決めているのか、その真剣さの度合いが伝わってきます。繁盛店のオーナーに話を聞くと、ほとんどの場合、なぜこの料理を選んだのか、この価格を付けたのはなぜか、どうしてこんな盛り付けなのか、などといったことについて、即座に答えが返ってきます。逆に、業績が伸び悩んでいる店では、そうした質問に対して、曖昧な答えしか返ってこない場合が多いものです。

世の中に、星の数ほどある料理や飲み物の中から、ほんの数十種類を選んでメニューブックに掲載するのです。その「チーム編成」は、あなたの店のベストメンバーでなければなりません。そこで、あなたの監督としての実力が試されます。たとえたったひとつであっても、「なんとなくメニューに入れておいた」というような商品があっては、試合に勝つことは難しいと考えるべきではないでしょうか。

開業編

第3章

店舗の設計・施工はどうする

店舗内のレイアウトサンプルなど、具体的に役立つ情報を紹介しています。居抜き物件の活用のポイントも説明します。

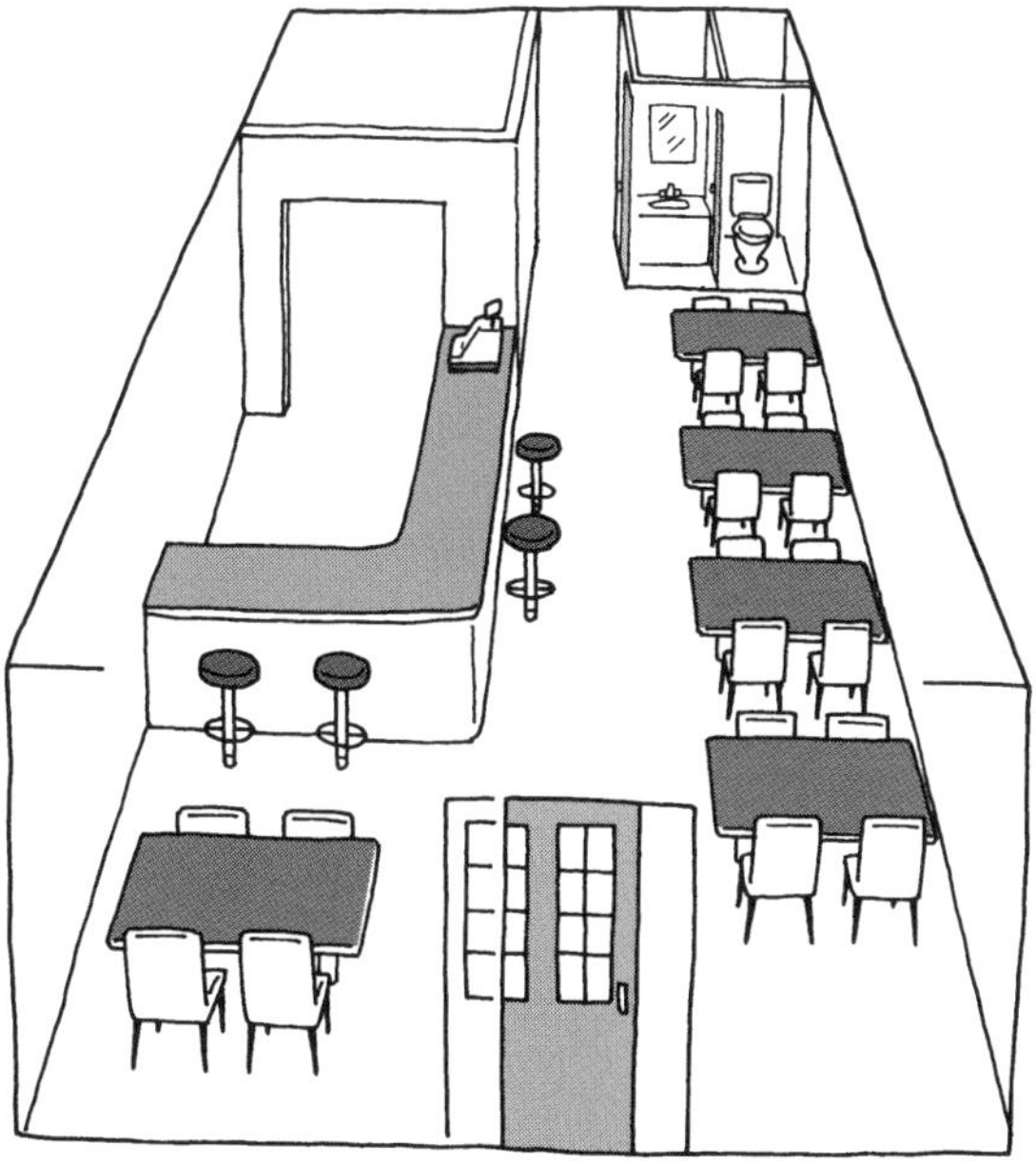

店舗の設計と施工を依頼する

鉄則　信頼できるプロの店舗設計者に発注するのがオススメ

設計と施工はプロの店舗設計者に相談しよう

飲食店をつくるには、**「設計」**と**「施工《せこう》（工事）」**が必要です。通常の店舗物件の場合は、建物はすでにあるので、必要なのは内装と一部外装に関する設計と施工です。発注は次のように行うのがオススメです。

①店舗の計画段階で、信頼できる店舗設計者をさがす。

②設計者と相談して、どのような店をつくるかを決定する。

③設計者と相談して、発注する施工業者を決める。もしくは設計者に一任する。

ときどき、はじめて飲食店を開業しようとする方から、「家を建てるときと同じように、飲食店も大工さんや工務店に直接頼んではいけないのか？」という質問を受けることがありますが、この方法はあまりオススメできません。

飲食店を設計するには、考慮しなければならないことがいくつもあります。お客様とスタッフが使いやすいレイアウト、快適な雰囲気、衛生的かつ安全で効率的なキッチン、そして電気、ガス、上下水道、給排気《きゅうはいき》や空調といった設備関連の処理など、経験のある専門家でないとわからない要素がたくさん含まれています。

ココに注意！

依頼内容は店舗設計者に直接伝えよう

店舗の設計・施工を一括して請け負う「店舗内装業者」に依頼するという方法もありますが、こうした会社の場合、設計や工事の専門家ではない営業担当者が対応するケースもあります。その場合、自分の意図を先方の設計者に直接伝えることができないため、開業初心者の場合、満足のいかない結果になる場合がありますから、注意してください。

部分的な費用にとらわれず総額でとらえる

開業の経験が豊富なオーナーならともかく、はじめて開業するオーナーが、さまざまな要素のすべてに的確な決定を下すのは大変難しいものです。しかも、その判断を間違えると、追加工事など、大幅な追加費用が必要になるケースもあり得ます。そのため、店舗設計者に仕事を依頼する場合は、**総投資額の調整も含めて契約を交わす**必要があります。

そもそも、「施工」とは本来、設計者の描いた図面にもとづいて行うものです。施工をする場合には必ず設計図面が必要になるので、その図面を描く費用は必ず発生します。

店舗工事は、大きな投資金額をかけて行うものです。設計者に支払う設計料を「高くてもったいない」と感じるかもしれませんが、ムダな出費が抑えられ、繁雑な作業を代行してもらえると考えれば、決して高くはありません。

店舗の設計・施工では、**細かい出費にとらわれず、あくまで総額の費用で考える**ことが重要です。

設計・施工費用の考え方

店舗の設計と施工に関する費用が、開業資金の総投資額の中でもっとも多くを占めます。

PASTA

店舗物件取得費	**360 万円**
保証金	300 万円
仲介手数料	30 万円
前家賃	30 万円
その他の準備金	**100 万円**
調理器具・食器等 開業備品費	70 万円
販促関連費	30 万円
店舗設計・施工費	**1,800 万円**
設計・デザイン料	100 万円
内外装工事費	1,200 万円
設備工事費	500 万円

※おもな費用の比較例です

設計料などの細かい支出にとらわれず、総額の費用を抑えることを考えましょう。

平面のレイアウトを決める

鉄則 店内を上から見た平面図に、必要な機能を配置する

配管の場所を確認し機能の配置を決める

店舗のプランニング（設計）で最初に考えることは、平面レイアウトのゾーニングです。ゾーニングとは、店舗に必要な機能をどう配置するか大まかに決めること。たとえば、客席やキッチン、トイレ、レジ、バックヤードなどを店内のどのあたりにつくるのか、ざっくりと考えます。細部を検討するのはゾーニングを決めてからです。

通常、すでに建物にある上下水道管やガス管の位置は簡単には動かせません。ですから、それを基準に**効**

平面のレイアウト例

店舗の地形は長方形になっている場合が多いです。効率よくスペースを使うためにはオープンカウンターにして、カウンター席を設けるのがよいでしょう。

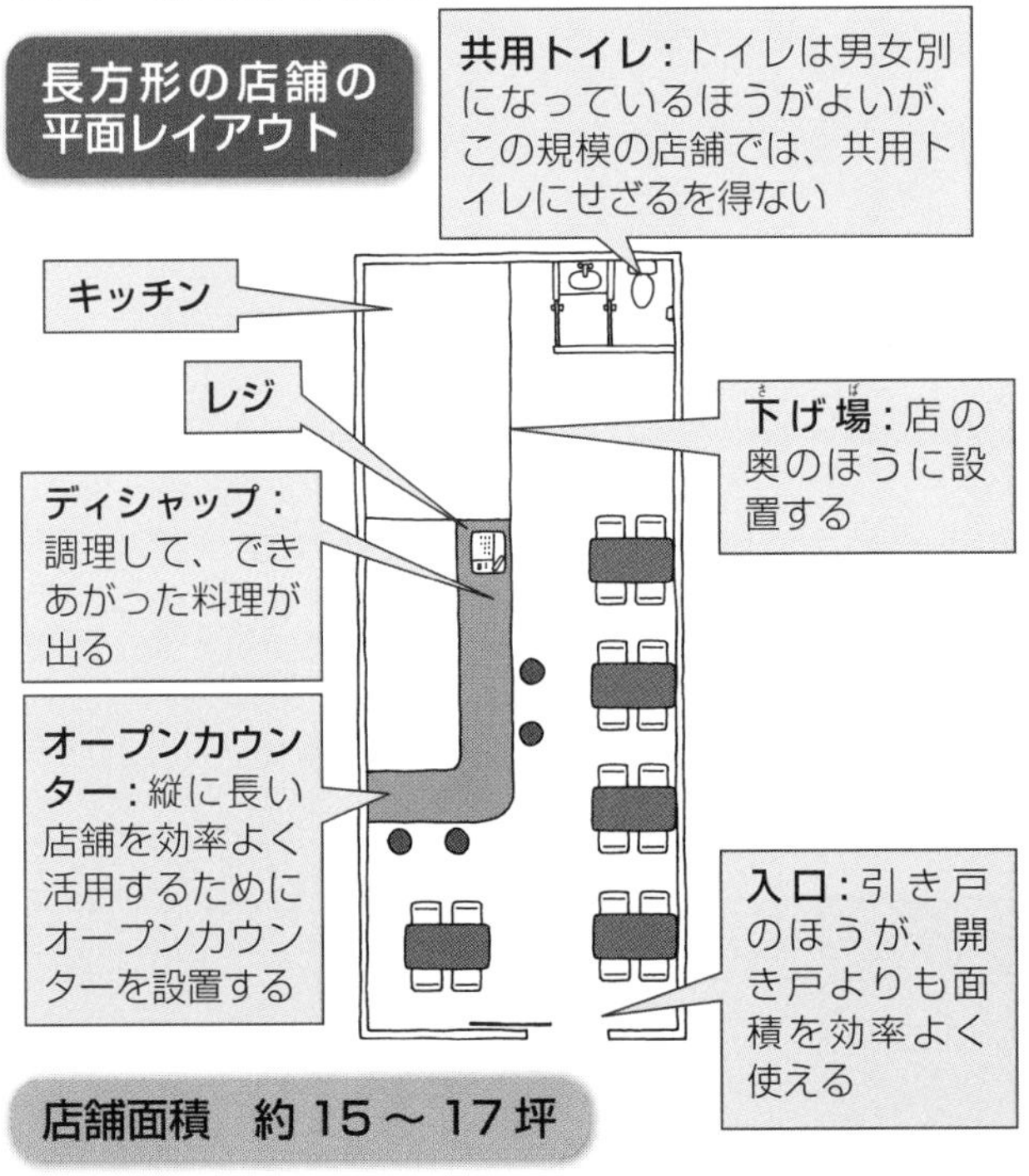
長方形の店舗の平面レイアウト
共用トイレ：トイレは男女別になっているほうがよいが、この規模の店舗では、共用トイレにせざるを得ない
キッチン
レジ
下《さ》げ場《ば》：店の奥のほうに設置する
ディシャップ：調理して、できあがった料理が出る
オープンカウンター：縦に長い店舗を効率よく活用するためにオープンカウンターを設置する
入口：引き戸のほうが、開き戸よりも面積を効率よく使える
店舗面積　約15～17坪

率のよい位置に水回り機器や給排気設備などを配置しないと、工事費用が高くなってしまうこともあります。

レイアウトを想像して物件を内見する

店舗物件を内見《ないけん》する際は、店舗設計の専門家にも同行してもらい、配管の位置を確認しておきましょう。

費用をかければ、配管を移設延長して、好きな位置にキッチンをつくることも不可能ではありませんが、かなりやっかいです。とくに**居抜き物件の場合は、ゾーニングはほぼ変えずに使用する**ことが原則です。

このように店内レイアウトは、基本的なパターンに決まりがちです。レイアウトを想像しながら内見し、物件選びの検討材料にしましょう。

ガス管の移設は防災上の問題もあります。また、下水管は床下に埋まっ

レイアウトのしやすい理想的な店舗の地形は正方形ですが、このような条件のよい店舗物件は多くありません。

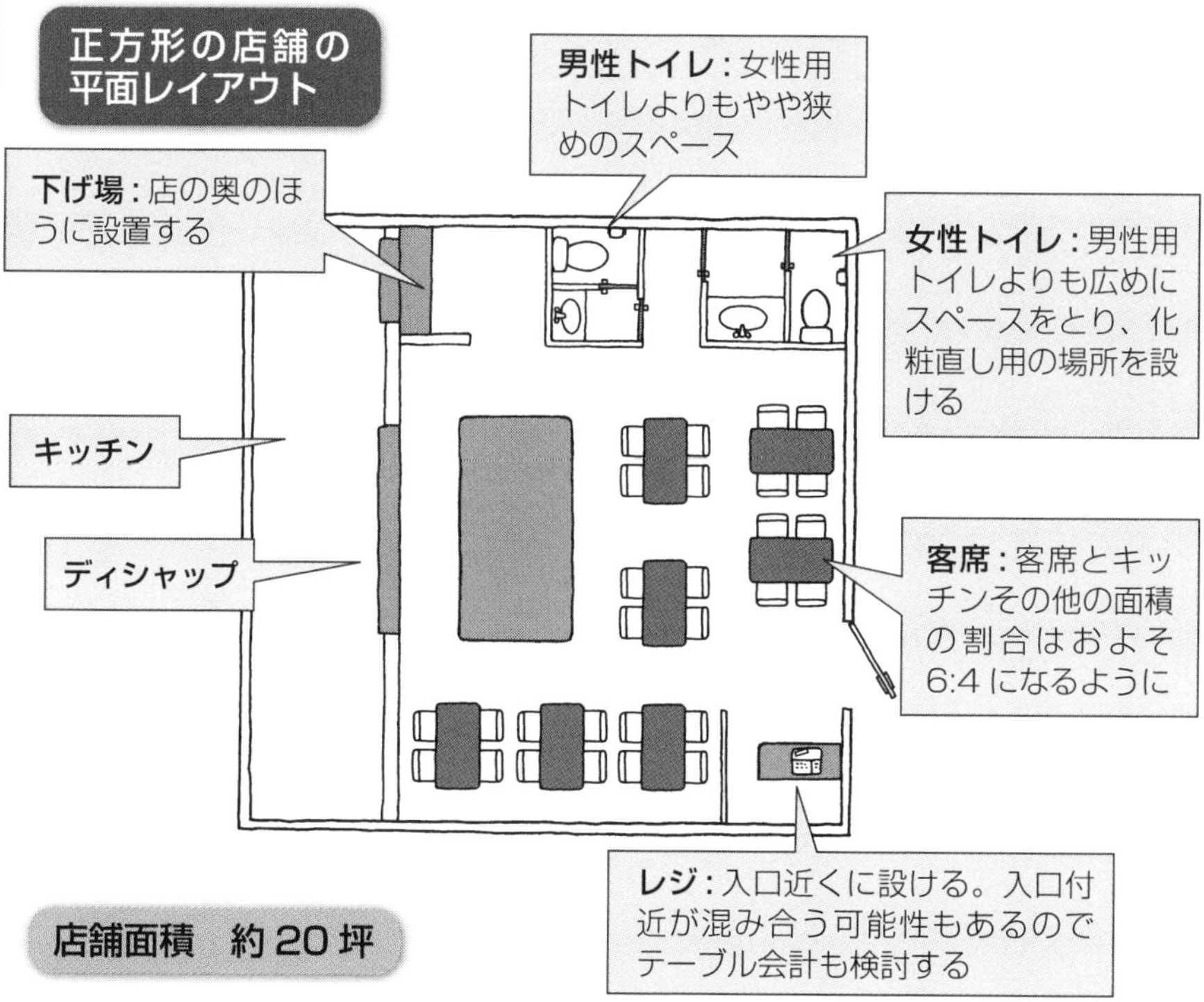

正方形の店舗の平面レイアウト
男性トイレ：女性用トイレよりもやや狭めのスペース
下げ場：店の奥のほうに設置する
女性トイレ：男性用トイレよりも広めにスペースをとり、化粧直し用の場所を設ける
キッチン
ディシャップ
客席：客席とキッチンその他の面積の割合はおよそ6:4になるように
レジ：入口近くに設ける。入口付近が混み合う可能性もあるのでテーブル会計も検討する
店舗面積　約20坪

ており、排水が詰まらないように勾《こう》配《ばい》を取るために、むやみに延長はできません。上下水道はキッチンとトイレに必要なため、これらを離れた位置に配置することも難しいのが普通です。

ワンポイント

店舗内の面積配分

客席やキッチンなどそれぞれの機能の面積配分を考えましょう。店舗の大きさや業態によって変わるので一概にはいえませんが、たとえば20坪の店の場合、「客席：キッチンを含むその他の面積＝6：4〜7：3」くらいの割合を基準としてください。小さな店舗の場合はとくに、レイアウトの選択の余地はあまりないと思っておいたほうがよいでしょう。

店内のレイアウト例

平面の配置を決めたら、店舗内のレイアウトがどのようになるのか想像してみましょう。

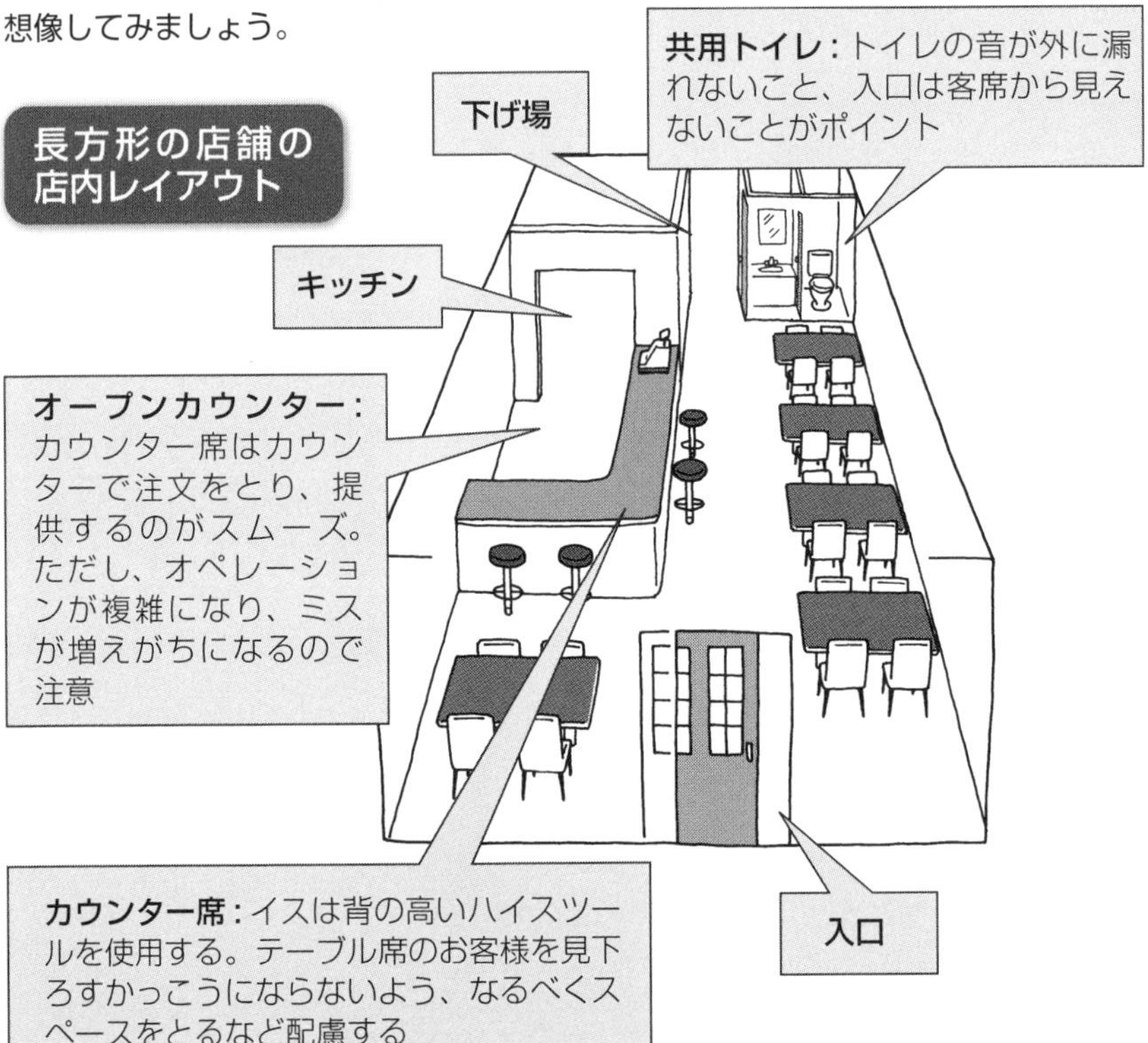

長方形の店舗の店内レイアウト
下げ場
共用トイレ：トイレの音が外に漏れないこと、入口は客席から見えないことがポイント
キッチン
オープンカウンター：カウンター席はカウンターで注文をとり、提供するのがスムーズ。ただし、オペレーションが複雑になり、ミスが増えがちになるので注意
カウンター席：イスは背の高いハイスツールを使用する。テーブル席のお客様を見下ろすかっこうにならないよう、なるべくスペースをとるなど配慮する
入口

ココに注意！

「バリアフリー法」と「障害者差別解消法」

バリアフリー法にもとづいた、建築物に関するバリアフリー設計のガイドライン（建築設計標準）が 2021 年に改正されました。飲食店の関連では、「出入口に段差を設けず、有効幅員を 80cm 以上、通路を 90cm 以上とする」「車いすのままで食事ができるように原則として可動式のイス席を設ける」「備品による移動の支援や、適切な情報提供」などが追加されています。また、同年改正された「障害者差別解消法」が 24 年 4 月から施行され、事業者による障害者への合理的配慮が義務化されました。障害者から対応を求められたときは、店側の負担が重すぎない範囲で応じなければなりません。なお、車いす利用者など障害者に対して、正当な理由なくサービスの提供を拒否したり、制限や条件を設けることは禁止されています。

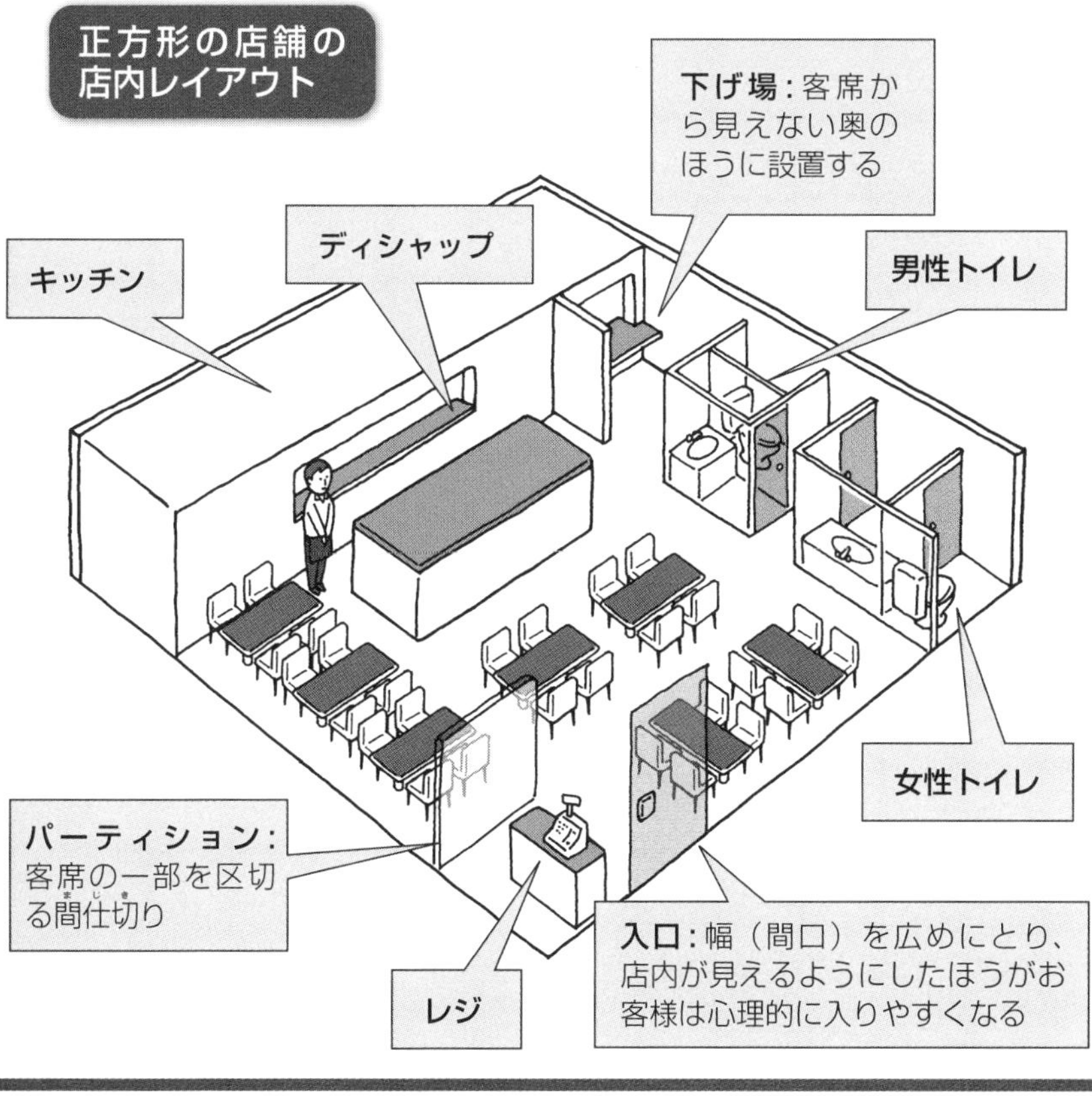
正方形の店舗の
店内レイアウト
下げ場：客席から見えない奥のほうに設置する
キッチン
ディシャップ
男性トイレ
女性トイレ
パーティション：客席の一部を区切る間《ま》仕《じ》切《き》り
レジ
入口：幅（間口）を広めにとり、店内が見えるようにしたほうがお客様は心理的に入りやすくなる

動線を考えたレイアウト

鉄則 お客様とスタッフの動線を考慮し、効率のよいレイアウトにしよう

「客動線」と「作業動線」を考えレイアウトをする

基本的なゾーニングを決めたら、平面レイアウトを具体的に考えましょう。

店内の平面レイアウトを考える際に重要なのは、**店内でお客様やスタッフがどう動くのかを表す「動線」**の想定です。動線には、**お客様の動きを表す「客動線」と、スタッフの動きを示す「作業動線」**とがあります。お客様の動きは、「入店↓着席↓退店」と、トイレなどに行き来するのみなので、おおよそ決まっています。しかしスタッフは、店内をくまなく歩き回りながら作業をするため、動線の設定次第で、作業の効率がかなり変わってくるのです。

スタッフがスムーズに動ける「回遊動線」

客席レイアウトを検討するときには、**スタッフがスムーズに店内を動ける「回遊《かいゆう》動線」**にし、また、それぞれの**動線をできるだけ重ねないよ**うに気をつけます。

スタッフの動線を回遊動線にすることで、効率的なサービスが可能になり、忙しい時間帯にもスムーズに作業ができます。また、自然に客席のそばをスタッフが通ることができるので、空いた食器をすばやく下げたり、追加注文を聞いたりするにも無理がありません。

小さな店では限界がありますが、なるべく人同士がぶつからないように動線を慎重に考えましょう。たとえば、入口から入ってきたお客様やトイレに出入りするお客様と、サービスをするスタッフの動線が重なっていると、お客様にとってはわずらわしく、スタッフも作業がやりにくくなります。

またセルフサービスの店では、販売カウンターの前でお客様同士がぶつかり合わないような**動線を考える**必要があります。

店内の動線を考える

お客様やスタッフがスムーズに移動できる「動線」を考えましょう。

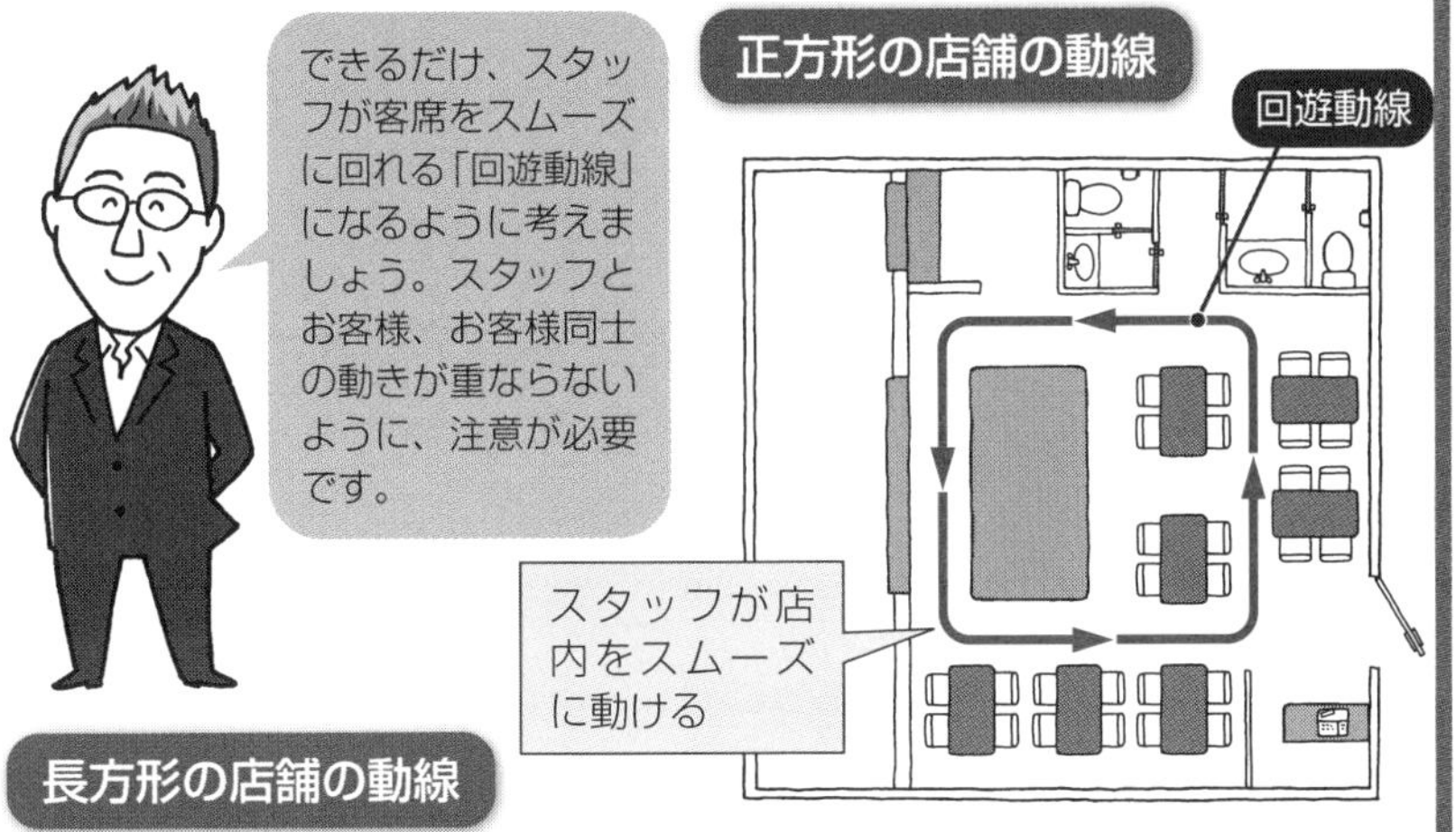
できるだけ、スタッフが客席をスムーズに回れる「回遊動線」になるように考えましょう。スタッフとお客様、お客様同士の動きが重ならないように、注意が必要です。
正方形の店舗の動線
回遊動線
スタッフが店内をスムーズに動ける
長方形の店舗の動線
狭い店の場合、回遊動線にすることはできない
動線

スタッフは店内をくまなく動き作業する。スムーズに動ける「回遊動線」が望ましい。
お客様の動きは入店→着席→退店のほか、トイレに行き来するなど。

ワンポイント

スタッフの定位置を設定する

動線に関連して考えておくべきことは、作業が一段落したときなどに、サービスのスタッフがスタンバイしている定位置の設定です。

お客様の邪魔にならず、店内のすべてが見渡せる場所を定位置に決めることが重要。中でも、とくに入口から入ってきたお客様から死角にならないこと、お客様に背を向けないことが大切です。

客席数を適切に設定する

鉄則　一般的な飲食店なら1坪当たり1～2席を基準に考える

客席数が増えるほど客単価は低くなる

飲食店は、店内の客席を使って料理や飲み物を販売するビジネスです。見方を変えれば、**客席というスペースを提供するビジネス**であるともいえます。従って、店内にどのくらい客席を設けるかは、経営にかかわる重要なポイントです。

客席数が多いほど、多くのお客様を同時に収容できるので、同じ大きさの店舗なら、客席数が多いほど効率がよいということになります。

しかし、客席数には「**同じ店舗面積の店であれば、客席数が増えるほど、客単価は低くなる**」という重要な経営上の原則があります。厳密なルールではありませんが、客席がゆったりしているほど、居心地のよさや高級感を提供できるため、価格を高めに設定できます。

セルフサービスのカフェとホテルの喫茶ラウンジ、大衆居酒屋と高級レストランの違いを思い浮かべてみてください。隣の席のお客様と触れ合うほど狭い居酒屋の客席で、高級レストランのような1万円以上のコースメニューを出されてもあまり満足できないでしょう。

計画する店の**客単価を踏まえ、客席数を検討する**必要があります。

20坪の店なら客席数は30席が標準

一般的な飲食店の客席数は、**1坪当たり1～2席が基準**になります。これは、客席部分だけでなく、キッチンやトイレなども含めた、店舗全体の面積に対しての数値です。

通常の店舗ならば、20坪の店で坪当たり1.5席程度、つまり30席前後がバランスのよい客席数です。

店舗の面積が変化しても、キッチンやトイレなどの広さには大差がないため、20坪以下の小さな店では、ゆったりとした客席を確保するのが難しい場合が多くなります。

商品の値段と客席スペースの関係

同じ面積の店舗であれば、客席数が増えるほど、客単価は低くなります。

店舗面積 10 坪当たり 10 席の店

広々とした店の中でゆったりと食事

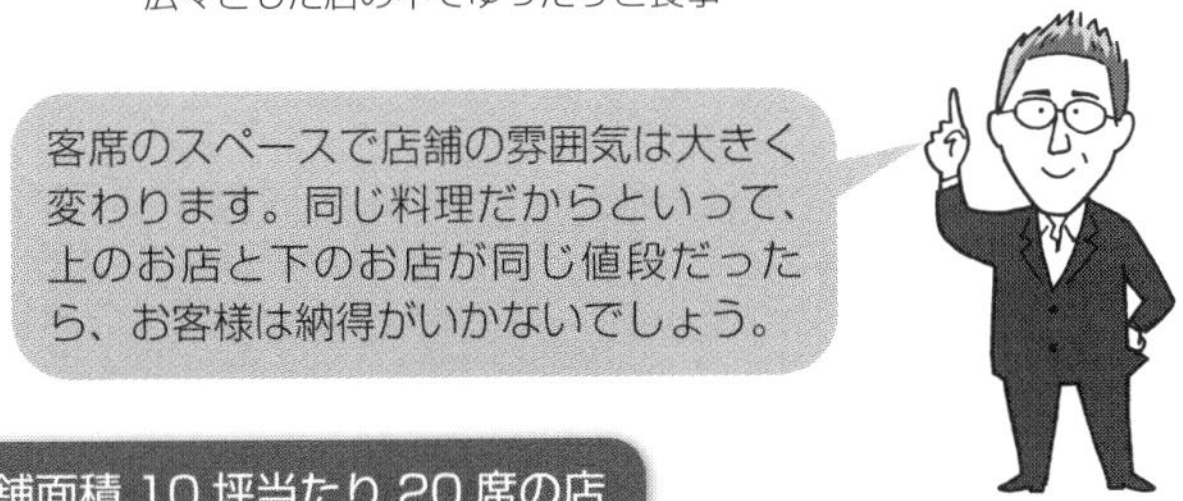
客席のスペースで店舗の雰囲気は大きく変わります。同じ料理だからといって、上のお店と下のお店が同じ値段だったら、お客様は納得がいかないでしょう。

店舗面積 10 坪当たり 20 席の店

窮屈な席で落ち着いて食事ができない

ココに注意！

1 坪当たりの席数を考える

たとえば、坪当たり 1 席というのは、20 坪の店で 20 席しかないということです。この場合、コース料理中心のレストランなど、かなり客単価の高い業態でなければ経営的に厳しいでしょう。
また、坪当たり 2 席ならば 40 席ということになります。しかし、20 坪の店で 40 席を確保するためには、かなり窮屈な設計をしないと難しいはずです。
もっともバランスがよいのは、坪当たり 1.5 席程度、20 坪の店ならば 30 席程度という席数になります。

店舗に合ったキッチンを決める

鉄則 フルライン型、限定型など、キッチンの種類を知ろう

メニューから キッチンの種類を決める

キッチンは飲食店の商品を生み出すためになくてはならない場所であり、効率のよさがとても重要です。

飲食店のキッチンには大きく分けると、「フルライン型」と「限定型」があります。**「フルライン型」のキッチンは、多様な調理に対応する**ことを想定しており、メインダイニングのあるようなホテルでは必ずこのタイプが設置されています。一方**「限定型」は、かぎられたメニューに特化したキッチン**で、ハンバーガー店のような専門店などで使用されています。

多くの飲食店のキッチンは、フルライン型をベースにしていますが、ホテルのようにあらゆる機材を盛り込むことは難しいので、**必要な機材を取捨選択し設置する**ことになります。

居抜き物件は注意が必要

ラーメンやパスタの専門店では、小さなスペースで効率的に作業ができるように機器が配置されていますが、ほかのメニューをつくることは想定していない場合があります。

そのため、たとえば居抜きで取得したラーメン店でほかの業種の店舗を営業したい場合には、**キッチンをつくり変えねばならないこともあり、注意が必要**です。

キッチンの設計には、電気やガスの容量、給排気の問題など、専門的な知識や経験が必要です。普通、キッチンの設計・施工は業者に直接依頼するのではなく、店舗の設計者を通じて発注しますが、展示会やメーカーのショールームなどに行き、最新型のキッチン設備について知っておくことも大切でしょう。

特殊な例では、一部の商業施設などで、防災上の観点からガスを一切使わない電化キッチンしか許可されていない場合もあります。

キッチンの種類

飲食店のキッチンには大きく分けると、「フルライン型」と「限定型」があります。

フルライン型のキッチン

ホテルのレストランのキッチン

多様な調理に対応することを想定。多くの飲食店がフルライン型をベースにしている。規模が小さな店舗の場合は、必要な機材を選び設置することになる。

限定型のキッチン

ハンバーガー店のキッチン

かぎられたメニューに特化したキッチン。居抜きで物件を取得した場合、つくりたいメニューに対応できない場合があり、キッチンの大規模工事が必要になることもあるので注意。

使いやすいキッチンのレイアウト

鉄則　効率的な作業を可能にするキッチンをつくろう

理想的なキッチンで費用と時間を短縮

効率のよいキッチンの条件は、**食材のストック場所から料理を仕上げて出すところまでが一方向の流れになっている**こと、またキッチン内で作業する従業員の動線が重ならないことです。

かぎられたキッチンスペースの中で理想的なレイアウトを実現することは難しいですが、レイアウト次第で人件費や水道光熱費、料理の提供時間などが違ってきます。少しでも理想に近づくよう慎重に計画すべきでしょう。

食材のストック場所と作業場所は近くに

食材には、常温保存できる乾物などの加工食品、要冷蔵の生鮮食品や乳製品、また冷凍保存しなければならない冷凍加工品などがあります。ほかに、食材を一次加工した「仕込み」品も冷蔵や冷凍保存が必要になります。これらの食材はそれぞれの**保存場所から、調理を行う作業台にすぐ取り出せる**ようになっていなければなりません。

調理作業には、加熱する作業としない作業とがあります。加熱調理をする場所は「焼《や》き場《ば》」などと呼ばれ、ここに加熱調理機器をまとめて配置し、熱を使わない作業台にはまな板を置きます。盛り付けや熱を使わない仕込み作業などをするスペースは、兼用にして効率化を図りましょう。

また、ドリンク類をどこで用意するかについても考えておく必要があります。キッチンで行う場合は、作業の負担がひとりだけにかたよらないよう注意してください。

このほか、食器の洗浄もキッチンでの重要な作業です。**作業の流れと人の配置を考慮**して、使用済み食器の下げ場と「洗《あら》い場《ば》」の位置、洗浄した食器をストックしておくスペースを確保しましょう。

キッチンの機能配置図

効率のよいキッチンは、食材をストックしてある場所から、料理を仕上げ、出すまでの一連の動きがスムーズにできるようになっています。

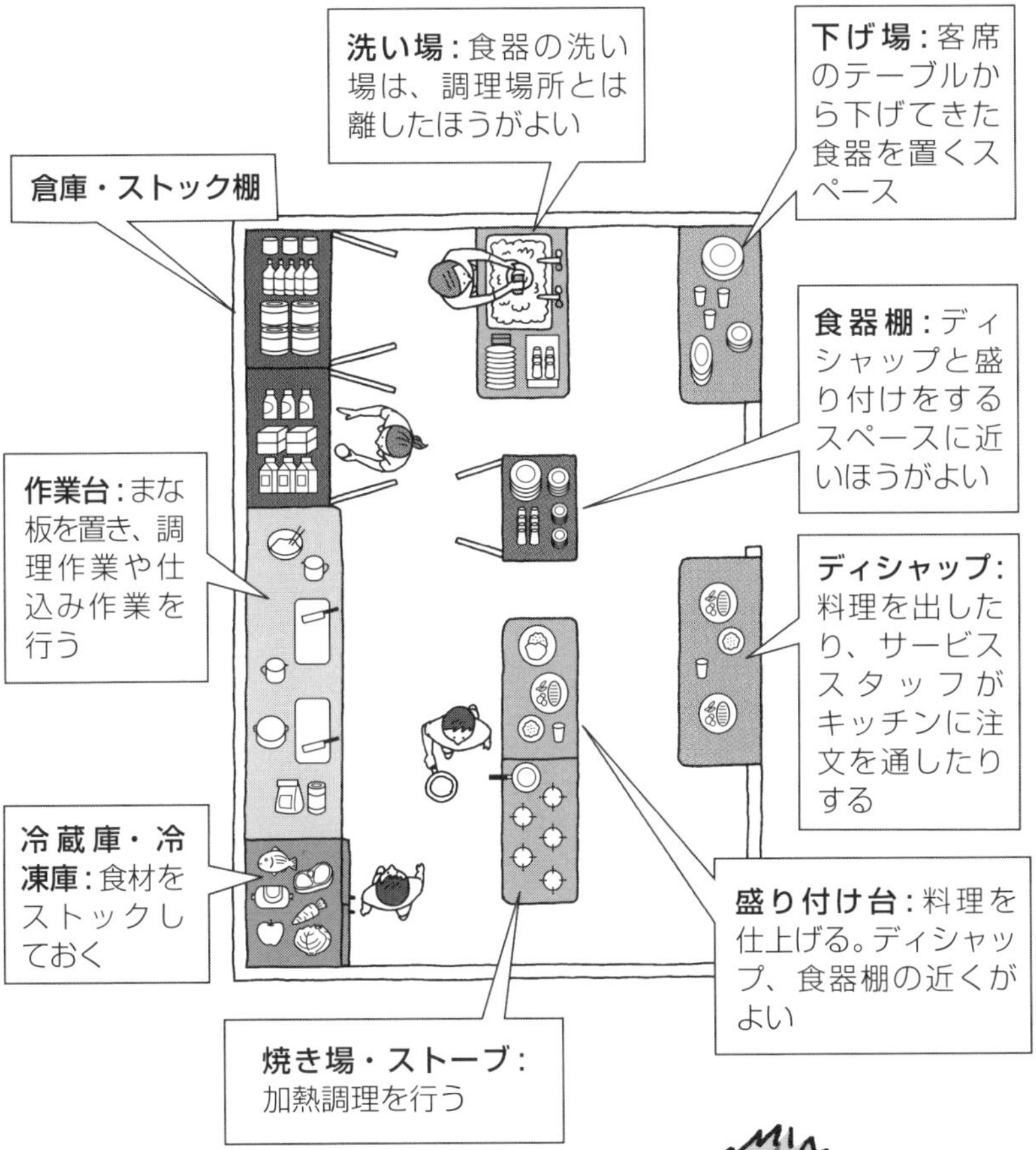
洗い場：食器の洗い場は、調理場所とは離したほうがよい
下げ場：客席のテーブルから下げてきた食器を置くスペース
倉庫・ストック棚
食器棚：ディシャップと盛り付けをするスペースに近いほうがよい
作業台：まな板を置き、調理作業や仕込み作業を行う
ディシャップ：料理を出したり、サービススタッフがキッチンに注文を通したりする
冷蔵庫・冷凍庫：食材をストックしておく
盛り付け台：料理を仕上げる。ディシャップ、食器棚の近くがよい
焼き場・ストーブ：加熱調理を行う

効率的に作業することを十分に考えてキッチンのレイアウトを決めましょう。レイアウト次第で料理の提供時間や、人件費にまで違いが出てきます。

※このイラストはキッチンの機能の配置を示したものです。実際のキッチン内のレイアウトではありません。

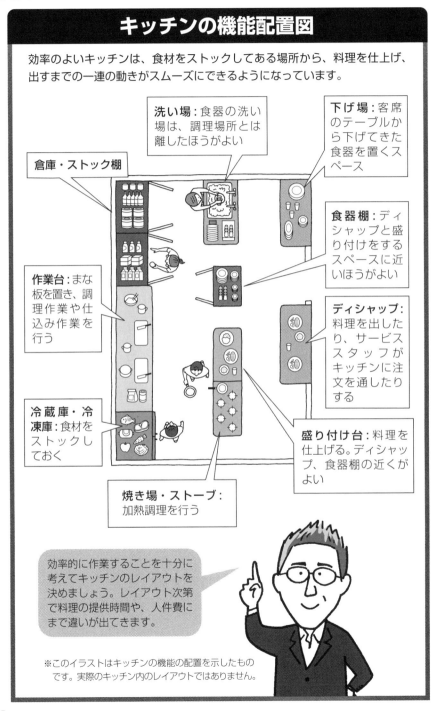

内装で店の中をつくり込む

鉄則 内装が、店の雰囲気とお客様の満足度を決める

店内をどんな雰囲気にしたいかで内装を決める

一般的に、「内装」とは店内の「造《ぞう》作《さく》」と「家具」のことを指します。**「造作」とは、床・壁・天井などのような、内装工事によって建物につくり付けられた動かせない部分のこと。**また、家具にはイスやテーブルのほか、移動できる作業台や戸棚などが含まれます。

この「内装」部分は、おもに店内をどのような雰囲気にしたいかによって仕様が決まります。設計者と相談して予算の範囲内で好みのデザインを決めればよいでしょう。

家具選びがお客様の満足度を決める

実は、飲食店の内装で重要なのは家具です。飲食店ではお客様がイスやテーブルを利用して時間を過ごすので、**家具の仕様がお客様の満足度に大きく影響します。**開業初心者が気づかずに失敗することが多いのが、家具のサイズです。たとえば**食事を提供する店のテーブルの高さは、約70㎝が基準**になります。そして、**ゆっくりお酒を飲むような店では低めに、短時間で食事をするような店では高め**になります。イスの高さも同様です。約40㎝を基準に、ゆったりくつろぐスタイルの店なら低く、かしこまって食事をするようなレストランでは少し高めに設定します。このほかにも、テーブルの大きさなど、お客として利用しているだけでは見過ごしている要素がたくさんあるでしょう。

また、業務用の家具は家庭で使うものに比べて、かなり価格が高いのが普通です。**業務用の家具は、高い耐久性がある仕様**になっているので、同様のデザインでも家庭用とは品質が異なっています。また、テーブルやソファなどは、店の設計に合わせてオリジナルで製作するため高価になる場合があります。

店の機能と家具のサイズ

イスやテーブルなど、家具のサイズによって店の機能は大きく変わります。

食堂のテーブルとイス

ホテルのラウンジのテーブルとソファ

食事をするための店なのか、ゆったりとくつろぐための店なのかによって、イスやソファ、テーブルの高さは異なります。

食堂のテーブルとイスの高さを基準に考えると、ホテルのラウンジのテーブルとソファはずいぶん低いことがわかりますね。ホテルのラウンジはゆっくりと落ち着いた雰囲気を提供しています。

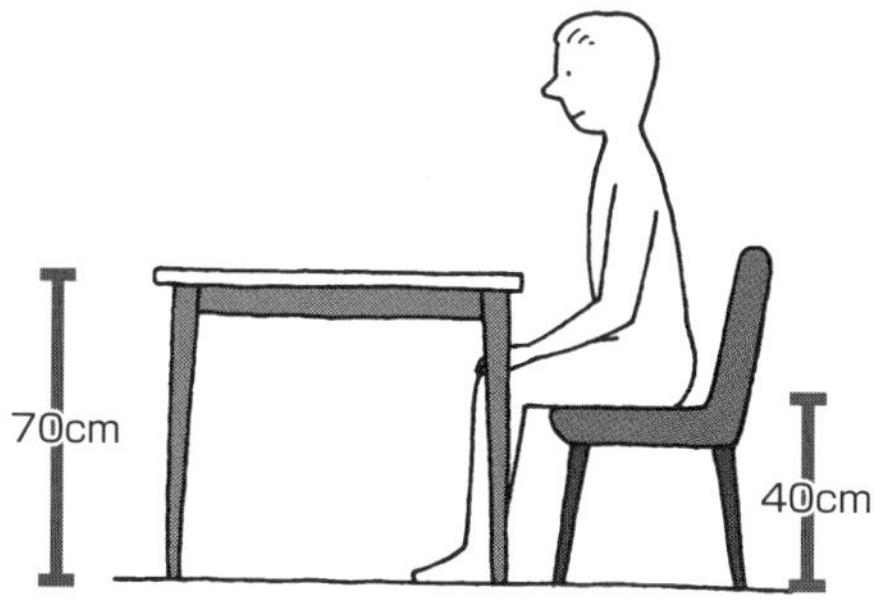

テーブルとイスの高さの基準
食事を提供する店の場合、テーブルの高さは 70cm、イスの高さは 40cm が基準となる。

開業のウラワザ

家具のサイズを実際に測ってみよう

飲食店の家具の大きさは、店全体のイメージを大きく左右します。
原則として客単価の高めの店では、イスとテーブルの高さは低め、カウンターの奥行きは深めがよいとされています。
お客として利用しているだけでは気づかない要素があるでしょう。実際に巻尺《まきじゃく》を持っていろいろな店に出かけ、迷惑にならない範囲で、さまざまな家具のサイズを測ってみてください。店によって、家具のサイズが異なっていることに驚くかもしれません。

サインと外装でアピールする

鉄則 まず店の存在を知ってもらうことが繁盛店づくりの第一歩

外装と看板でお客様に店の存在をアピールする

お客様を集める第一歩は、まず店の存在を知ってもらうことです。そのためにもっとも基本となるのは、看板や店の外観です。**店の存在をアピールする看板や店舗の外装を総称して「サイン」と呼びます。**

人の歩行速度は平均で時速4～5㎞くらいなので、1秒間で進むのは1～1.4ｍくらいです。つまり、歩く人が10～15ｍくらい離れた場所であなたの店の看板を見つけても、わずか10秒ほどで店の前を通り過ぎてしまうことになります。目的地に早足《はやあし》で向かっているような歩行者にも、店に気づいてもらうために、サインは重要な役割を果たします。

少なくとも店舗の約30ｍ手前から「飲食店があること」と、「どんな飲食店なのか」がわからなければいけません。もちろん、自転車や、クルマでの来店を対象とする店舗であれば、その距離はさらに長くなります。

「サイン」で差がつく集客の効果

店のサインは、まず周囲の風景から浮き上がって目立つ目印になることを第一に考えます。センスのよさは重要ですが、背景に埋没してしまっては意味がありません。**遠くからでもハッキリと見える配色、かたち、大きさ、文字の書体やサイズ**であることが大切です。そして店のデザインや雰囲気とのバランス、夜間の照明効果なども考える必要があります。店のコンセプトや営業内容を伝えるための要素を検討し、工夫を凝らしましょう。

繁華街やビジネス街の食事時は、はじめてのお客様の来店が期待できるチャンスです。お客様がサインに気づいてから、店の前を通り過ぎるまでの数十秒間に、**サインがどれだけの期待感を与えられるか**で、集客の効果が大きく違ってきます。

サインの見本と要素

お客様に店の存在を知ってもらうための看板などを総称し、サインといいます。

看板はパッと見て目立つ、わかりやすいデザインにしましょう。ロゴは、太くて読みやすい字で書くことが大切です。

突出し看板

店の壁から直角に出るようにするのがポイント

テント

ロゴは太くて読みやすい書体やサイズで

置き看板

中に蛍光灯を入れ、光らせてもよい

メニューボード

今日のオススメなどを書き、興味を引く

メニューブック

何を提供している店なのかを知らせる

ワンポイント

店の外観すべてでサインの効果を！

一戸建ての独立店舗の場合は、店の外観すべてがサインの役割を果たします。また、店頭ののれんや日よけ幕、ちょうちんなども、比較的安価にサインの効果を得られるツールです。店舗のスタイルに応じて活用しましょう。

一方、繁華街などのビル内店舗や、地下にある店舗は入口周辺のサイン以外に通行者へ店舗の存在をアピールできる要素がありません。また、建物の２階より上にある店舗は、建物の外壁にサインの役目を果たすデザインをほどこせないか、検討してみてもよいでしょう。

照明や音響で他店と差をつける

鉄則 光や温度にまで細かく気を配り、居心地のよい店を実現しよう

店内演出で居心地のよさを追求

飲食店は小売店とは違い、来店したお客様が客席で一定の時間を過ごすことを前提として料金をいただきます。

そのため、**飲食店では店内の「居心地のよさ」が求められる**のです。この「居心地」の要素としては、**「照明」や「音響」「装飾」「空調機能」**などが挙げられます。

飲食店の照明には、明るさや光色で料理や飲み物をおいしそうに見せること、客席から光源《こうげん》がまぶしくないこと、陰影《いんえい》により不必要な場所を見せないようにすることなど、考慮すべき要素がいくつかあります。そのため、**全体照明ではなく部分照明や間接照明が多く用いられる**のです。また、明るさを調節して雰囲気を変えるために、調光《ちょうこう》機能付きの照明器具を選ぶ場合もあります。照明器具は、テーブルの配置を変更する場合も考えて、後から位置や角度が調節できる設計にしておくと便利です。

音響設備は必須ではありませんが、**店内のBGMは雰囲気づくりだけではなく、適度な音量があることでお客様に安心感を与えます。**シーンと静まりかえった店の中では、なんとなくおしゃべりしにくいものです。隣の席に聞こえそうだと思うと、会話の内容に気をつかう場面もあるでしょう。店内でBGMを流す場合は、一部の例外を除き、**日本音楽著作権協会（JASRAC）を通じて著作権使用料の支払いが必要**になります。

インテリア小物で店の雰囲気に変化を

店舗自体のデザインとは別に、調度品やインテリア雑貨、観葉植物などを店内に飾ることで、独自の雰囲気をつくり上げることができます。こうした店内装飾の利点は、**飾る物を変えることで簡単に店内の雰囲気**

店内照明の種類

店の雰囲気づくりのために、照明は重要な役割を果たします。目的に合わせ、照明を選びましょう。

間接照明

間接照明とは、反射光を利用し、光源が見えない照明のことをいいます。

部分照明

室内全体は照らさず、一部を効果的に照らします。

に変化をつけられることです。

そして、意外と忘れがちなのが空調管理です。四季の変化に応じて、**店内の温度と湿度を適切にコントロール**しないと、快適な店舗とはいえなくなってしまいます。

店内のレイアウトから、場所による温度差やエアコンの風向きなどを考慮し、可能なかぎりすべての客席が快適な状態になるよう慎重に計画しましょう。

ワンポイント

飲食店は原則として禁煙

2018 年に改正された、受動喫煙対策を強化する「健康増進法」が、2020 年春から施行されています。

新規開店または客席 100 ㎡超の飲食店は屋内が原則禁煙となり、喫煙には喫煙専用室の設置が必要になります。(罰則規定あり)

独自に「受動喫煙防止条例」を施行している自治体もあり、店内の設計には注意が必要です。

※ 経過措置として、既存特定飲食店のうち、資本金または出資の総額が 5,000 万円以下で客席面積 100 ㎡以下の店は標識の掲示により喫煙可となります。また、加熱式たばこは暫定的に別扱いとなります。

設備は店の機能のカナメ

鉄則

見えないところで店を支える設備には、設計段階での綿密な計画が必要

設備の設計は専門家に相談

飲食店で必要な設備には、**電気、ガス、上下水道、給排気、空調、そして厨房機器**などがあります。店内設備は、人間でいえば内臓や血管のようなもの。設備の設計がしっかりしていないと、見た目は健康そうでも身体の調子がよくないという、見かけだおしの店舗になってしまいます。

設備関連の設計には、店舗設計者とは別に、それぞれの分野の専門的な設計者や業者がかかわります。店舗の電気設備では、照明などのための電気契約のほかに、業務用の冷蔵庫や製氷機、エアコンなどの電源用に**「動力」という契約を結ぶ**場合があります。業務用の機器は家庭用よりも大きなパワーが必要で、**電気を大量に使用するため、別に契約が必要**になるのです。機器の仕様で契約料金は異なるので、設計の段階で設計者や電力会社によく確認しましょう。

営業許可にかかわる設備を事前に確認

ガスの契約も同様に、家庭用とは異なる場合があります。店内全体のガス容量が、契約の容量を超えると、機器が正常に機能しなくなることもあります。容量を後で増やすには、配管の交換など大工事になることもあるので注意が必要です。

「給排気設備」を必ず設置する

コンロやオーブンなどの直火《じかび》が出るガス機器を使う場合、「給排気設備」が必要になります。ガス機器上部に熱気を受ける排気フードを設置し、排気ダクトを通じて屋外の適切な場所に強制的に排気します。また、排気した量と見合う量の空気を外から入れなければいけません。

このように給気と排気を行う設備を「給排気設備」といい、容量の専

門的な計算が必要なこともあります。

また、給排気設備の仕様は消防法などの規定にもとづいて管轄《かんかつ》の消防署が監督しています。消防署の指導に従わないと、営業を開始できない場合もあります。どのような設備が必要なのかは、キッチンの設計を依頼した担当者に確認し、必要ならば管轄の消防署に問い合わせましょう。

こうしたお客様からは見えない部分で、店舗の設備は店全体の機能を支えているのです。

給排気設備

直火が出るガス機器を使う場合、強制的に給排気を行わなければいけません。その設備を給排気設備といいます。

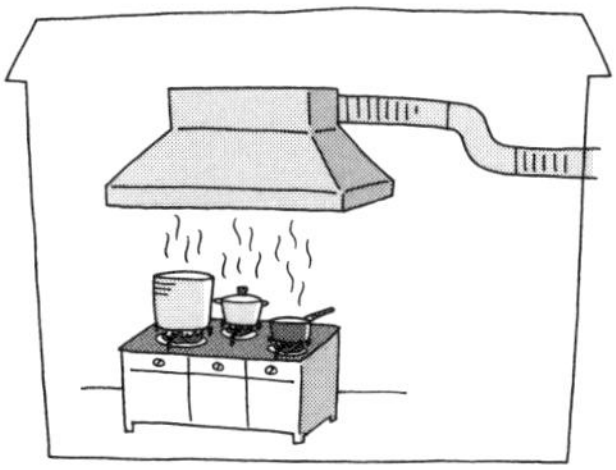

店舗の内部

直火が出るガス機器の上部に、熱を受ける排気フードを設置。

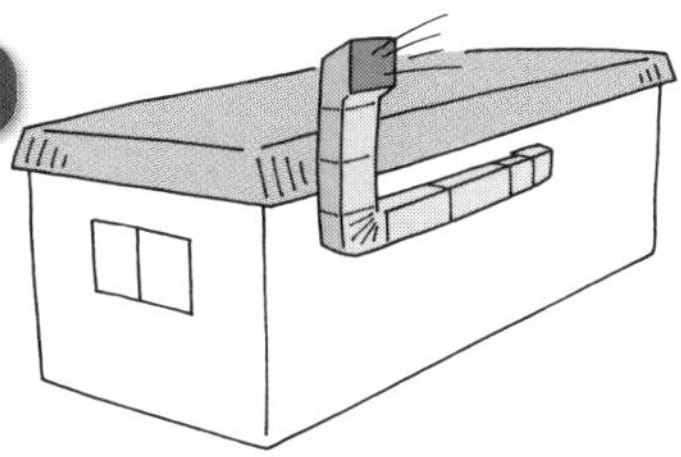

建物の外部

屋外に強制排気。排気量と見合う量の給気も必要。

小規模な飲食店でも消火器の設置が義務化！

2019年10月から、延べ面積が150㎡未満の飲食店にも消火器の設置が義務づけられました。設置した消火器は定期的な点検を行い、消防署などへの報告が必要です。

ココに注意！

排水の油には要注意！

飲食店の排水は油脂分《ゆしぶん》などを大量に含みます。そのため、キッチンから下水道への排水途中に「グリーストラップ」という廃油（グリース）をせき止める設備を設置することが義務づけられています。グリーストラップは定期的に清掃する必要があります。排水の油脂分などでビルや公共の下水設備を故障させたりすると、損害賠償を請求されることもあるので、メンテナンスを怠らないようにしましょう。

居抜き物件と中古機材を活用する

鉄則 開業の初期費用を抑えるために居抜き物件を使う

「居抜き」物件を活用し初期費用を大幅削減！

低コストで開業できる店舗物件として、近年では「居抜き」が再び活用され、専門に扱う仲介業者も増えています。

そもそも**居抜きとは、現在営業を行っている店舗をそのまま売りたい**という店舗オーナーのニーズから発生したものです。居抜き物件として店舗が売れれば、オーナーの利益になります。買い手側はお客様が付いている店舗をそのまま買うので、経営の苦労が軽減されます。また、家主は店舗オーナーが変わるだけで家賃は引き続き安定して入ります。このように、三方にメリットのある方法でした。

現在は、オーナーチェンジという方法より、すでにある店舗の設備や内装を流用し、低コストで新しい店として再生する方法が主流です。居抜き店舗の活用には、それなりのセンスも必要になります。左ページに挙げた注意点を踏まえて、居抜き物件を有効活用しましょう。

中古機材を活用してコストを下げる

居抜き店舗の活用と同様に**投資コストを下げるための方法として、中古機材の導入があります。**冷蔵庫、製氷機といった電気機器や、家具や流し台（シンク）などさまざまな中古機材があります。しかし、中古電気機器は故障の可能性が高いので慎重に検討してください。

家具などは、うまく店に導入できるサイズの物が見つかれば、検討の価値はあります。しかし、電気機器類ほどのコスト削減にはつながらないかもしれません。

居抜き物件や中古機材を活用する際には、単に費用を削減するという考えだけでなく、**「初期投資を抑えて経営を安定させる」という目的意識**をハッキリ持つことが大切です。

居抜き物件活用のポイント

「居抜き物件」の内装や設備を流用し、デザインの工夫でイメージを一新すれば、初期投資を削減しつつ新しい店をつくり上げることもできます。

自分が計画している飲食店について、まずよく考えます。どんな条件なら居抜き物件を利用可能なのか明確にして、物件を検討しましょう。

物件を契約する前に居抜き物件活用の経験が豊富な人に、物件の内見を一緒にしてもらいましょう。

居抜き物件を活用するためのチェックポイントは４つ！

□ キッチン区画はそのまま使えるか？

店内のキッチン区画をそのまま使うことが居抜き物件活用の大前提です。少しでもキッチンの位置や大きさなどを変えたければ、費用のかかる防水工事をすべてやり直さなければならなくなるため、居抜き物件のメリットは半減します。

□ 業務用機器に不具合はないか？

冷蔵庫や製氷機、業務用エアコンといった高価な機器類は、不具合がないか事前によくチェックしてください。こうした機器はいつ壊れるかわからないので、メーカーの保証期間内でなければ、高く買い取るべきではありません。

□ 設計図がどこまでそろっているか？

店舗の設計図面がそろっているかを必ず確認します。居抜き物件の場合、電気・ガス・水道などの配線や配管がどうなっているのか、見ただけではわかりません。壁や床を開けてみたら考えていた状態と違っていた、というのは避けたい事態です。

□ 投資コストの削減目標は達成できるか？

居抜き物件を活用することで、工事金額を通常の半分にすることを目標にしましょう。逆にいえば、居抜き物件を活用しても、買い取り金額も含めると通常の工事金額の半額以上は再投資コストがかかると思ってください。

食器と備品をそろえる

鉄則 余裕をもって開業前に必要なものをチェックする

購入品リストを作成しておく

店舗物件の工事もほぼ終了し、店舗が実際に使えるようになったら、すぐに食器や備品などを店舗に搬入《はんにゅう》しなければいけません。

自宅などにスペースの余裕があれば、事前に購入し移動するということもできるでしょう。しかし、大量の食器や備品を運ぶのは、かなりの手間がかかるので、店舗に直接配送してもらうのがベストです。

スムーズに購入の手配をするために、**事前に購入品リストを作成しておきましょう**。リストは、なるべく早めに作成し、最終的な購入時までに**何度も見直して足りないものがないかチェック**してください。

リストなしで、ギリギリになって焦りながら購入していると、必ず足りないものが出てきます。リストが必要なのは、事務用品や清掃用品も同様です。

目的にあった購入先で買いそろえる

食器や備品を購入するのは、業務用の専門店でも一般向けの食器店でもどちらでもかまいません。

多くの業務用食器は、一般向けの食器に比べて耐久性が非常に優れていますが、業務用として売られていても破損しやすい食器もあります。また、逆に破損してもよいことを前提に、100円ショップなどで大量に購入した食器を使っているチェーン店などもあります。

最近は、インターネット上にも比較的安く購入できる飲食店向けの専門店があります。しかし、ほとんどの**食器は実際に見ないとそのよしあしがわかりません**。一度は実際に見本を展示してある販売店で実物を確認してください。

当然ですが、食器の購入リストは、どんなメニューを出すかによって大きく異なります。

購入品リストの一例

あるベーカリーカフェの購入品リストの一部です。開業に必要な備品等はリストアップしておく必要があります。

食器・包材

1	小分け袋（ショーレックス等）	9	セロファン
2	ショーレックス用ケース	10	ビニタイ
3	ポリ手提げ袋（大・中・小）	11	ビニタイ用スタンド
4	紙袋（大・小）	12	食器（皿、スプーン、フォーク等）
5	フランスパン紙袋（大・小）	13	カップ（ホット・アイス）
6	一斤袋・二斤袋	14	カップ用リッド（ホット・アイス）
7	グラシン紙（またはクラフト紙）	15	ストロー
8	フードパック	16	カップホルダー（スリーブ）

売場用品

1	トング	9	カットボード（まな板）
2	トング入れ（陳列用・回収用）	10	プライスカード
3	販売トレイ	11	プライスカードホルダー
4	陳列トレイ	12	日付シール（ハンドラベラー）
5	陳列バスケット（籐かごなど各種）	13	衛生手袋（使い捨てポリ）
6	試食用トレイカバー（透明）	14	ペーパータオル
7	ベーカリーブラシ（小ボウキ）	15	ラップ
8	パン切りナイフ		

店内備品・消耗品

1	トレンチャ（テーブルサービス用トレイ）
2	傘立て（傘袋でもよい）
3	傘袋（使い捨て、または厚手ビニール）
4	時計（従業員・客室用）
5	おしぼり（不織布、レンタル）
6	観葉植物（レンタル）
7	花瓶（生花用・一輪挿しなど）
8	玄関マット（ロゴマーク入り）
9	店内マット（キッチン入口、トイレまわり）
10	新聞・雑誌等（契約）
11	マガジンラック（新聞・雑誌など）
12	懐中電灯（停電や清掃のため）
13	ロッカー（スタッフ私物用）
14	ハンガー（着替え用）
15	脱臭剤（冷蔵庫）
16	サニタリーボックス（女子トイレ）
17	トイレットペーパー
18	温度計（気温）

必要な購入品はまだまだありますし、店ごとに異なります。スムーズな開業準備のためにはリストの作成が必須です。

コラム

使い勝手のよい店舗で運営コストを抑える

飲食店の設計は、なるべく専門の設計者に依頼するべきですが、そこでひとつだけ注意しておくことがあります。それは、大多数の設計者は実際に店舗の運営をしたことがないということです。

住宅の設計なら、設計者にも自分の家があるので、設計者が暮らしやすい家を考えることに無理はありません。しかし店舗設計では、実際に店舗の運営を行ったことがなければ、気づきにくい設計上のポイントがいくつかあります。

飲食店の店舗は、それ自体が売上を上げるための「装置」なので、重要なのは「見た目のよさ」よりも「使い勝手のよさ」です。これは、「運営するコストが低い」と言い換えてもよいでしょう。

店舗の運営コストには、少ない人員で店舗運営ができる「効率性」や、維持管理に手間がかからない「メンテナンス性」といった要素があります。中でも、重要なのが「清掃のしやすさ」という視点です。

飲食店の仕事は売上を上げることが目的です。しかし、店舗の清掃という作業は、毎日欠かさず行う必要があるにもかかわらず、直接売上には結びつきません。そのため、清掃はできるだけ少人数で、簡単に、短時間でできるほうがよいのです。しかし、清掃のしやすさを第一に追求すれば、デザイン面では変化の乏しい、のっぺりした店になる可能性があるので、そこが設計者の腕の見せどころです。

店舗運営のコストを考慮し、「汚れにくく、汚れを落としやすい素材を使用する」「トイレの床は水で流せる」「配水管が詰まりにくい」といった目に見えない部分にも気配りが必要です。

開業編

第４章

人材と資金の調達方法

飲食店を支えるスタッフとお金について紹介します。「投資」の考え方もわかりやすく説明しています。

スタッフの重要性

鉄則 飲食業というビジネスはひとりではできない

飲食店の勤務は交代制で行う

たいていの飲食店の場合、スタッフはつねに2人以上必要です。

飲食店では営業時間の長さから、**時間帯を分けて交代制で店舗を運営する**のが普通です。また、スタッフの休日を確保するためにも、交代要員は必要になります。

飲食店には調理と接客というふたつの業務があります。カウンター席だけのラーメン店や寿司店などの場合を除き、これらを同時にひとりでこなすことはできません。

飲食店にかぎらず店舗をかまえたビジネスの場合、**営業時間中はつねにお客様を受け入れる態勢を整えておく**ことが基本です。

とくに飲食店では、来店したお客様にすぐ対応しなければならないので、もしスタッフがひとりしかいなければ営業は立ち行きません。トイレに行くことも、必要な買物のために外出することも、食事や休憩の時間を取ることもできなくなってしまいます。

そのため、営業をするときには必ず2人以上のスタッフが店舗に必要です。そうすることで、複数のお客様が同時に来店したときにも、無理なく対応できるのです。

優秀なスタッフに店舗を任せる体制を

もし、将来は店舗数を増やして企業として運営しようと考えているのであれば、**優秀なスタッフを確保、育成して、店舗運営を任せられるような体制**をつくり上げる必要があります。

2店舗くらいの規模ならば、オーナーとその家族を中心に、パート／アルバイトを使った経営でもかまわないでしょう。

しかし、それ以上の規模を目指すのであれば、優秀なスタッフを確保し、育成することをはじめから考えておいたほうがよいでしょう。

優秀なスタッフを確保するメリット

信頼できる優秀なスタッフがいれば、多くのメリットが生まれます。

1. オーナーがいない場面でも、同レベルの店舗運営が可能になる。
2. 複数のお客様が来店した場合でも、対応に無理がなくなる。
3. 機器類の故障など突発的な事態に、すばやく無理なく対応できる。
4. 取引先との交渉ごとなどを、安心して行うことができる。
5. オーナーが店舗の現場を離れて、会社の経営について考える余裕ができる。
6. 店を休業せずに、各スタッフが長期の休暇を取ることができる。
7. オーナーが病気やケガなどをした場合にも、店舗を閉めたりせずに済む。
8. 店舗の運営力を落とさずに新しい店舗を出店することができる。
9. メニュー開発などで、オーナーとは違った感性やセンスを得られる。
10. 将来の規模拡大の際には、生え抜きの幹部社員候補となる。

将来的に店舗を増やす気持ちがあるのならば、運営を任せられるスタッフを育てておく必要があります。

求人から面接、採用まで

鉄則 スタッフを選ぶときはお店も選ばれているということを自覚する

さまざまな媒体を活用して求人を行う

飲食店の求人には、おもに下の表のような方法があります。

一般的に多く使われているのは、①や②の中の有料サービスを利用した募集方法でしょう。最近では、インターネットやスマートフォンを使った求人の募集代行サービスが多数あり、成功報酬型のサービスも増えました。求人の印刷媒体は非常に少なくなりましたが、近隣地域の人材を募集したい場合には、新聞折込が効果を発揮する場合もあります。

また、社員の求人や紹介には、ハローワーク（公共職業安定所）のような公的サービスも利用できます。

店頭での告知は、新規開業では難しいと思いがちですが、必ずしもそうではありません。道路に面した1階に店舗の入口などがある場合にかぎられますが、物件の契約を終了したあとであれば、工事期間中でも店頭に掲示して告知することができます。「店舗の開業案内」も兼ねて、パート／アルバイト（P／A）などの募集が行えます。

知人や友人からの紹介では、採用後に解雇しにくいということも考慮してください。

求人の方法とおもな媒体や募集の対象

	方法	おもな媒体や募集の対象など
①	求人募集の代行	インターネットやスマートフォンなどを使った募集代行サービス、公的サービス（ハローワークや学校など）、求人の印刷物（新聞折込など）、等
②	人材の紹介・派遣	飲食店専門の紹介·派遣会社、公的サービス（ハローワークや調理学校など）、配膳会や調理師会など（必ずサービスが受けられるとはかぎりません）、等
③	自分で募集する	開業する店舗の店頭で告知（チラシを配るなども）、自前のホームページやSNSなどの活用、親族や友人、知人などに依頼する、等

面接の方法と採用のポイント

スタッフの採用面接は、基本的には店内で行いますが、開業前の段階では難しいので、あらかじめ面接場所を設定しておきます。社員面接の場合は、ホテルの喫茶室など落ち着いた場所がよいでしょう。

アルバイトの面接は、店舗の工事スケジュールが許せば、開業の直前に店内で行ってもかまいません。開業前の研修やトレーニングのために、**開業1週間ぐらい前までには面接を済ませ、採用者を決めておく**ようにします。

待遇や勤務条件などの基本ルールは、あらかじめ明確に決めて文書にしておきましょう。必要な資料は面接時に渡します。また、給与などの待遇面だけではなく、楽しく安心して働ける職場であることが大切です。新規開業の苦労をともにしてくれるスタッフを探してください。給与や休日などの条件を第一に考える応募者は、新規開業時のスタッフには適さない場合があります。

また、店側がスタッフを選ぶと同時に、**店もまた応募者に選ばれている**ことを自覚しておきましょう。選ぶ権利はお互いにあるのです。

いろいろな求人媒体を活用する

インターネットの求人サイト

人数を集めたいときには向いていますが、あなたの店だから働きたい、という気持ちは期待できません。登録型のサイトもあります。

公的サービス

自治体などの公的機関とやりとりをするため、きちんとした条件提示が必要です。

研修とトレーニングを開業前に行う

鉄則 ロールプレイングなどで、実際の営業を把握する

開業前には研修とトレーニングが必要

新しく飲食店をスタートするのは、とても大変な作業です。

これは、はじめて飲食店を開業する人ばかりではなく、すでに何十店舗も出店している外食企業にとっても同じです。店長も調理長も、スタッフも皆はじめての店でビジネスをスタートするので、店の**どこがどうなっているのか、どのように使えばよいのか、どのようなところに問題があるのか**など、誰も正確にはわかりません。いわば、はじめて乗ったクルマでいきなりレースに出場するようなものなのです。

そのため、店ができあがってから、実際に運営をスタートするまでに、可能なかぎり**開業に向けた研修とトレーニングをする**ことが必要になります。

スムーズな開業を目的とした研修およびトレーニングには、最低限盛り込まなければならない内容があります。**簡単なマニュアルをつくり、スタッフの経験値を考慮して実施する**とよいでしょう。

部門ごとの開業トレーニング

ホールとキッチンのそれぞれに必要なトレーニング、共通して必要なトレーニングを左ページで紹介します。

すでに複数の店舗を経営している大手外食企業でも、新店の開業時には他店から優秀なスタッフを応援に呼んでサポートさせるのが普通です。それでもさまざまなトラブルや予期せぬ事態が発生して、パニックになることもあります。

開業前の研修とトレーニングは、なるべく長い時間をかけて実施しましょう。とくに、お客様に直接応対する**ホール(サービス)スタッフのロールプレイング**は最低でも2日間に分けて、何回か行う必要があります。

部門ごとの開業トレーニング

実際の営業が始まる前に、できるかぎり時間を費やしてトレーニングを行いましょう。

❶ホール（サービス）部門の開業トレーニング

- 全メニューの試食をして商品内容を把握する
- お客様が来店してから退店するまでの基本作業をシミュレーションする
- 接客の会話トレーニングと電話応対、クレーム処理などの研修を行う
- 清掃などの開店作業から後片づけ、戸締まりまでの作業確認を行う

❷キッチン（調理）部門の開業トレーニング

- 食器や調理器具の収納場所と全機器の取り扱い操作を確認する
- 食材および仕込み品を含めた各材料の収納場所を確認する
- 全メニューの試作および仕込み作業のリハーサルを行う
- 食材の発注方法および仕込み量を確認する（文書化しておく）

❸ホールとキッチンで共通する開業トレーニング

- チーム内の指示系統を明確にし、全スタッフへの確実な通知方法を確認する
- 開業レセプションなどにより実際の接客・調理作業をシミュレーションする

開業のための資金調達

鉄則 借金上手になって、金融機関と良好な関係をつくる

必要経費は「投資」である

ビジネスとは、**「資金を投資して利益を上げ、その投資金を回収する」**ことの繰り返しです。

飲食業では、開業の際に**「店舗」という大きな投資**が必要になり、その店舗が利益を生み出してくれます。開業後は、売上の一部を食材の仕入れとして投資することで、さらに利益が生み出されていくのです。

このように、**店舗をつくるための資金や食材の仕入れは、単なる「借金」や「経費」ではなく、広い意味ではすべて「投資」**であるというような積極的な考え方を持ってください。

「資金調達」は開業時の準備のことだけではありません。資金調達が必要になる場面はつねにあります。事業を始める際の**「開業資金調達」とは、その後の経営を続ける上で必要になる資金調達のスタート**にすぎません。

借り入れをして金融機関の信用を得る

「無借金経営」というのは一部の特殊な会社の話です。一般的には、**金融機関からの借り入れがない会社は決して有利ではありません。**

なぜなら、普段から金融機関との付き合いがない企業は、**急に大きな資金が必要になった場合に、すぐに融資を受けられない**からです。

飲食店は現金商売なので、日々の「資金繰り」の苦しさを感じることはあまりありませんが、急に大きな資金が必要になる場合があります。たとえば、「事情があって急に店舗を移転しなければならない」「非常に有利な条件で2号店を出店できる話があり、すぐに契約をしなければならない」といったときに、緊急の資金調達ができなければ、営業を続けることができなくなったり、みすみす有利な条件を逃してしまったりするかもしれません。開業する際の資金調

達は、今後の経営に必要な資金調達のノウハウを学ぶチャンスとして考えるとよいでしょう。

開業に必要な資金を調達する

飲食店を開業するにあたって、まず必要になるのは、**「店舗の取得費用」と「開業前の諸経費」および「開業後の運転資金」**です。合計でどれだけの資金が必要かをきちんと検討し、資金調達を進めてください。

初期投資の大部分を自己資金で準備している場合でも、この機会に**借り入れをしておくと金融機関からの信用の獲得につながります。**限度額まで借り入れて、借り入れた資金には手を付けずに、金利が負担にならない程度の期間でそのまま返済すれば、以後、急に資金が必要になってもすぐに借り入れることができます。

金融機関から融資を受ける

金融機関と関係をつくっておけば、いざというときに資金を調達することができます。

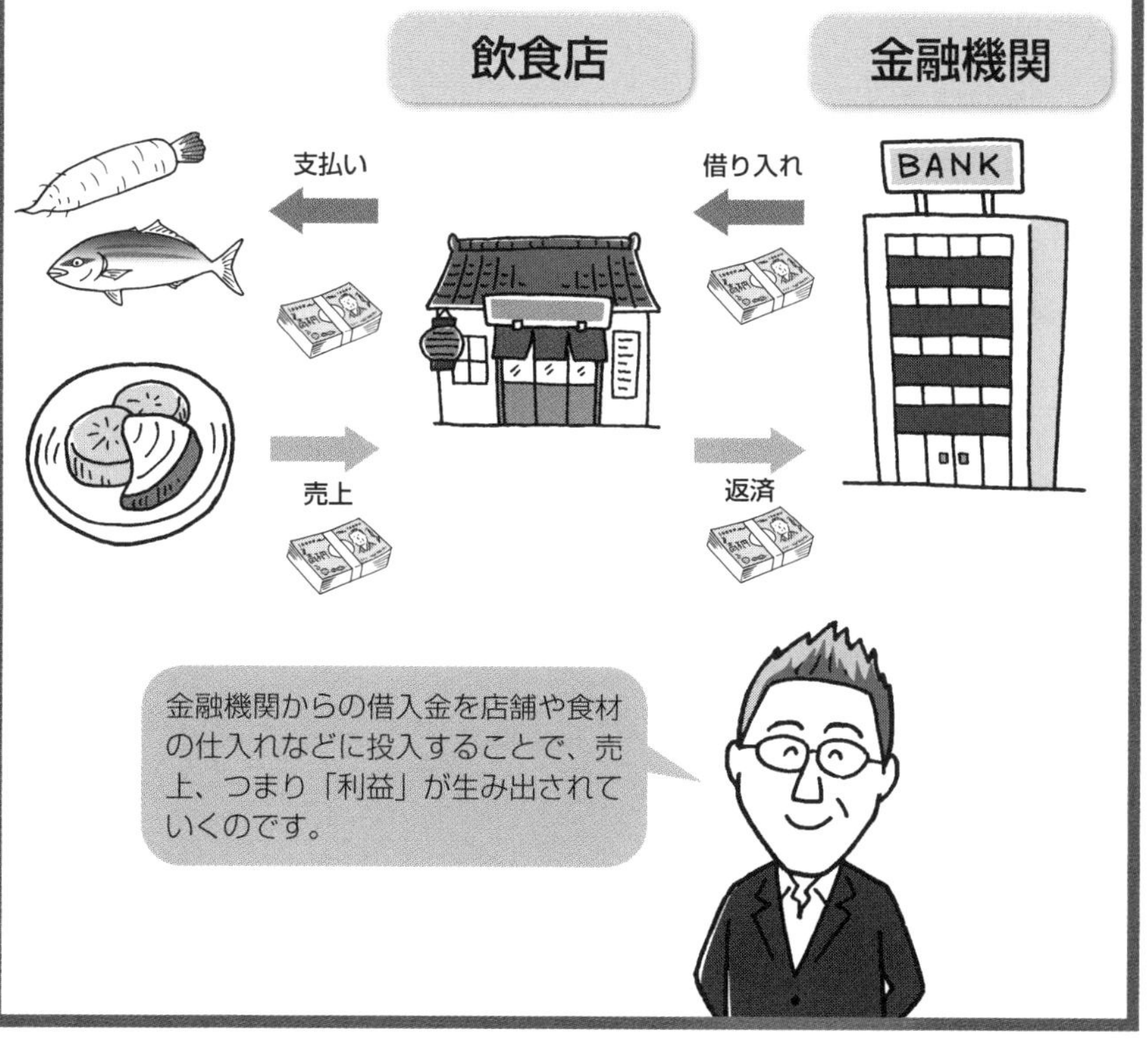

飲食店
金融機関
支払い
借り入れ
BANK
売上
返済
金融機関からの借入金を店舗や食材の仕入れなどに投入することで、売上、つまり「利益」が生み出されていくのです。

資金調達の種類はさまざま

鉄則 民間金融機関や公的金融機関からなど、資金調達先の特徴を知って活用する

仲間うちなどからの資金調達

自己資金のほかに、飲食店の開業資金を調達する方法として、次のようなものがあります。

❶親族や知人からの資金調達

親族や、親しい知人から借りるという場合は、「創業時の資本出資」なのか、「起業後の融資（借金）」なのかといった、**資金の名目を必ず明確にしましょう**。どのような資金なのかで税務上の扱いが変わることもあります。経営にも影響する上、借りた相手に迷惑をかけてしまうこともあるので、とくに融資として借りる場合は、正式な契約書を作成したほうがよいでしょう。

❷共同経営による資金調達

複数人で資金を持ち寄り、共同で事業を始めるのが「共同経営」です。これも資金調達方法のひとつ。多額の借金をせず、各人の手持ち資金で、大きな資金規模の店舗を持てます。

この方法の問題は、開業後の長い年月、複数の人間が同じ店舗の経営を共同で続けられるか、という点にあります。経営方針の違いで共同経営を解消したくても、投資した資金の大部分はひとつの店舗に使われているため簡単には分けられません。親族以外での共同経営による起業

ココに注意！

金融機関での融資の審査基準は？

金融機関で融資を受ける場合は、「自己資金がどのくらいあるか」ということが重要な審査基準のひとつになります。自己資金とは、自分の通帳に自分で貯めた預金など、出所についてきちんと説明できる資金を指します。一時的に借りた資金をまとめて入金した通帳などは、自己資金とは認められず、融資を受けるための「見《み》せ金《がね》」として判断される場合もあるので注意が必要です。

は、こうした場合の取り決めをしっかり文書化しておく必要があります。

金融機関からの資金調達

①民間金融機関からの資金調達

銀行や信用金庫などのような民間の金融機関から融資を受けるのは、すでにほかの事業で取引がある場合を別にして、新しく飲食店を始める人にとってはかなりハードルの高いことです。民間の金融機関から融資を受けることが無理だというわけではありませんが、新規の起業者の場合には多くの前提条件があります。

開業前に融資が受けられなくても、**民間の金融機関には開業後に預金口座を開設するなどし、必ず付き合いを始めてください。**あなたの店が繁盛店となったときには、あちらから「借りてください」と頭を下げてくるかもしれません。

②公的金融機関からの資金調達

飲食店で起業する人の多くが利用するのは、日本政策金融公庫のような公的な金融機関からの融資です。

公的金融機関から資金調達する場合には、事前にスケジュールを立てることが重要です。たとえば、会社（法人）をつくって創業する場合には、公的金融機関が融資した資金を会社の設立に使うことは禁じられているので、会社の設立後でなければ申請できません。そうなると、会社の設立と融資申請の手続きを合わせて、実際に融資が受けられるのは3カ月ぐらい後になる可能性があります。

また飲食店の融資申請は、実際に開業する店舗物件に対して行うので、「融資を申し込んで審査に通った後に、ゆっくり物件を探す」という計画は立てられません。「物件探し」と

ワンポイント

日本政策金融公庫と融資相談

日本政策金融公庫は、それまで中小企業の公的な金融機関として別々に存在していた国民生活金融公庫と中小企業金融公庫が、農林漁業金融公庫、国際協力銀行などと統合されて2008年に誕生しました。

日本政策金融公庫からの融資や、自治体の制度融資についての相談や申請は、地元の商工会議所や商工会でも受け付けてくれます。経営相談にも乗ってくれるので、窓口を訪ねてみるのもよいでしょう。

※日本政策金融公庫の資金調達などに関する書類をP254～255に掲載しています。

「物件契約」そして「融資申請」という複雑な作業を並行して行わなければならないのです。

自治体などからの資金調達

①各自治体の制度融資

都道府県や市町村など、多くの自治体では、独自の融資制度を設けており、これを「制度融資」と呼びます。実際には自治体が第三者の保証機関と連携して、**融資自体は提携する金融機関から行われる**という仕組みになっているのが一般的です。

②補助金や助成金

返済しなくてもよい資金として、国や自治体が実施している補助金や助成金があります。これらは、決められた目的に沿った業務や事業活動に対して支払われるものであり、申請には明確な前提条件があります。

まず**実際にかかる費用を申請者が負担した上で、その金額の一部を補てんする**かたちで支払われるので、手元にまったく資金がない場合には役に立ちません。中には創業時に使えるものもありますが、多くは創業後の事業活動を援助するという目的の資金となっています。

その他の資金調達 投資家からの投資

株式の公開を前提とした事業では、**ベンチャーキャピタル**や**個人投資家（エンジェル）などから資金調達**ができる可能性があります。飲食店でも株式公開を前提とした起業が増えていますが、これは非常にレベルの高い事業計画が要求される資金調達となるため、専門家のアドバイスなどが必要になります。興味のある方はさらに調べてみるとよいでしょう。

ワンポイント

「クラウドファンディング」の活用

インターネット経由で出資を募る「クラウドファンディング」という資金調達の手法が盛んになっています。日本では「クラウドファンディング」によって事業資金を集める場合には法律上の制約がありますが、資金調達だけではなく店舗のプロモーションとしても利用できる方法ですので、店舗のコンセプト次第では検討する余地があります。

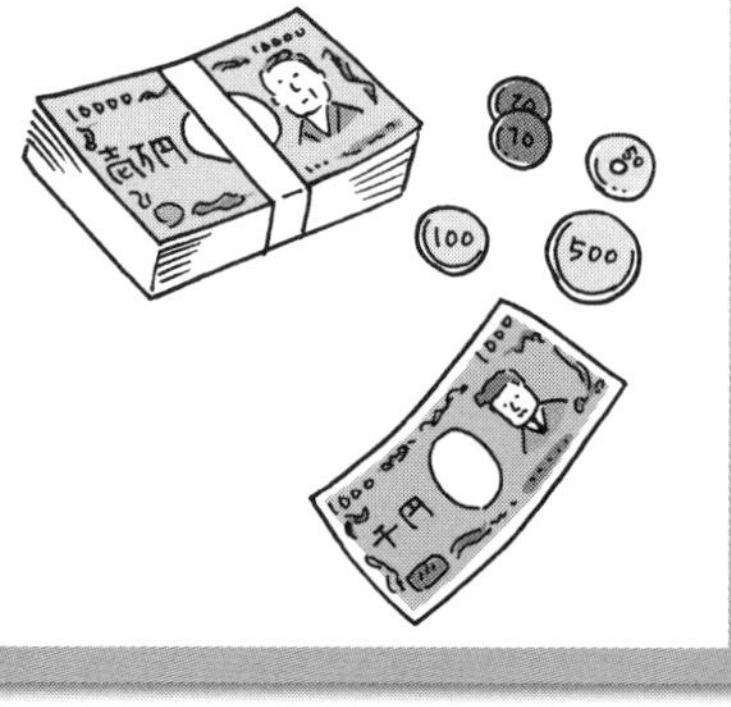

さまざまな資金調達先を知る

開業のための資金調達の方法はいろいろあります。それぞれの注意点や特徴を把握し、活用しましょう。

① 仲間うちなどから

・親族や知人から調達
・共同経営により複数人で持ち寄る

※さまざまな取り決めについて、必ず文書化しておくこと。

② 金融機関から

・民間金融機関から調達
・公的金融機関から調達

※開業前の融資は受けられなくても、必ず付き合いを始めること。

③ 自治体などから

・各自治体の制度融資を活用
・補助金や助成金を利用

※創業後の事業活動を援助するという目的の資金と考えておくとよい。

④ 投資家から

・個人投資家から調達

※専門家のアドバイスを受けながら進めるとよい。

事業計画書を作成する

鉄則 周囲を説得できる事業計画書をつくろう

開業の問題点を把握していることがポイント

どのような相手先から資金調達をするにしても、多くの場合、調達先から**開業する店の事業計画書（開業計画書）の提出が求められます**。資金調達において事業計画書は非常に重要です。事業計画書を見れば、その事業がどのくらい現実的なのか、成功の可能性はどうなのか、どの部分に問題がありそうか、といったことが専門家には一目瞭然なのです。

事業計画書は、融資の審査を行う担当者にとって、まだスタートしていないビジネスを判断する重要な手がかりです。そのため、**「事業計画書」と「起業者本人への面談」**が、融資審査の大きな要素となります。

さまざまな会社の経営を知るプロが見れば、事業計画書の中にある問題点や曖昧なところ、安易な数字、リスクの高い要素などは、すぐにわかってしまいます。

しかし、事業計画にそうした要素があることよりも重要なのは、そうした**問題点を融資の申請者がちゃんと把握しているかどうか**です。自分で内容をよく把握しないまま、他人につくってもらった事業計画書を提出すれば、面接などで突っ込まれてしまい資金調達でよい結果は出せないでしょう。専門家からアドバイスをもらうなど力を借りることは必要ですが、**事業計画書は、内容をよく理解し、自分自身で作成することが大切**なのです。

事業計画書の具体的な作成方法

事業計画書は、単に融資審査のために必要なのではありません。場合によっては**店舗物件の契約交渉などにも役に立ちます**。その上、もちろん**開業後の店舗経営の指針ともなります**。

融資申請などの際には、先方の規定の書式に記載することを求められるかもしれませんが、事業計画書には、本来決まったかたちがあるわけではありません。

飲食店のコンサルティングを行う私が、店舗の企画立案をする際に作成している事業計画書のサンプルを巻末で紹介しています。店舗や費用など各項目について詳しく説明をし、A４用紙で６枚程度のボリュームです。この事業計画書は起業者向けというよりも、**飲食店の企画を行う場合に計画の概要をシミュレーションする**ためのものです。作成するときはパソコンの表計算シートを使っています。

この事業計画書程度の内容を検討し、把握しておけば、ある程度はどんな相手先にも対応できるでしょう。参考にしてください（P２４８～２５３参照）。

事業計画書の概要

事業計画書には、下記の項目を盛り込みましょう。

①店舗説明書

店舗概要、コンセプト、商品などについておもに文章で記入します。

②開業費用

物件取得、店舗工事などにかかわる費用をまとめます。

③資金調達

②の開業費用から必要な資金調達について算出します。

④売上計画

客単価などを設定し、売上の計画を立てます。

⑤初年度設定

②～④にもとづいて初年度の経営を想定します。

⑥年度別事業収支

初年度以降の年度別の収支計画表です。

フランチャイズに加盟する

鉄則 多店舗展開チェーンの権利やノウハウを購入する

多店舗展開チェーンに加盟する

フランチャイズチェーンとは、特定のビジネスの経営ノウハウを持つ企業が、そのノウハウとブランドをほかの個人や法人に提供し、多店舗に展開するチェーンのことを指します。

飲食業のフランチャイズチェーン本部は、加盟を希望する個人や法人に対して以下のものを提供します。

- **店名やロゴマークなどのブランド商標を使用する権利**
- **店舗の開業と運営のノウハウ**
- **メニュー商品に関する情報や使用食材**

などです。

また、それに対して**ロイヤリティという契約料を徴収**します。

フランチャイズチェーンが提供する権利やノウハウなどをまとめて、「フランチャイズパッケージ」と呼ぶこともあります。

フランチャイズチェーンに加盟するメリット

フランチャイズチェーンに加盟するメリットは、**飲食店に関するノウハウを何も持っていなくても開業が可能**になるという点にあります。

しかし、その対価として売上や利益の一部を継続して本部に支払わなければなりません。また、本部との契約で定める以外の独自の経営方針は認められません。

一般的なフランチャイズ契約では、「店舗デザインや看板、家具など」「キッチン内の設備機器」「メニュー商品」「主要な食材」「ユニフォームや広告宣伝、販促用の印刷物など」はすべて規定の製品を使用しなければなりません。チェーンによっては「営業時間や休日」「経理会計の方式」「従業員の教育」なども自由にできない場合があります。

フランチャイズ加盟による開業は、このような**契約内容をよく検討してから決定すべきでしょう**。

フランチャイズチェーンとその他のチェーン

フランチャイズチェーンのほかにも、レギュラーチェーン、ボランタリーチェーンなどがあります。それぞれの違いを理解しましょう。

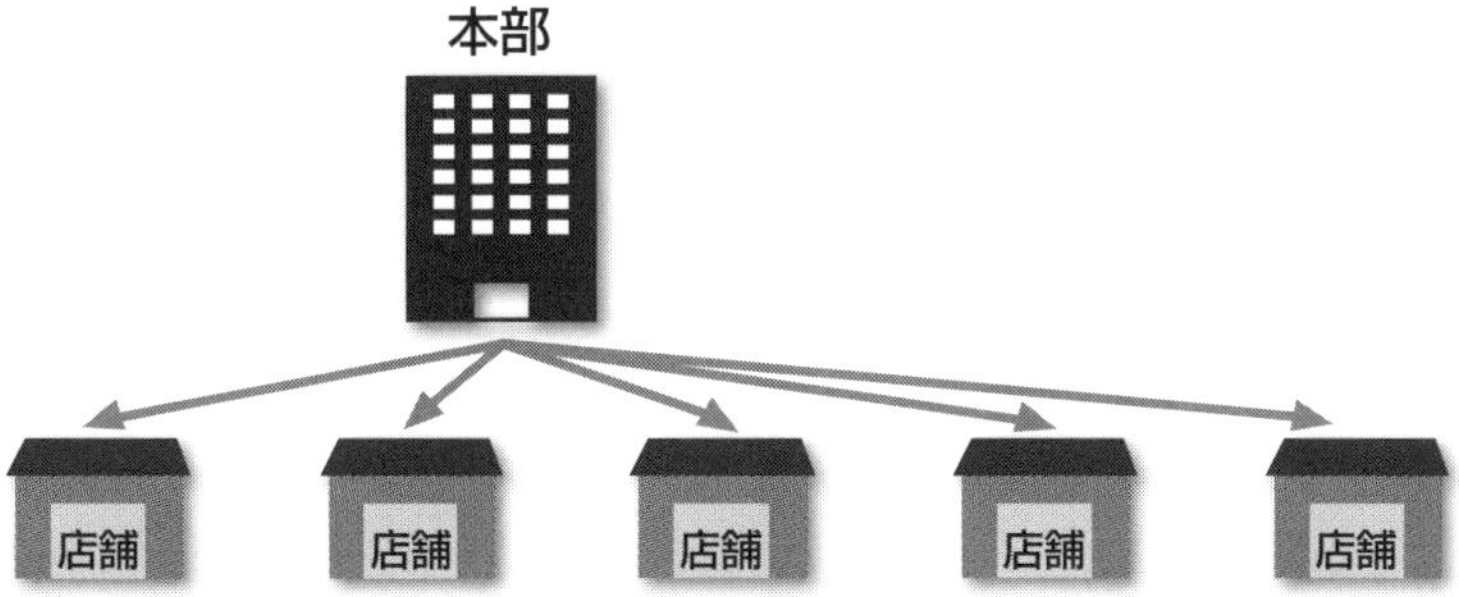

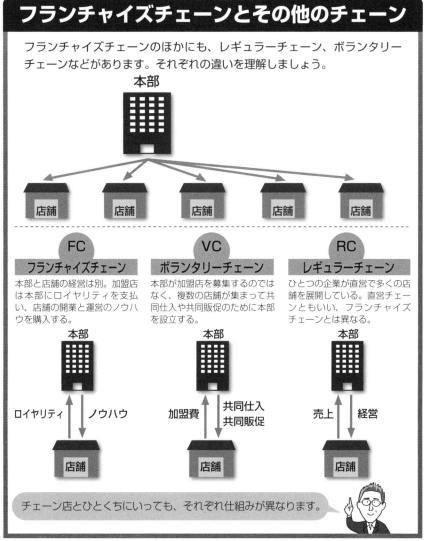

FC　フランチャイズチェーン

本部と店舗の経営は別。加盟店は本部にロイヤリティを支払い、店舗の開業と運営のノウハウを購入する。

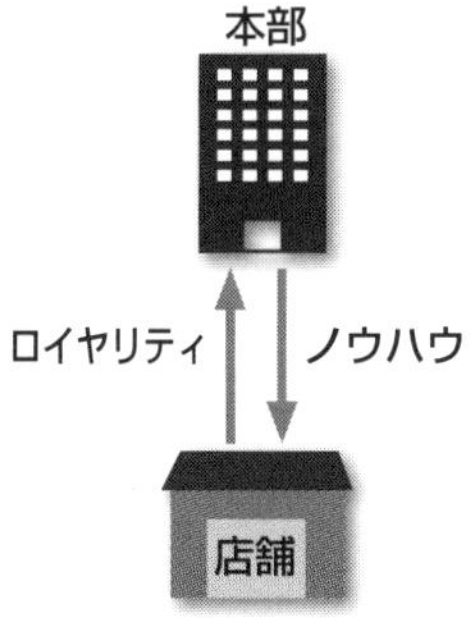

VC　ボランタリーチェーン

本部が加盟店を募集するのではなく、複数の店舗が集まって共同仕入や共同販促のために本部を設立する。

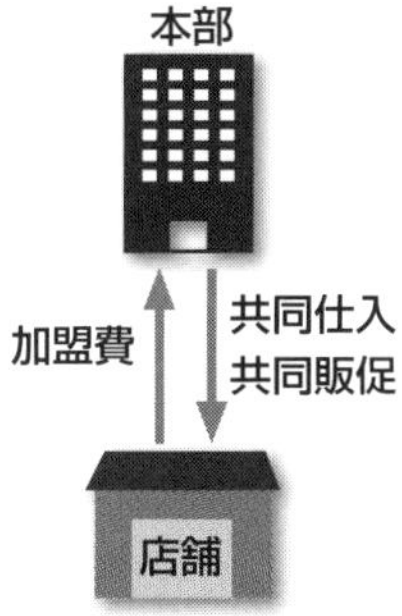

RC　レギュラーチェーン

ひとつの企業が直営で多くの店舗を展開している。直営チェーンともいい、フランチャイズチェーンとは異なる。

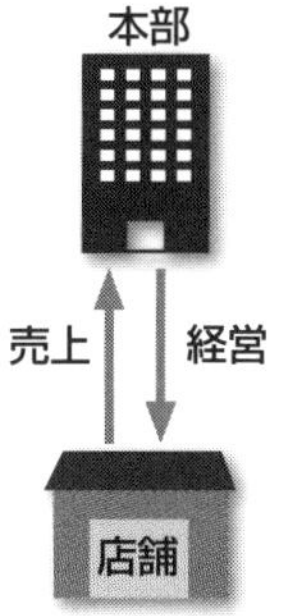

チェーン店とひとくちにいっても、それぞれ仕組みが異なります。

ココに注意！

フランチャイズ契約しても油断は禁物！

本来のフランチャイズ契約では、開業後も店舗運営のノウハウを継続的に提供するのが普通です。しかし、個人向けの飲食店フランチャイズチェーンの場合、店舗で発生する利益のみでは、細やかな経営指導を行うだけの費用が生み出せない場合もあります。

フランチャイズチェーンに加盟した場合も気を抜かず、開業後の経営責任は、店舗の経営者自身にあるということを忘れないようにしましょう。

開業直前のチェック

鉄則　開業目前！　チェックリストを作成してすべきことを確認する

チェックリストを作成しよう

店舗の工事がほぼ終わり、スタッフや食器などの準備も整えば、いよいよ待望の開業は目前に迫っています。

このタイミングで、もう一度冷静になって**開業の準備に漏れがないかを見直してみましょう。**

左ページに、開業直前に確認しておくべき項目のチェックリストを掲載しました。掲載しているのは一例ですが、これを参考に、店舗開業の遅くとも2〜3週間前までにはこうしたチェックリストをつくっておく必要があります。

開業日までに、**ひとつひとつの項目について準備ができているか、トラブルや不具合はないかなどをしっかり確認しましょう。**

左ページのチェック表には、もし不具合が見つかったり、準備ができていなかったりした場合、開業の数日前になってしまうと対応が間に合わないものも含まれています。

1カ月前チェック項目と1〜2週間前チェック項目、1〜2日前チェック項目などに分けてリスト化するとさらに実用的です。

また、設備・機器などに関する項目には、不具合が見つかった場合の連絡先なども記載しておけば、チェック作業自体をほかのスタッフに任せることも、ある程度可能になるでしょう。

ココが知りたいQ&A

開業直前にやるべきことは？

開業までにしなければならないことは、たくさんあります。開店まで3カ月を切るといろいろな作業が集中し、あわただしくなります。しかし、やるべきことに漏れがあっては大変ですから、チェックリストをつくって確認しましょう。項目によっては、早くから準備しておかなければならないこともあります。

チェック項目リスト

開業直前に確認する項目リストの一例です。開業日までにしっかり確認しましょう。

設備・機器

- [ ] 1 内装工事のチェックを行い、追加工事・再工事などの手配は済ませたか？
- [ ] 2 電気器具や厨房機器のスイッチをすべて入れて動作チェックを行ったか？
- [ ] 3 ガス器具をすべて点火して、不具合がないか確認したか？
- [ ] 4 水回り（蛇口、トイレ、湯沸器、排水等）のチェックは行ったか？
- [ ] 5 空調や冷暖房設備は正常に稼働するか？
- [ ] 6 照明器具の点灯チェックは済ませたか？
- [ ] 7 レジスターの操作を確認し、テストは行ったか？
- [ ] 8 音響、映像設備、電話、FAX、パソコンその他電気製品は稼働するか？

備品等

- [ ] 1 営業に必要な各種帳票の準備は済んでいるか？
- [ ] 2 メニューブックは必要な数量準備されているか？
- [ ] 3 陳列したサンプルやプライスカードに間違いはないか？
- [ ] 4 必要な備品・事務用品・清掃用具などはすべて納入されているか？
- [ ] 5 開業時のノベルティ商品などの手配は済ませたか？
- [ ] 6 おしぼりなど、食材以外の納入品は手配されているか？
- [ ] 7 店内に置く観葉植物や生花などの手配はしたか？
- [ ] 8 トイレの清掃用具はきちんと準備されているか？

スタッフ

- [ ] 1 スタッフや関係者への連絡方法や緊急連絡先（実家など）は確認したか？
- [ ] 2 スタッフミーティングのスケジュールは押さえてあるか？
- [ ] 3 リハーサル（オープニング用トレーニング）日程はスケジュール通りか？
- [ ] 4 開業から２週間程度の勤務シフトは組み立てたか？
- [ ] 5 開店日に手伝ってもらう要員の手配は済ませたか？
- [ ] 6 何かあったときのための補助的な要員は確保しているか？
- [ ] 7 開業前の必要な研修はすべて行ったか？
- [ ] 8 ユニフォームやコックコートなどの試着は済ませたか？

営業の準備

- [ ] 1 開業プロモーション（広告・宣伝）の手配はできているか？
- [ ] 2 開業時に提供するメニュー商品はすべて準備できているか？
- [ ] 3 官公庁などへの諸手続きの漏れはないか？
- [ ] 4 看板や店頭のメニューボードなどのサインは整っているか？
- [ ] 5 テーブルナンバー（卓番）を決めてボードなどに落とし込んでいるか？
- [ ] 6 開業レセプションの準備や招待状の発送はできているか？
- [ ] 7 周辺の店舗や企業に挨拶回りをしたか？
- [ ] 8 火災保険など必要な店舗保険はかけたか？

直前のチェック

- [ ] 1 すべての客席に座って状態をチェックしたか？
- [ ] 2 開店日の食材や消耗品などはすべてそろっているか？
- [ ] 3 レジに入れる釣り銭の準備はできているか？
- [ ] 4 毎日の釣り銭用小銭を両替する方法は決まっているか？
- [ ] 5 インターネットやWi-Fiなどは開通し、通信が可能な状態か？
- [ ] 6 店舗の外へ出て周囲を確認したか？
- [ ] 7 店内およびトイレを清掃したか？
- [ ] 8 室温や湿度、臭いなどは気にならないか？

コラム

物件を契約する前に確認すべきこと

飲食店を出店する上で、とても重要なタイミングとなるのが店舗物件の契約です。物件の契約が終了したら、開業までの段取りは時間との勝負。もう、後戻りはできません。そこで、物件の契約をする前に確認しておくべきポイントを次にいくつか挙げてみました。

まずは、契約前に確認すべきこと。「前テナントの退店理由」「初回家賃の発生はいつからか」「内装工事はいつから着工できるか」「電気・ガス等の容量」などについては、詳細な情報を必ず確認しましょう。これらの項目は、家主側に出店希望の申し込みをしないと確認できない場合が多い情報です。また、「契約面積と実際の面積（実効面積）の違い」についても契約前に知っておく必要があります。ほとんどの物件で、契約面積と実際に使える面積は異なっています。中には、階段や廊下などの共用部分の一部が契約に含まれている場合もあります。そして、店舗工事の「工事区分」についても確認が必要です。建物と店舗内装との境界部分では、どこまでが家主の負担で、どこからが借主の負担なのかを事前に把握しておきましょう。

店舗契約において「退店時の条件の確認」はとても重要な項目です。しかし、契約時に退店のことまで考える人はなかなかいません。たとえば「退店時の事前通告期間」とは、退店を申し出てから実際に退店できるまでの期間のことで、この間は家賃が発生します。さらに、「退店時には原状回復（入居した時の状態に戻すこと）が必要か」「造作使用権の譲渡（居抜き物件として売ること）は可能か」「保証金や敷金は償却（返還時の減額）されるのか」といった点についても確認しておきましょう。もし必要な場合は契約内容の変更を申し出てみてもよいでしょう。

運営編

第5章

飲食店経営のいろは

いよいよ念願のオープン。運営に必要となる基本的なお金の知識、利益を上げるための考え方などをわかりやすく説明します。

飲食店の「売上」とはいったい何？

鉄則 売上をアップさせるためには「客数」をアップさせる

売上は「客数」と「客単価」で決定する

実際に飲食店を開業した後には、毎日の経営が待ちかまえています。経営とは、営業を継続していけるだけの利益をトータルで出すことです。そのためにはまず、利益の源である売上について知らなくてはいけません。

飲食店の売上は、次のような簡単な公式で表されます。

売上＝客数×客単価

「客単価」とは、ひとりのお客様が支払った金額の平均値のことを指します。つまり、飲食店の売上は、**「何人のお客様が来店したか」と「お客様がひとり当たりいくら支払ったか」**というふたつの要素でできあがっているわけです。

「当たり前じゃないか」と、思うかもしれませんが、実はこのシンプルな方程式の中に、飲食店の売上を決める重要なカギがあります。この公式からわかる第一原則は、**飲食店の売上を伸ばすには、「客数を増やす」か、「客単価を上げる」必要がある**ということです。

売上を増やすために客単価を上げるのは危険！

企業経営に慣れていない飲食店経営者の多くは、客単価を上げることで売上を伸ばそうと考えます。新しいお客様を増やすことよりも、いま来店しているお客様の客単価を上げることのほうが、簡単そうに思えるからです。

しかし、客単価を上げることは、客数を増やすことよりも難しく、また危険な場合が多いのです。なぜなら、**客単価とは、来店するお客様が「この店には、このくらい支払ってもよい」と考えた金額の平均値だからです**。店側の営業の中身が何も変わらないのに、客単価だけが変わることはあり得ません。

よく、単純にメニューの値段を上

げれば客単価が上がると誤解している方がいます。しかし、メニューやサービスのクオリティを変えずに値段を上げれば、その直後は売上がアップしても、あっという間にお客様は離れていってしまうのです。

売上アップの基本原則は「客数を増やす」

一応は順調に経営できている店であれば、その店を気に入っている、あるいは不満はないというお客様が、一定数は存在しているはずです。それならば、もっと多くの方にお店のお客様になってもらうこと、つまり客数を増やせる可能性は十分にあるのです。

このように、**「売上をアップさせるためには客数を増やす」**というのが、覚えておくべき基本ルールのひとつです。

売上は客数で決まる！

売上を伸ばすためには客数を増やすことが必要です。

売上＝客数×客単価

売上 10 万円の居酒屋

50 人× 2,000 円

売上 10 万円のファストフード

200 人× 500 円

売上を伸ばすには…

客数を増やす

経営が順調ならば、もっと多くの方に知ってもらうことでお客様の数が増える可能性はあるので、知らせる努力をすべき。

客単価を上げる

客単価は、この店にはこのくらいなら支払ってもよいと思う金額の平均値なので、むやみに客単価だけを上げればお客様は離れていってしまう。

客席の回転数を上げる

鉄則 客数を増やすために、「回転数」と「稼働率《かどうりつ》」を上げる

「客席数×客席回転数」で客数を考える

売上を求める計算式をさらに詳しく考えてみましょう。

売上＝客数×客単価 …公式①

弁当店などのような持ち帰り中心の店を除き、飲食店の客数は、店内の客席数によって決まります。つまり、**店内の客席のイスに合計で何人のお客様が座ったか**ということです。

そこで、売上の公式①は次の公式②に書き換えることができます。

売上＝（客席数×客席回転数）×客単価 …公式②

公式②の**「客席回転数」**（**「客席回転率」とも呼ぶ**）とは、**客席のひとつのイスを一定時間に何人のお客様が使ったか**を表します。

たとえば席数が30席のカフェで、ある1日の客数が75人だったなら、1日の客席回転数は2.5回転ということになります。

客席回転数は1日のうちでも、たとえばランチタイムと夜の時間では、客席の使われ方が違うため、異なる場合があります。

「客席稼働率」を把握する

しかし公式②は、あくまですべてのイスにお客様が座っている「満席」の状態を想定したものです。現実には、すべてのイスにお客様が座っているという状態はほぼあり得ません。

4人掛けのテーブルに2人で座れば、相席をしないかぎり、もう2人分のイスは空いているので、席数の50％しか稼働していないことになります。

そこで、公式②に「客席稼働率」という考え方を付け加えることで、公式③のように表すことができます（先ほどの公式②では、客席稼働率が100％ということになります）。

売上＝（客席数×客席回転数×客席稼働率）×客単価 …公式③

この公式③で、売上をかなり精密に計算することができます。

客席回転数と客席稼働率

客数をアップさせるために、客席の回転数と稼働率を上げましょう。

客席回転数

客席回転数はひとつのイスに何人のお客様が座ったかを表します。

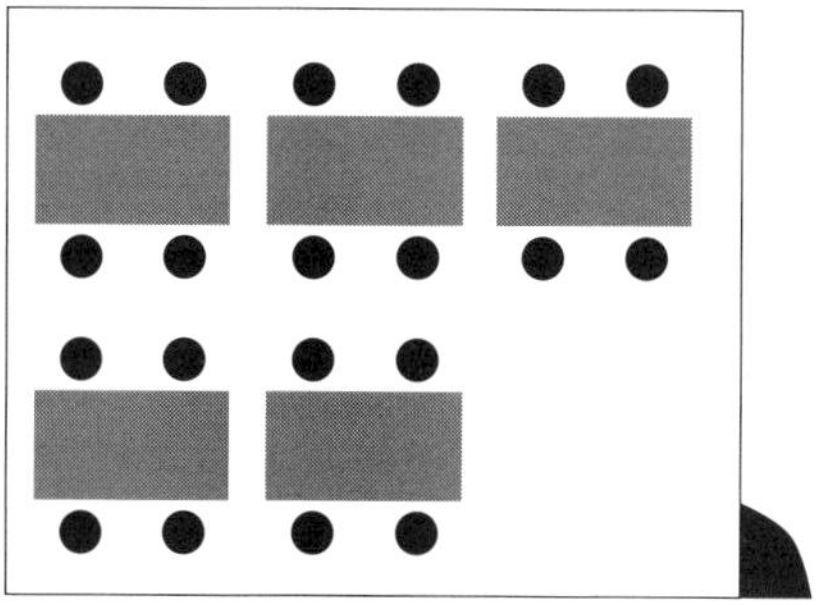

客単価が 1,000 円、総客席数 20 席の店のランチタイムに 40 人のお客様が来店

ランチタイムの客席回転数は 2 回転

公式②より導かれる
この日のランチタイム売上は
(20 席× 2)× 1,000 円=40,000円

客席数　客席回転数　客単価　売上

客席稼働率

客席稼働率は全席数のうち、何％の席が稼働しているか（埋まっているか）を表します（客席稼働率の計算は店全体で考えます）。

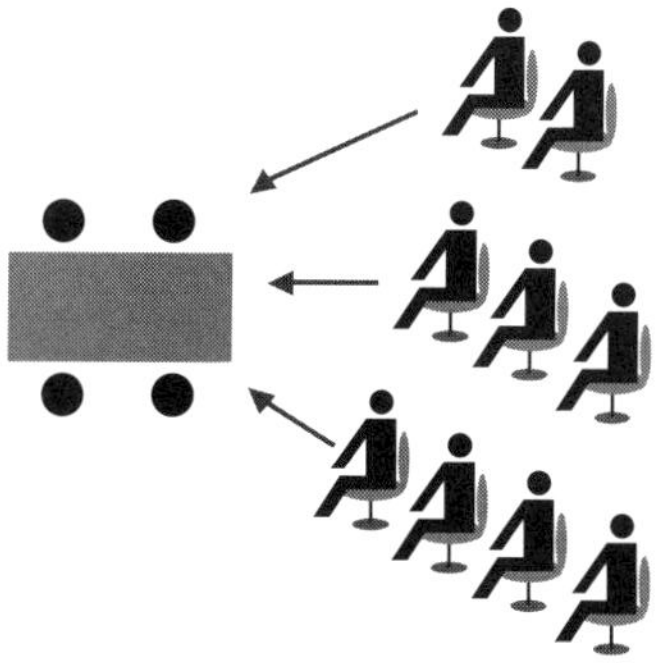

4 人掛けのテーブルに 2 人で座る　客席稼働率は 50%

4 人掛けのテーブルに 3 人で座る　客席稼働率は 75%

4 人掛けのテーブルに 4 人で座る　客席稼働率は 100%

ワンポイント

売上を増やすには工夫が必要

飲食店は客席の数や店のつくりによって売上の限界が決まってくるビジネスです。たとえば店内の客席をすべて 2 人掛けに変えれば、満卓（すべてのテーブルにお客様がいる状態）時の収容客数は増え、客席稼働率は上がることになります。このように「客数」を上げ、売上を増やす工夫が必要になります。

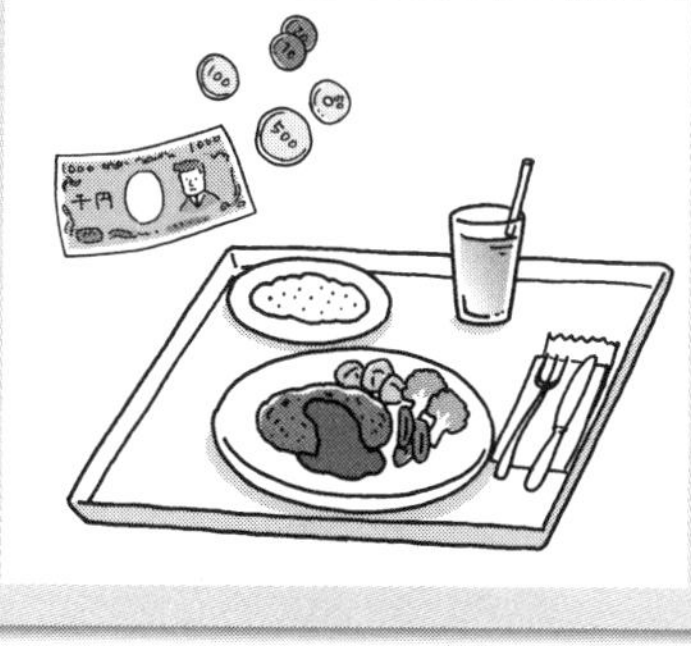

売上と経費について考える

鉄則
利益を生み出すために必要な数字を把握する

ふたつの経費を押さえよう

飲食店の経営を成功させるためには、利益を生み出さなければなりません。利益とは、売上高から経費を差し引いた金額のこと。つまり、利益を考えるためには、経費について知る必要があります。

すべてのビジネスを行うときに共通する、次のふたつの経費を理解しておいてください。

まずひとつ目は**初期投資。これは事業を始める際に必要な経費です。イニシャルコストという言い方をする場合もあります。**

初期投資のうち、会社の資産となるような投資の一部は、税務上、減《げん》価《か》償却《しょうきゃく》費《ひ》として事業開始後に経費計上することができます。初期投資には、不動産取得費用、店舗工事費用、設備機器や什《じゅう》器《き》備品の費用、開業費用などがあります。

ふたつ目は**運営経費。これは事業が始まってから継続してかかる経費のことです。ランニングコストともいいます。**

「変動費」を抑えて利益を増やす

運営経費には、食材仕入れなどの原材料費、人件費、水道光熱費、販促費などがあります。

そして、**運営経費は固定（経）費と変動（経）費の2種類の経費に分けることができます。**

固定費とは、売上高にかかわらず、一定の金額がかかる経費のことを指します。一方、変動費は売上によって金額が変わる経費のことで、うまくコントロールすれば、利益を増やすこともできます。

利益を増やすためには、**①初期投資と固定費が低く抑えられる事業計画を立てる、②売上を高める、③変動費をコントロールする**、という3つのポイントがあることがわかります。

飲食店のさまざまな経費

事業を始める際にかかる初期投資と、開業後に継続してかかる運営経費、このふたつの経費を理解しましょう。

初期投資（イニシャルコスト）

不動産取得費用
店舗工事費用
設備機器・
什器備品の費用
開業費用

運営経費（ランニングコスト）

固定費

・家賃
・支払金利
・社員の給与

固定費とは、売上高にかかわらず、一定の金額がかかる経費のこと。そのため、売上が多ければ固定費の負担割合は小さくなり、売上が少なければ固定費の負担割合は大きくなる。

変動費

・食材や包材の原材料費
・パート／アルバイトの人件費
・水道光熱費
・販促費

変動費とは、売上高の増減によって変わる経費のこと。店舗運営の方法によっても変わるので、うまくコントロールすれば、利益を増やすこともできる。
上手に経費をコントロールして、利益を高める経営をすることが大切。

ココに注意！

変動費をコントロールして利益アップ！

変動費は、ただ減らせばよいという費用ばかりではありません。たとえば、料理の分量を減らしたり、食材の品質を落としたりすれば原材料費は下がります。しかし、お客様の満足度も下がるので、売上が下がってしまう可能性があります。原価率を下げるならば、その分調理法にひと手間加えるなど、商品価値を変えずにコストダウンすることが重要です。

利益と経費の中身を把握する

鉄則 利益にもいろいろな種類があることを理解する

まず3種類の利益の違いを理解しよう

利益にもいろいろな種類があります。

①粗利益（あらりえき）

売上から食材などの原価（＝原材料費）を引いたもので、売上総利益と呼ぶ場合もあります。この粗利益の中から、商品を売るための人件費や家賃などの経費を支払います。あるビジネスを大まかに知りたいときには、粗利益がどのくらいなのかを知るのが第一です。

②営業利益

粗利益から人件費や家賃、その他の営業諸経費、支払金利などの経費を引いた残りの利益です。通常、店舗経営で利益という場合は、営業利益を指します。

③経常利益

新聞やテレビなどでよく使われる**経常利益は、営業利益に「営業外損益」を加えた利益**のことです。大企業などでは、本来の事業でもうけた利益をさらに投資したりして利益を増やしています。そうした損益を加えた利益を経常利益といいます。

飲食店経営に欠かせないFLコストとは

飲食店では、仕入れた材料を組み合わせ、調理加工をして販売するので、商品ごとの利益がわかりにくくなっています。そのため、つねに売上全体に対する経費と利益のバランスを確認しながら経営を行わなければいけません。

飲食業は、比較的粗利益が大きいビジネスといわれますが、食材を調理加工する手間がかかるので、原材料費に加えて人件費も商品をつくるための重要な経費です。

そこで、この**原材料費と人件費を合わせて、「FLコスト」**という言い方をする場合があります。**FLコストのFは食材（フード＝FOOD）、Lは労働（レイバー＝LABOR）**のことを指します。

原材料費と人件費（FL コスト）

食材などの仕入原価とスタッフの人件費を合わせたFL コストを管理して利益を確保しましょう。

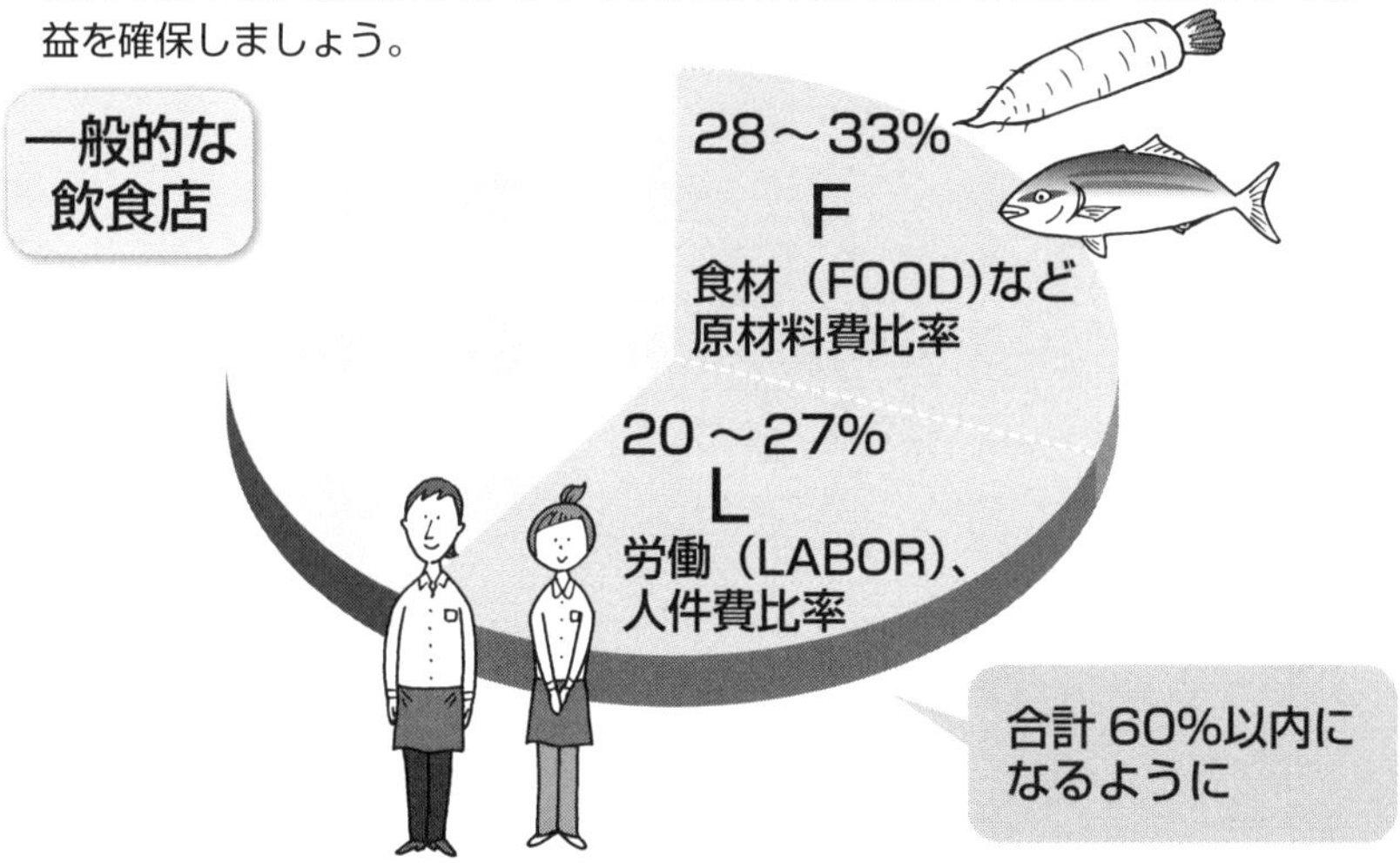
一般的な飲食店
28～33%
F
食材（FOOD）など
原材料費比率
20～27%
L
労働（LABOR）、
人件費比率
合計60%以内になるように

FL コストの合計は、一般的な飲食店の場合、55% くらいが目標となる。個人経営の場合、どんなに多くても60% を超えないようにする。

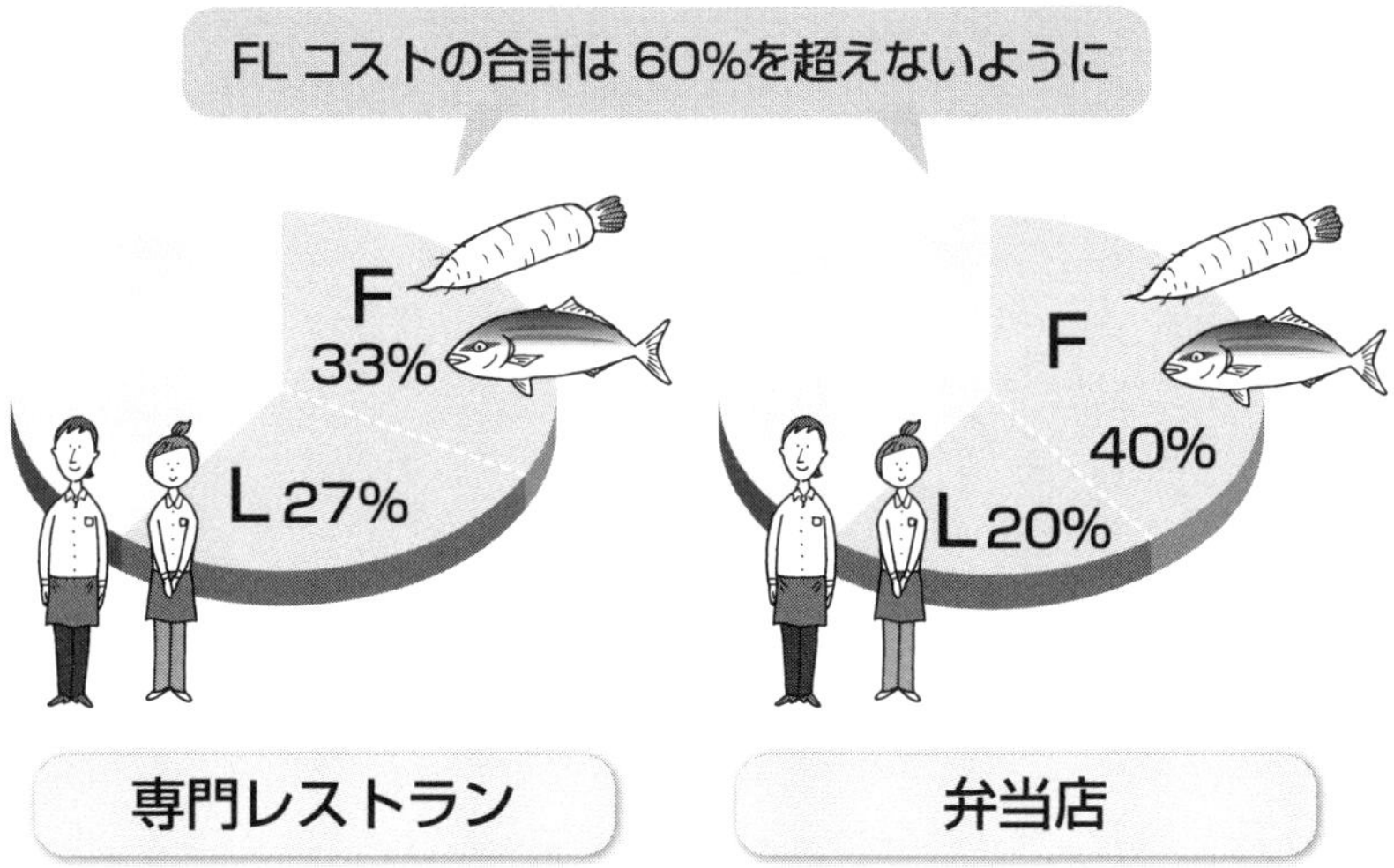
FL コストの合計は60%を超えないように
F
33%
L 27%
F
40%
L 20%
専門レストラン
弁当店

専門レストランのように客単価の高い業態になるほどレイバーコスト（人件費）の比率が高まる。これは、客単価の高いレストランのほうが、接客サービスなどの要求度が増すため。

弁当店などのようにテイクアウトの割合が多くなれば、フードコスト（原材料費）の比率が高くなる。

利益が出るかどうかの境目を知る

鉄則

赤字と黒字の境目を把握し、経営をコントロールする

いくら売り上げれば いくら利益が出るか?

飲食店を経営する上でもっとも気になるのは、やはり利益が出るかどうかです。

利益が出るかどうかの境目を「損《そん》益分岐点《えきぶんきてん》」といい、その時点の売上を「損益分岐点売上高」と呼びます。

損益分岐点売上高というのは、「利益もない代わりに損もない」という売上高です。この売上高を知ることができれば、**「いくらの利益を得るためには、いくら売り上げればよいか」**がわかります。そうした意味で、この損益分岐点というのはとても重要です。

固定費と変動費から損益分岐点売上高を算出する

損益分岐点売上高は、固定費と変動費（P150参照）を用いた次の式で求めることができます。

損益分岐点売上高＝固定費÷（100%−変動費率）

経費のうちの固定費は事業計画により金額が決まりますが、変動費は一定ではありません。そこで、**売上高に対する変動費の比率を表す「変動費率」**を考えます。変動費率を、どのくらいの割合に設定するかが、損益分岐点売上高を決定するのです。

たとえば、家賃などの固定費が月30万円、食材の仕入れなどの変動費率が70%という店を考えてみましょう。上記の式に当てはめて考えると、この店の場合は、月に100万円以上の売上がないと赤字になります。通常の飲食店では、損益分岐点売上高を出す場合は、人件費を合計して変動費と考えてしまってかまいません。

損益分岐点売上高よりも売上が低ければ、店の経営は赤字ということになります。従って、**より多くの利益を得るためには、損益分岐点を低く設定できるような経営を行う必要があるのです。**

固定費と変動費から損益分岐点を導く

売上から固定費と変動費を引いた残りが利益となります。利益が出るかどうかの境目が損益分岐点です。

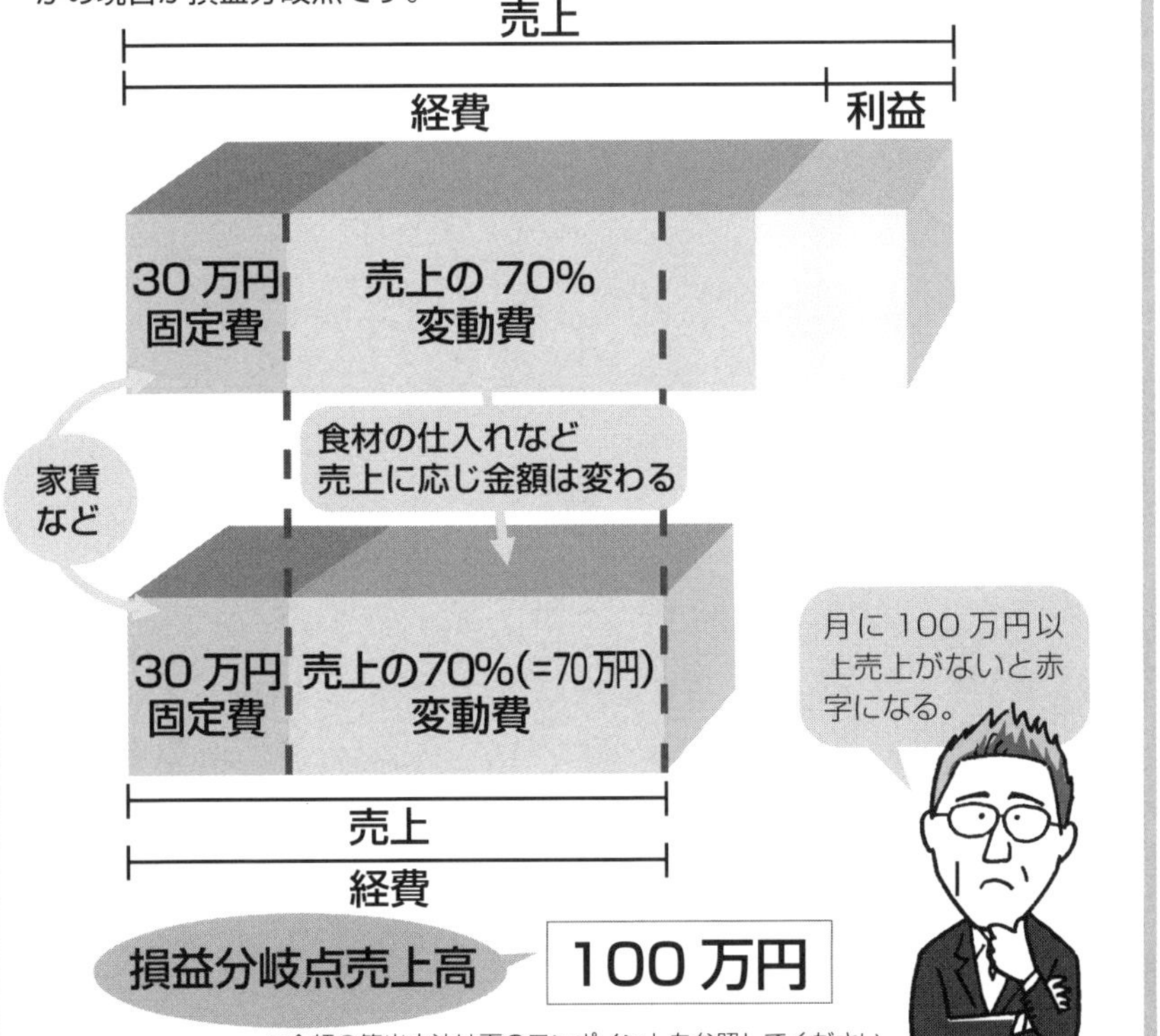

※金額の算出方法は下のワンポイントを参照してください。

ワンポイント

損益分岐点売上高を計算してみよう

公式：損益分岐点売上高 ＝ 固定費÷（100% －変動費率）

家賃などの固定費が月 30 万円、食材の仕入れなどの変動費が 70% かかるという店の場合、

損益分岐点売上高＝ 300,000 円÷（100% － 70%）=1,000,000 円

となり、この店は、月に 100 万円以上の売上がないと赤字になります。

この「月に 100 万円以上」とは、人件費の支払いを含めた金額です。人件費に関しては社員の人件費が固定費、パート／アルバイトの人件費が変動費となりますが、ここでは人件費を合計してコントロール可能な経費（変動費）としてかまいません。

また、この店の売上が 120 万円のとき、利益は 20 万円ではありません。

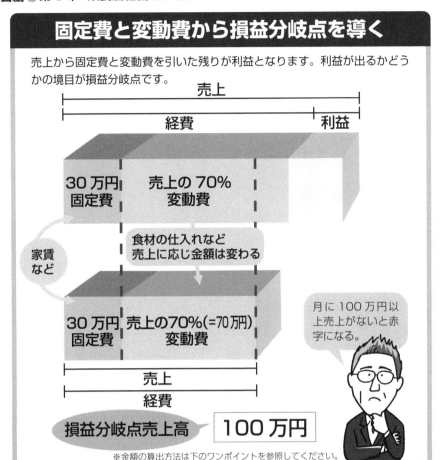

売上目標を立てる

鉄則 必要な売上高はいくらなのか坪当たりで考える

売上目標は家賃の10倍が目安

はじめて飲食店を開業する経営者にとって、開業当初の飲食店の変動費率を想定することは、実際にはなかなか難しいものです。そこで、おおよその売上目標を設定する方法をふたつ挙げてみましょう。

まず、**店舗物件の家賃から売上目標を立てる**方法があります。通常、家賃は固定費の中でもっとも金額の大きな経費です。そのため、**売上高の中に占める家賃の割合が一定の範囲内、だいたい10％以内**であれば、その売上はあまり無理のないものと考えてよいでしょう。

しかし、この方法では、家賃相場が異なる都市部と地方などで、基準にズレが出ます。

坪当たりで売上目標を考える

次に**「坪当たり売上高」（「月坪売《つきつぼうり》上《あげ》」と略すこともあります）で売上目標を考えてみます。**

坪当たり売上高とは、店舗面積1坪当たりの月間または年間の売上高のことです。この方法であれば、家賃相場や店舗の大きさの違いに関係なく、適正な売上高はどのくらいかを考えることができます。

通常の不動産賃貸ビルに入居した場合、初心者オーナーなら1カ月の坪当たり売上高は15万円を基準に考えてみてください。月坪売上15万円を超えたら、一応の売上目標をクリアしていると考えられます。

仮に、店舗面積が20坪であれば、月間売上目標は300万円となります。これに先ほどの家賃比率10％も考慮すれば、10坪の店で家賃は15万円以下、20坪の店なら30万円以下となります。

まず、**最低限の目標として月坪売上15万円以上を目指し、最終的には20万円を超えて繁盛店になる**ことをぜひ狙ってください。

坪当たりで売上を考える

店舗の１坪当たりの売上高を計算しましょう。家賃や店舗の大きさに左右されず、適正な売上高がどれくらいか理解できます。

月間売上 300 万円

月間売上 200 万円

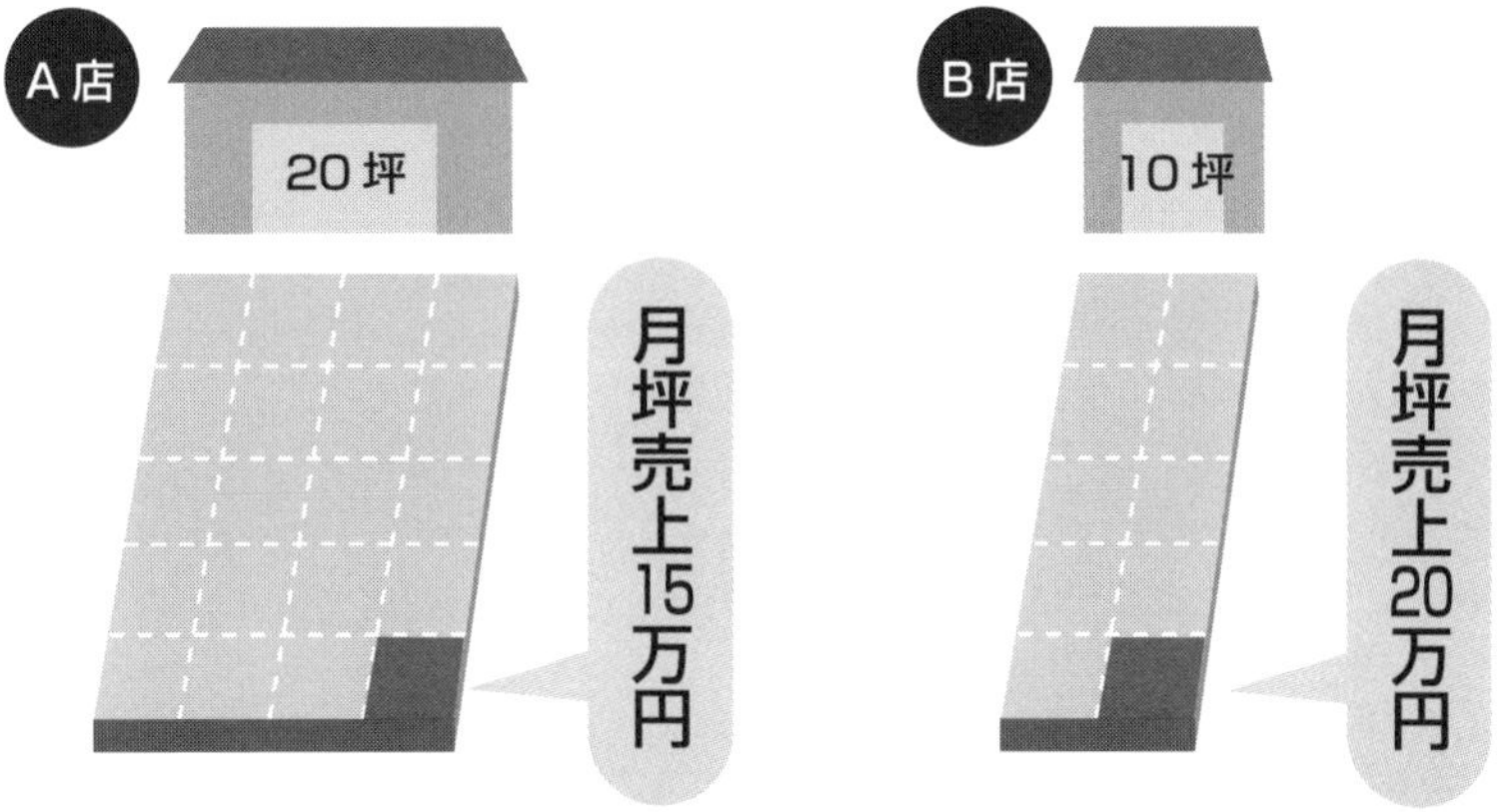

300 万円÷ 20 坪
=15 万円

200 万円÷ 10 坪
=20 万円

月間売上はＡ店のほうが多いですが、１坪当たりの売上はＢ店のほうが多く、売上効率がよいことがわかります。
また、狭い店は坪当たりの売上が高くないと売上総額が低くなり、経営が厳しくなります。

ココに注意！

売上目標に達しないときは、経費をしっかりコントロール

初心者オーナーが経営する飲食店の場合、20 坪の店で月額売上が 250 万円程度というケースも少なくありません。月坪売上は基準の 15 万円に届かなくても、家賃が適正で、経費をしっかりコントロールしていれば、何とか経営を続けていくことは可能です。しかし、多くの従業員を雇ったり、大きな利益を上げたりすることは難しいでしょう。また、このくらいの売上では、借入金が大きい場合は毎月の返済が終わるまで、利益が出ることは期待できません。
経営を続けていくためには、まず経費をしっかり管理しましょう。

営業日報を付ける

鉄則 飲食店の営業を1日ごとに記録し、業績を分析する

営業日報を付ける目的と効果は？

営業日報とは、その日の営業についての報告書のことです。毎日の営業の記録として保管しておく目的のほか、店舗を運営する店長と経営するオーナーとが別の場合は、会社に1日の営業を報告するための資料でもあります。

また、**時間が経ってから、業績の変化を分析しようとする場合には、毎日の営業の記録が残っているかどうかで、その分析結果の精度に差が出てきます。**たとえば、その日どのような出来事があったかなどを後から調べるのは面倒ですが、当日のうちに記載しておけばさほど苦になりません。

左ページに、手書き用の営業日報の見本を掲載しました。これはあくまで一例で、とくに決まった書式はありませんが、**毎日同じ用紙に統一した方法で記入します。**日付やイベント、売上など、項目を参考にして、パソコンなどで作成してください。

クラウドサービス（P16参照）で提供されるPOSレジなどを使用している場合は、数値の集計などは機器が行いますから、営業日報の作成はずっと楽になります。

ワンポイント

営業日報に掲載する項目

営業日報に、誰がいつ何時間働いたのかの記録も付けておくとよいでしょう。人員に対する営業の効率がわかります。

	AM 10	11	PM 12	1	2	3	4	5	6	7	8	9
スタッフA	├	─	─	─	─	─	┤					
スタッフB			├	─	─	─	─	─	┤			
スタッフC						├	─	─	─	─	─	┤
スタッフD						├	─	─	─	─	─	┤

営業日報の見本

営業日報で毎日の記録を残しましょう。業績を分析する際に役立ちます。

①天候やその変化、気温なども記載しておくと、後になって統計的に売上の予測ができる。

営業日報［　　　］　年　月　日　曜日　天候　　記入者［　　　］

繰越金		
金種	枚数	金額
10,000		
5,000		
2,000		
1,000		
500		
100		
50		
10		
5		
1		
立替金①		
立替金②		
合計		

売上金		
金種	枚数	金額
10,000		
5,000		
2,000		
1,000		
500		
100		
50		
10		
5		
1		
金券・カード		
合計		

伝票集計	
発行番号	
発行枚数	
売上合計	

レジスター集計	
登録金額	
登録違い	
締後売上	
売上合計	

売上集計	
集計金額	
現金合計	
売掛金合計	
金券合計	
差額	
消費税	

②売上の分析のために欠かせないデータ。

時間帯別売上集計							
時間帯		［　～　］		［　～　］		［　～　］	
	部門	個数	売上	個数	売上	個数	売上
1							
2							
3							
4							
5							
6							
7							
8							
9							
10							
合計							

現金支払	
明細	金額
合計	

③月末締めの仕入金額だけでなく、毎日の現金出金による経費も集計しておく必要がある。

備考

④地域の行事やイベントによって売上にも影響があるため、後々有効なデータとなる。備考欄などに記入する。

※上記の営業日報は簡略化した見本です。必要に応じて項目などを追加して作成してください。

月間の営業結果を集計する

鉄則　毎月の営業成果をデータ化し、将来の営業に活かす

月間売上集計表に営業の成果を記す

日々の営業の成果を経営改善に活かすためには、**売上などのデータを集計しておく**必要があります。人々の活動は曜日を基準として週単位で変化するため、店舗のマネジメントでは週単位でデータを集計・分析し、翌週の営業に活かすことが重要です。しかし開業したばかりの飲食店では、そこまでの作業は難しいでしょう。まずは最低限、会計的な基準である月単位の集計を行ってください。

　毎日の売上や客数などを、下のよ

月間売上集計表のサンプル

日ごとの営業データを一覧にし、月単位で集計しましょう。

	平均売上			備考
予算累計	売上	客数	組数	

パソコンで集計を行えば、データをグラフにすることも簡単にできます。

うな**月間売上集計表**で集計します。

パソコンの表計算ソフトを活用すれば、データを簡単にグラフ化することもできます。余裕が出てきたら、週ごとの集計も行ってみてください。

レジスターで客数登録ができない場合は、会計伝票に客数を記載して1日の最後に合計します。POSレジ（P17参照）を使用していれば、集計作業はとても簡単になります。

ワンポイント

売上の集計を10日ごとに行う

下の集計表のサンプルでは、10日ごとに売上集計を行うようになっています。1カ月を3回に分けて集計するのは、目標の売上に対して現状がどうなのかを確認するためです。月の途中で、現在の売上や客数がどうなっているかを把握すれば、その後、月末までに必要な売上などがわかります。そうすることで、目標達成の可能性が高まります。

月間売上集計表　店名［　　　　　　　　］　　年　　月

日付		売上集計						
日付	曜日	売上	売上累計	客数	客数累計	組数	組数累計	売上予算
1								
2								
3								
4								
5								
6								
7								
8								
9								
10								
※1～10日売上集計								
11								
12								
13								
14								
15								
16								
17								
18								
19								
20								
※11～20日売上集計								
21								
22								
23								
24								
25								
26								
27								
28								
29								
30								
※21～30日売上集計								
31								
合計								

1カ月を10日ごとに3つに分けて集計します

さまざまな角度から経営を分析する

1日に何組のお客様が来店したかという数字も重要です。たいていの飲食店では、会計伝票の枚数と組数は同じと考えてもよいでしょう。

客数と組数がわかると、1組当たりの客数がわかります。つまり、**1テーブルに何人のお客様が座るのかという客席稼働率**（P148参照）の変化もわかるわけです。

また、売上についてだけではなく、経費も集計しておくと、経営の中身がよく見えてきます。たとえば下のような**仕入集計表《しいれしゅうけいひょう》をつくって、毎日の仕入金額の合計と累計、売上に対する割合などを記入**していけば、原価率を目標の基準に収めたり、ムダな経費を抑えたりして利益率を改善できる可能性も生まれます。

仕入集計表のサンプル

毎日の仕入金額など、経費も集計しておくと経営を詳しく分析することができます。

仕入集計表［　　　　　　　　］　　　　年　　月

日	曜日	○○屋	△△青果	□□肉店	現金仕入れ	仕入れ合計	売上％	日次売上	累計
1									
2									
3									
4									
5									
6									
7									
8									
9									
10									
11									
12									
13									
14									
15									
16									
17									
18									
19									
20									
21									
22									
23									
24									
25									
26									
27									
28									
29									
30									
31									
合計									

納品業者ごとに、納品書ベースで仕入金額を記載します。

仕入れた金額を合計し、その日の売上に対して何%の割合になっているかを記入します。

その日、現金で購入した食材なども別項目で記載します。

その日の最終売上を記載します。

売上と客数の関係をグラフにしてみよう

売上と客数の増減をグラフ化することで、経営の問題点が見えてきます。

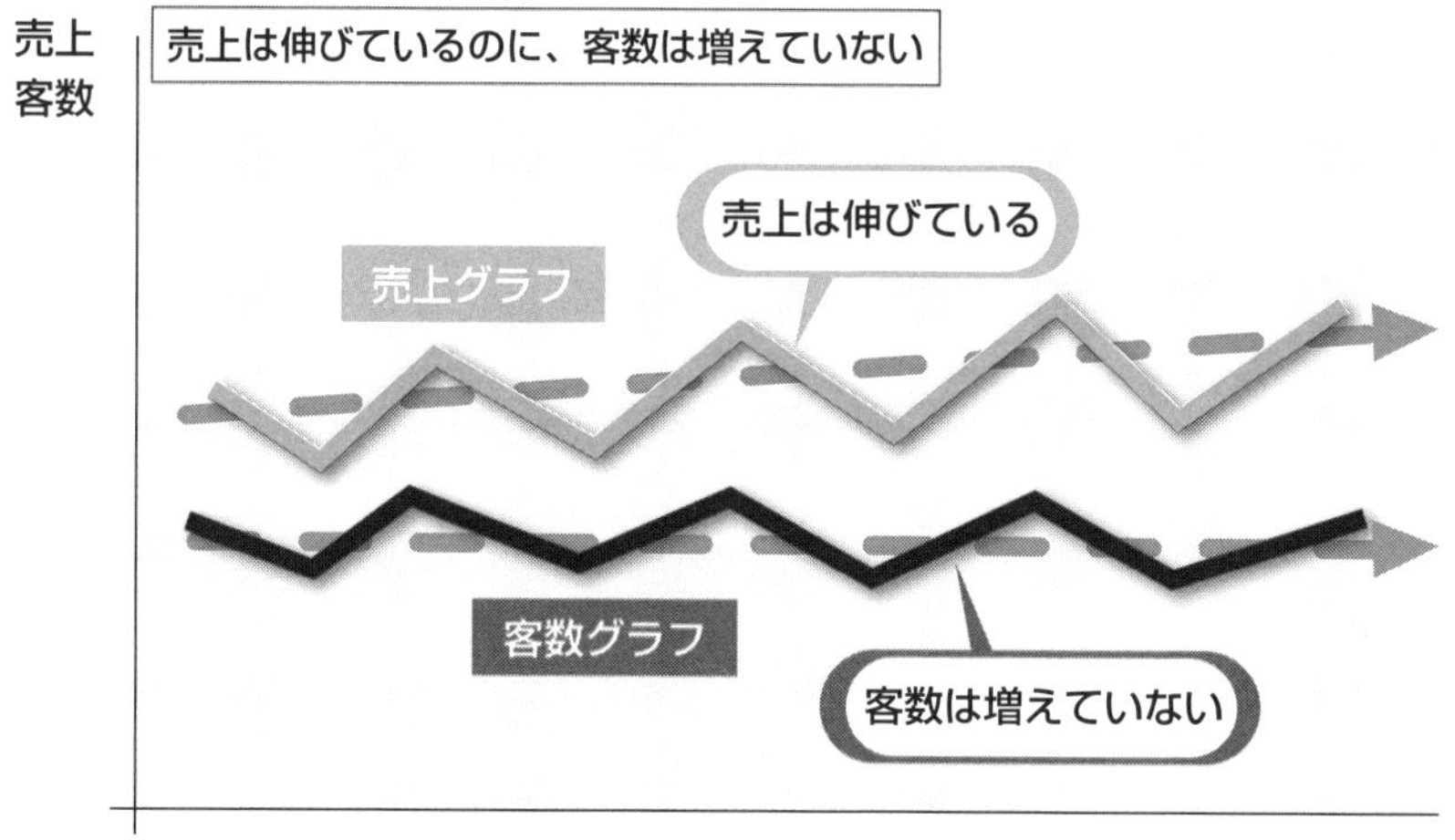

メニュー変更などで売価を変えたために、客単価が上がっていないかどうか注意が必要。客数が増えていない売上増は、しばらくすると客数が減少し、急激に売上も低下する場合があります。

数字だけを見ていては、大きな傾向がわかりません。このほかにも、客単価や１組当たりの売上など、いろいろな数値をグラフ化してみましょう。

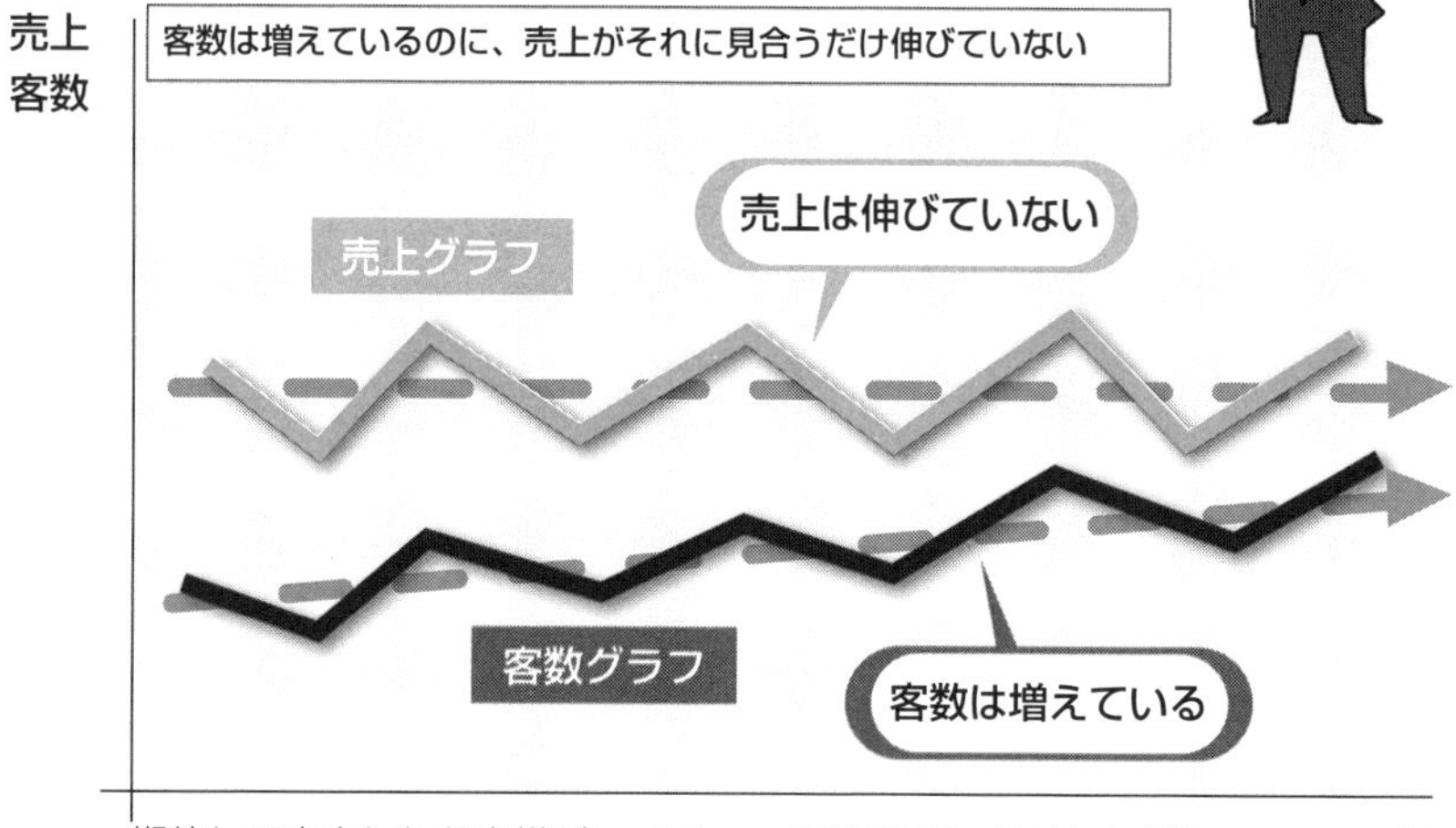

期待して来店したお客様が、メニューに満足できずに注文点数が下がっている可能性があります。そのままでは、やがて客数の伸びが止まり、売上も減少し始めます。

損益計算書で経営状態をチェック

鉄則

損益計算書《そんえきけいさんしょ》の考え方をもとに、飲食店の経営を把握する資料をつくる

経営改善に役立つ資料を作成する

損益計算書というのは文字通り、会社経営の売上や費用から、利益や損失を計算した書類のことです。

損益計算書は会社経営に必要な財務諸表のひとつで、貸借対照表《たいしゃくたいしょうひょう》と並んで、その会社の経営状態を知るための重要な資料です。飲食店にかぎらずどの会社でも、顧問の税理士などが税務処理のために損益計算書や貸借対照表を作成しています。

損益計算書には、売上高、売上原価、売上総利益、販売費および一般管理費などの項目があります。しかし、実は一般的な損益計算書だけでは飲食店の経営にはあまり役に立ちません。

そこで、**損益計算書の考え方をもとにして飲食店の営業を把握し、経営改善に使えるような資料を作成してみましょう。**

営業管理シートで店の経営状況を把握

左ページの営業管理シートを見てください。このシートは、損益計算書の項目をさらに詳しく分類して、**毎月の売上や経費、経費の支払先、売上に対する各経費の割合や前年同月との対比**などをひと目でわかるように整理したものです。

このシートに毎月きちんと各項目を記載していけば、**店の経営状況を知るためのデータが蓄積されていきます。**過去のデータと見比べて、経費の割合を示すパーセンテージがこれまでと違っていたら、何が原因なのかを追及し、改善方法を考えてみましょう。

売上を伸ばすことはもちろん大事ですが、売上には必ず変動があります。毎月の売上の変化に一喜一憂するだけではなく、売上の変化の原因を分析し、その時々の状況に応じて、つねに利益を出せる体制をつくることが重要なのです。

飲食店の経営状態を把握する

損益計算書の項目をさらに詳しく分類し、必要な要素をひと目でわかるように整理します。

損益計算書の項目をさらに詳しく分類しています。

一般的な損益計算書

1 売上高		10,000
2 売上原価		6,500
	（売上総利益）	(3,500)
3 販売費及び一般管理費		2,000
	（営業利益）	(1,500)
4 営業外収益		300
5 営業外費用		500
	（経常利益）	(1,300)
6 特別利益		100
7 特別損失		200
	（税引前当期利益）	(1,200)
	（法人税、住民税及び事業税）	420
	（当期利益）	(780)

飲食店の営業管理シート

月次営業報告書　　店名［　　　　　　　　　　　　］　　　　年　月　日

	当月金額	売上対比	前年金額	前年対比
売上高				
売上原価（1）				
売上総利益（粗利益）				
人件費（2）				
FL コスト（1)+(2)				
経費 A（変動経費）(3)				
経費 B（固定経費）(4)				
経費合計（1)+(2)+(3)+(4)				
営業利益				

売上原価（1）明細

種別	名称	金額
酒類		
青果		
精肉		
乳製品		
魚介類		
パン		
米穀		
飲料		
コーヒー		
乾物		
合計		

変動経費（3）明細

種別	名称	金額
電気		
ガス		
上下水道		
電話		
合計		

人件費（2）明細

種別	名称	金額
社員人件費		
交通費		
パート・アルバイト人件費		
交通費		
合計		

固定経費（4）明細

種別	名称	金額
賃料		
共益費		
レンタル料		
合計		

飲食店経営にかかる税金

鉄則 事業経営者として、減価償却費《げんかしょうきゃくひ》の考え方を知るのは必須

個人の税金と法人の税金の違い

飲食店を開業すると、それまで個人で支払っていた所得税などのほかに、事業所得に対する事業税などを支払わなければなりません。

会社を設立せずに個人事業として開業した場合は、**「個人事業税」**が発生します。

法人（会社）を設立する場合は、法人に対して個人と同じように**「法人税」や「法人住民税」（個人の所得税や住民税にあたる）と「法人事業税」**が発生するほか、経営者自身が個人として「所得税」や「住民税」などの申告も行わなければなりません。

また、課税売上高が1000万円以上の飲食店は消費税の課税事業者になりますから、消費税の申告も必要になります（※欄外参照）。

減価償却費の考えを理解する

法人で経営をするときには、税務の手続きや経理事務などの作業が個人事業に比べて煩雑になります。そのため、税理士などの専門家と契約する必要があるかもしれません。

事業経営者として税金を納める場合に、知っておかなければならないことのひとつが「減価償却資産」の問題です。通常、経営に必要な経費は発生した時点で計上し、その年度内に処理されますが、**店舗や設備・機器などのように、何年ものあいだ使用することを前提に大きな投資をする一部の「資産」については、投資（購入）した年だけではなく、その後の何年かにわたって分割して必要経費として計上**することができます。

このように分割して計上できる必要経費を「減価償却費」と呼び、その資産を「減価償却資産」、計上できる年数を「耐用年数《たいようねんすう》」といいます。「減価償却費」は、「減価償却資産」

※消費税の扱いについては、P14〜15の「巻頭特集６」も参考にしてください。

を購入した翌年以降、実際の支払いが発生していなくても必要経費として計上することができます。

そのため、たとえば同様の資産をリース契約により取得した場合に比べて、税務上のメリットが生まれる可能性があります。メリットの有無は個別の事情により異なりますが、**減価償却費の考え方についてはよく理解しておく必要があるでしょう。**

ココが知りたいQ&A

減価償却ってなに？

店舗や大きな設備・機器など「資産」の一部は、価値が減少します。下がった価値の分を毎年少しずつ費用化していく手続きを「減価償却」といいます。

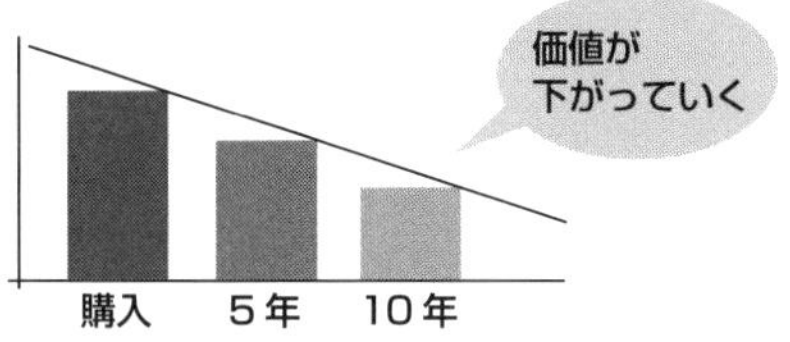

事業所得にかかる税金

個人と法人とではかかる税金が異なります。

個人にかかる税金

	種類	税金の概要	申告手続き等
国税	所得税	所得金額に応じてかかります。	翌年２月16日～３月15日に税務署に申告します。
地方税	個人住民税 ①道府県民税 ②市町村民税	均等額でかかる均等割と、所得金額に応じてかかる所得割からなります。	所得税の確定申告をすればとくに申告の手続きは必要ありません。 東京都の場合は、①は都民税、②は特別区内では特別区民税となります。
	個人事業税	所得金額に応じてかかります。	申告手続きは個人住民税と同じです。

法人にかかる税金

	種類	税金の概要	申告手続き等
国税	法人税	所得金額に応じてかかります。	事業年度終了の日の翌日から２カ月以内に本店所在地の税務署に申告します。
地方税	法人住民税 ③道府県民税 ④市町村民税	資本金の金額や従業員数などに応じてかかる均等割と、当期の法人税額に応じてかかる法人税割からなります。	申告期限は法人税と同じです。 事業所等のある都道府県および市町村に申告します。 東京都の特別区内の会社は都民税となります。
	法人事業税	原則として所得金額に応じてかかります。	申告期限は法人税と同じです。 事業所等のある都道府県に申告します。

※提出期限が土・日・祝日にあたる場合は、翌営業日となります。
※ 2024年４月時点での概要と手続きです。

店舗運営のチェックリスト

鉄則 飲食店は開業がゴールではない

定期的に店舗運営をチェックする

開業とは、長い年月をかけて築き上げていく飲食店経営というビジネスのスタートです。

飲食店経営とは日々の店舗運営の積み重ねです。そうした日々の努力が間違った方向に向かわないためには、**ある一定の基準を設けて、定期的に店舗運営のチェックを行う**必要があります。

飲食店を開業した当初は、店内のすべてに気を配り、つねに最高の状態でお客様を迎えようとするのが当然でしょう。

しかし、時間が経つにつれて、次第に毎日の作業には「慣れ」が生じてきます。そこで、**気づかないうちに商品やサービスのレベルが落ちてくる**可能性があるのです。

人間は、つねに100%の緊張状態を維持し続けることはできません。また、毎日の仕事の中で同じことが繰り返されると、どうしても惰性で作業を行ってしまうという傾向も否定できません。

チェックリストでレベル低下を防ぐ

そうしたときに、**あらかじめ決めておいた項目に従って、客観的にチェックを行う**ために、左ページに掲載したようなチェックリストをつくっておくとよいでしょう。

これは、飲食店の「サービス」と「施設」「商品」に関するチェックリストの抜粋です。

こうしたチェックリストを使って店舗の状況を冷静に確認し、マンネリ化による店舗運営のレベル低下を防いでください。

左ページのチェックリストは、あくまでごく一部の抜粋です。実際にチェックすべき項目はもっとたくさんあるのです。

運営チェックリスト

開業してから時間が経つうちにレベルが低下していかないよう、客観的にチェックをすることが大切です。

項目

■接客の基本
- □ お客様の入店にすぐ気がつくか
- □ スタッフには笑顔があるか
- □ 接客の言葉づかいは正しいか
- □ つねにお客様に気を配っているか
- □ スタッフ同士の私語は気にならないか
- □ 身だしなみに清潔さを感じるか
- □ アクセサリーなどは不適切ではないか
- □ 髪やツメなどの手入れはおこたりないか

■テーブルでの対応
- □ 注文を取るタイミングは適切か
- □ メニューの示し方は適切か
- □ オススメ商品などを案内しているか
- □ 受け答えは感じがよいか
- □ メニュー全般に関する商品知識はあるか
- □ 注文時に商品に対する説明があるか
- □ 商品の取り扱いはていねいか
- □ 商品を出すタイミングや順序には気配りがあるか
- □ 商品を出し終わったときの確認は行われているか
- □ 片づけ方、下げ方は見苦しくないか
- □ お客様の忘れ物に気がつくか、その処理はどうか

→ サービスのチェックリスト

■施設の管理
- □ 店舗の看板等サインは適切に設置されているか
- □ 床は清潔か、壁や天井にホコリやシミなどはないか
- □ テーブルやイス、座布団などはキレイか、定位置に配置されているか
- □ 照明器具は適切に調整されているか
- □ 清掃用具は適切な場所にあるか
- □ 店内の通路によけいなものがないか
- □ トイレには清潔感があるか
- □ 入口扉、ガラススクリーン、ミラーなどはつねに磨いてあるか
- □ 汚れたらすぐに清掃しているか
- □ 施設・設備が壊れたまま放置されていないか
- □ 店内のあちこちにスタッフの私物が置かれていないか
- □ 照明が切れたり、外れたりしていないか
- □ 冷暖房は適切に効いているか
- □ 換気は適切にできているか

→ 施設のチェックリスト

■商品の管理
- □ どんなときでも一定のレベル以上の商品が提供されているか
- □ 食器や調理器具、容器などは清潔か、汚れや破損はないか
- □ 盛り付けの決まりは守られているか
- □ フォークやスプーン、箸や取り皿などのセットはすぐに行われているか
- □ 必要な調味料などが商品の提供前にセットされているか
- □ 商品の提供時間は決まっているか、また守られているか
- □ 汚れたり、破損したりしているメニューブックを使用していないか

→ 商品のチェックリスト

コラム

開業レセプションで最終的な予行演習をする

飲食店の開業に当たっては、経営者の身内や知人、そして店舗の開業にかかわった取引先の方々などを招待して「開業レセプション」を行うのが普通です。実は、この開業レセプションには大きくふたつの意味があります。ひとつはもちろん、やっと開業にこぎ着けた店舗のお披露目と、かかわった多くの人たちへのお礼を兼ねたパーティーということです。もうひとつは、これから始まる店舗営業の最終的な予行演習という意味合いです。

新しくオープンする店の営業は必ず混乱します。開業の前に、どんなに研修やトレーニングを行っても、実際にお客様が来店した状態での営業とは異なります。そのため、経験を積んだスタッフがたとえ何人いたとしても、開業当初の混乱は避けられません。もし何の混乱もなく開業できたとしたら、むしろそれはお客様の数が少なすぎるということで、その後の経営に不安を残す開業といえるかもしれません。

そのため、実際のお客様ではなく、気心の知れた方たちだけを集めた開業レセプションは、現実の営業を想定したトレーニングの総仕上げとして実施すべきなのです。できれば、一部だけでもよいので実際のメニューを提供し、伝票記入やレジ作業なども行いましょう。招いたお客様には、そうしたトレーニングなのだと事前に伝えておけばよいでしょう。無料パーティーとして実施する場合は、レジを打った後、最終的に料金をいただかなければよいだけです。

さらに開業直後の混乱が不安な場合は、「サイレントオープン」という方法もあります。これは、正式な開業より前に何の告知もせずにひっそりと営業を開始するという方法です。開業当初の手際の悪さでお客様に不満を持たれることは、その後の経営に大きく影響するので、こういった開業方法も検討してみましょう。

運営編

第6章

スタッフの育成とプロモーション

スタッフをどうやって優秀な人材に育てるか、お客様にどうやってあなたの店のファンになってもらうか。飲食店経営の醍醐味《だいごみ》です。

店舗経営の将来について考える

鉄則

小規模店舗を守るか、規模拡大を目指すか、将来の経営を踏まえて決定する

スタッフの視点で家族経営を考える

小規模であったり、開業したばかりの飲食店では、家族経営のスタイルが多く見られます。

家族を中心にして、規模拡大を目指さずに、1店舗の飲食店を守っていくような経営を「家業《かぎょう》」とか「生《せい》業《ぎょう》」と呼びます。こうした経営を家族で行うのであれば問題はないでしょう。

しかし、将来は店舗を増やし、会社の規模を大きくしたいのならば、よく考える必要があります。将来の**規模拡大を目指すためには、多くの優秀なスタッフが必要**になるはずです。

本社の事務所で、近親者が経理事務を担当している程度ならよいかもしれませんが、経営者の家族が店舗の現場で働いている場合はどうでしょうか。スタッフの中には気をつかって、言いたいことを我慢して仕事をしている人もいるかもしれません。また、経営者の家族の方にも「自分は経営者のひとりだ」という意識がどこかにあれば、スタッフは本音を言えないかもしれません。

そうした環境で、はたして**やる気のあるスタッフが育ち、定着していくのか**、経営者と家族の顔色を気にするイエスマンばかりにならないか、家族内でよく考えて話し合うべきでしょう。

店舗の将来を考えた経営スタイル

自分の子どもに跡を継がせる経営者も多くいます。そうした会社ではたいていの場合、子どもをいったん外部の企業で教育してもらい、会社の中にも社長の片腕となるような社員が何人も育ってから、あらためて入社させています。**組織づくりは最初が肝心です。**開業時から、将来の計画を踏まえ心がまえやルールを検討してください。

将来を踏まえて経営スタイルを決める

ひとつの店を守っていくのか、規模拡大をしていきたいのか。将来的に目指す方向により、選ぶべき経営のスタイルは異なります。

家族経営の店

規模拡大を目指さず、１店舗の飲食店を家族で守っていくような経営スタイルならば問題はないでしょう。「家業」や「生業」と呼びます。

企業経営を目指す店

将来的には店舗を増やし、会社規模も大きくしたいのならば、雇い入れたスタッフが優秀な人材に育ちやすい店にする必要があります。

ワンポイント

2つの経営パターン

飲食店を経営するといった場合、２パターンの考え方があります。ひとつはプレイングマネジャー、つまり店長として、スタッフと一緒に働きながら経営をするというパターン。もうひとつは、運営は信頼できるスタッフに任せて、オーナーとして経営だけを行うというパターンです。いずれの場合も信頼できる人物を見極めることが大切になります（経営と運営については次ページ参照）。

経営と運営の違いを理解する

鉄則 飲食店の運営は人を見る目とコミュニケーション能力が大切

飲食店の運営の中心は人のマネジメント

店舗を「経営」することと「運営」することとは別の作業です（次ページ参照）。店舗の運営とは、事業として店舗を経営するために、**毎日の営業を具体的にどう行うのか**ということを指します。これを「オペレーション」と呼ぶ場合もあります。

実際に毎日の営業を行うために必要なものは、「人手」です。つまり運営は、**人をマネジメントすることが中心**となります。

飲食店は店舗をかまえたビジネスの中でも、営業時間が比較的長く、その分多くのスタッフが必要になります。

最近は、専門的な一部のレストランなどを除いて、同じスタッフが開店から閉店まで働くというような勤務スタイルは少なくなりつつあります。

また、定期的な店休日などを設けていない場合は、**社員の休日を確保するために、アルバイトなどを活用**して勤務スケジュールを組み立てなければなりません。

開業後のスタッフ管理には要注意！

飲食店の運営方法は、通常の会社のように社員全員が朝出勤し、週末には全員で休むことができる組織とはかなり異なっています。はじめて飲食店を起業する場合、メニューづくりや店づくりの計画が問題なく進んでも、開業後のこうした運営面でとまどってしまうケースは意外と多いのです。

また店舗運営では、**スタッフとの人間関係で大変苦労する場合もあります**。とくに中高年以降の起業者は、若いアルバイトスタッフとの年齢差によるコミュニケーションの難しさも加わってきますので、注意してください。

飲食店の経営と運営は違う

飲食店を経営することと運営すること、この違いを理解しましょう。

飲食店を経営する

オーナーとして店に出資。店舗運営の方針を決めて管理し、利益を得る。法人の場合は社長。

飲食店を運営する

自分もスタッフと一緒に体を動かして、毎日の営業を行いながら、人のマネジメントをする。

ココが知りたいQ&A

経営と運営はどう違う？

店舗の「経営」には「運営」も含まれます。たとえば、会社を設立し法人として飲食店を経営する場合、会社を経営するのは社長であり、店舗の運営をするのは店長ということになります。社長は店長を通じて店舗の運営にも携わりますが、店長は経営を行う立場ではありません。もちろん、社長が店長を兼任する場合は別です。

さまざまな運営方式を知ろう

鉄則 注文・会計などの客席サービスやキッチンの運営方式を検討する

客席サービスを分類する

客席サービスの方式は、**「テーブルサービス」と「セルフサービス」**というふたつに大きく分けられます。テーブルサービスは、飲食店でもっとも一般的なサービスのスタイル。つまり、**来店したお客様がテーブルに着席し、サービス担当のスタッフが客席を回って、料理の注文を取り提供を行う**という方法です。

これに対して、多くのファストフード店などで採用されているのがセルフサービスです。基本は、**来店したお客様がまず販売カウンターで商品を注文し、自分で好きな客席まで運びます。**

セルフサービスには、さらにいくつかの方式があります。たとえば、注文カウンターに商品を並べて、お客様がカウンターの前を移動しながら好きなメニューをピックアップしていく「カフェテリア」方式などがあります。

セルフサービスでも、食べ終わった食器の下膳《さげぜん》作業は店側が行う形態もあります。また、料理の提供はテーブルサービスでありながら、注文は客席に設置されたテーブルオーダー端末からお客様が自分で行うという新しいスタイルも生まれています。

キッチンの運営方法もさまざま

キッチンの運営も、調理職人（料理人）のみ、またはアルバイトのみでも運営できるようにする方法、料理人とアルバイトを組み合わせる方法など、いろいろなスタイルがあります。店舗によっては、一部の作業を専門機器で行い、大幅に人員を削減する手法も採り入れられています。

提供するメニューや価格帯などにより、運営方法や必要な人材のレベルは異なります。開業の計画では、運営方法についても具体的に検討する必要があるのです。

客席サービスのスタイル

飲食店の客席サービスは、テーブルサービスとセルフサービスに分けられます。

客席サービス

- テーブルサービス
- セルフサービス
  - カウンター方式
  - カフェテリア方式

ワンポイント

お会計のスタイルもさまざま

セルフサービスでは普通、商品と引き替えに支払いをします。しかし最近では、注文カウンターで注文と同時に会計を済ませ、受け取りカウンターへ移動して商品を受け取る方式も多く見られます。

テーブルサービスでは退店時にレジで会計をするのが一般的ですが、テーブルで会計する店もあります。また、注文ごとにテーブルで支払いをするキャッシュオンデリバリーという方法もあります。

スタッフをそろえチームをつくる

鉄則

経営者もスタッフを尊重して〝人財《じんざい》〟を活かそう

キッチンスタッフとホールスタッフ

店舗の運営方式が決まれば、どのようなスタッフが必要なのかも決まります。次は運営のためのチームづくりをしていく必要があります。

チームは、**サービスを担当するスタッフ（ホールスタッフ）、調理を担当するスタッフ（キッチンスタッフ）、それぞれの分野の責任者（リーダー）と、店舗全体を統括する店長**というのが最低限必要な構成です。

店長は、調理もしくはサービスのリーダーと兼任でもよいですが、権限は明確にしましょう。キッチンとホールのリーダーが同等の権限を持っている店がありますが、業務の指示を出す責任の所在は明確にしなければならないので、あまりよい方法とはいえません。

運営チームに経営者も参加する

また、運営チームの中に、**経営者もプレイングマネジャーとして参加**する場合は、経営者としてのポジションと、店舗の運営チームとしてのポジションとをきちんと分けて考えましょう。経営者であっても、ほかのメンバーを尊重しなければ運営チームはうまく動きません。

キッチンの人材を獲得するポイント

キッチンで専門の料理人を雇用する場合は、早めに人材を募集しましょう。プロの料理人でよい人材を確保することは難しいので、知人や食材の納入業者など、**さまざまなルートを使って探す**努力をすることをオススメします。

しかし、飲食業の経験なしに、専門の料理人を雇用してコントロールするのはとても難しいので、経営者に飲食業の経験がない場合は、プロの料理人の雇用には十分な注意が必要です。経営者がキッチン内の作業がわからず、口を出せない状態では、飲食店の経営は決してうまくいかないものです。

スタッフを紹介してもらうときのポイント

どうしてもそのようなチーム編成が必要なのであれば、経営者自身が信頼できる知人などから、キッチンのリーダーとなる料理人を紹介してもらうとよいでしょう。その際は、**正当な理由がある場合は解雇することもあると料理人にきちんと了解を得る**ことが重要です。問題があっても解雇しにくいという状況は絶対に避けなければなりません。これは、店長やサービスの経験者を社員として雇い入れる場合も同様です。

リーダーの役割をハッキリさせよう

分野ごとに責任者を決め、責任の所在を明確にしておきましょう。

ホールリーダー

・店長と兼任でも OK

責任の所在はどちらのリーダーにあるのか、明確にしておく

キッチンリーダー

・店長と兼任でも OK
・専門の料理人を雇用する場合には早めに人材募集をする必要がある

ワンポイント

パート・アルバイトは人柄を見て採用する

社員のほかにパート・アルバイト（P ／ A）のスタッフも必要になります。P ／ A を採用するときは、経験値よりも人物本位で選ぶとよいでしょう。「チェーン店などで数カ月アルバイトした」というくらいの経験はさして重要ではありません。新規開業の場合には、他店で働いた経験がかえって邪魔になる場合もあるからです。もちろん、十分な経験があり人柄もよいP ／ A がベストです。

スタッフの募集と採用

鉄則 店舗の支柱となるよいスタッフを集める

求人媒体に頼らずスタッフを集める

飲食店のスタッフ募集には求人媒体が多く使われます。その費用は決してバカにできません。個人店などが大きな費用をかけることは難しいでしょう。

そこで、できるだけ求人媒体などに頼らないスタッフの集め方を考える必要があります。

まず、多くの飲食店が行っている、**「人員が足りなくなったら募集する」という仕組みを考え直しましょう。**

1軒の飲食店がよい人材と出会えるチャンスはごくかぎられています。いま現在、人員が足りているからといって、あなたの店で働きたい人の応募を受け付けないというのは、とてももったいないことではないでしょうか。

よい人材と出会うチャンスを増やす

そもそも、求人媒体によって応募してくる人の目的は「仕事をしてお金が欲しい」ということであって、必ずしも「あなたの店で働きたい」というわけではありません。**あなたの店で「働いてみたい」と思う応募者とできるだけ多く出会うこと**が、よい人材を採用する秘訣ともいえます。

たとえば店内やホームページ上など、費用のかからない範囲で、つねに「働きたい人募集中」と掲示しておくことをオススメします。そうすれば、**よい人材とめぐり会えるチャンスはぐっと増える**のです。

常連のお客様をスカウトしてみる

あなたの店の客層が、あなたの店のスタッフとして働いてもらうのにふさわしければ、お客様に「アルバイトしませんか？」と声をかけてみてもよいでしょう。あなたの店が気に入って来店してくれているお客様は、もっとも有望なスタッフ候補といえるはずです。

ただし、誤解されて変な噂が立つことなどがないように、話しかける「タイミング」や「言葉づかい」「態度」などには十分注意してください。もしも「アルバイトしませんか?」が言いにくければ、「アルバイトしてくれるようなお友達はいませんか?」といった言葉でもよいのです。

どんな景気のときでも、「仕事をしたい」という人はたくさん存在しています。そうした人たちに、あなたの店は魅力的な職場として映るか、考えてみましょう。

よいスタッフを確保するための大前提は、あなたの店に「すでに完成された人材が応募してくるはずはない」と思うことです。**素質のある人材を見つけて、じっくりと時間をかけて育てる**という長期的な姿勢が大切なのです。

よいスタッフを集めるためのポイント

有料の求人媒体などに頼らずに、よいスタッフを集める努力をしましょう。

❶ 面接の第一の目的は「あなたの店で働きたい人」を見つけることです。なぜ、この店に応募したのかなど、いろいろな会話をしてみましょう。もちろん、信頼できる優秀なスタッフが、きちんと昇給できるような給与体系を用意します。

❷ 現在人手が足りないからといって採用基準を甘くすれば、きっと後でもっと大きな問題が生じます。面談で、本人としっかり話をしましょう。店内や店頭で求人を告知する場合には、詳細な条件は記載せず、面接に来てもらうよう誘導します。

❸ 店側が一方的に応募者を選別するのではありません。応募者の側にも、店を選ぶ権利があるということを忘れないでください。面接ではコーヒーを出すぐらいの余裕を見せましょう。

❹「スタッフが楽しく働ける職場」が、スタッフに困らない店の基本条件です。楽しく仕事ができてお金ももらえる店ならば、誰かがまた新しいスタッフを紹介してくれます。

店舗の人材教育

鉄則 スタッフのモチベーションを高める

スタッフの長期雇用が店の利益になる

飲食店がパート／アルバイトの採用にあまり困らなかったのは過去のことです。以前は、雇用したパート／アルバイトが辞めたら、「また募集すればよい」と安易に考えている経営者もいました。しかし、せっかく時間をかけて仕事を覚え、店の顧客とも顔なじみになったスタッフが辞めてしまうことは営業上、大きな損失です。また、新たなスタッフを採用し教育するコストもかかります。

採用し育て上げたスタッフが、長期間にわたって働いてくれることが店の利益にもつながるということを忘れないでください。

当初は皆「やる気」を持っている

しばしば、「ウチのスタッフにはやる気が感じられない」となげく経営者の声を耳にすることがあります。しかし、応募してきたパート／アルバイトのスタッフが、最初から「やる気」のない人のはずがありません。経営者も、「やる気」のない人を採用しないはずです。

当初は皆「やる気」を持っていたはずの**スタッフがなぜやる気を失ってしまうのか、そのことを真剣に考えること**が優秀なスタッフを育成する第一歩です。

「やる気」のことを、経営用語では「モチベーション」または「モラール」といいます。個人としての「やる気」が「モチベーション」で、チーム全体としての「やる気」が「モラール」です。

スタッフ教育はモチベーションの把握から

スタッフ教育は、入社したばかりでモチベーションの高い時期に行うことが重要です。やる気があるときに、いろいろなことをどんどん教えて作業レベルを高めることで、本人にも自信がつきます。

しかし、決して作業を押しつけてはいけません。「教育」というのは「いろいろやらせること」ではなく「やりたい気持ちを維持させること」なのです。そのためには、つねに「やってみたいけど、まだ任せてもらえない仕事」を残しておくことが重要です。

接客であったり、調理であったり、会計作業であったり、やってみたいと思っている仕事は、それぞれのスタッフによって違っています。

そうした**各人のモチベーションを把握して、少しずつ任せる仕事の範囲を広げていく**ことが、スタッフのやる気を持続させる秘訣です。

育成したパート／アルバイトの中から優秀な人材を正社員として登用すれば、特別に社員の募集を行う必要もなく、将来の経営幹部を確保することが可能になるでしょう。

スタッフを教育する

スタッフのモチベーションを高める教育を行いましょう。

キッチントレーニング

やる気のあるスタッフには、技術を高めるために仕事を与えましょう。

接客のロールプレイング

MENU

お客様と対話ができるようになると、よりやる気が増します。

やる気のあるときにいろいろなことを教え吸収させることで、スタッフは自信がつくはずです。

スタッフミーティング

スタッフの意見を聞く機会を定期的に持ち、やる気を引き出しましょう。

勤務シフトを組む

鉄則 状況に合わせて、適正な人数のスタッフを配置する

スタッフの適正人数を判断する

飲食店のスタッフの適正人数は、難しい問題です。一般に、客席10席に対して1名程度のスタッフが適正といわれていますが、これは店舗の状況によって変わってきます。

また業態や、店内のレイアウトによっても必要な人数は大きく異なります。キッチンが完全に分離されたレストランに比べて、オープンキッチンの店では比較的少人数で済みますが、カウンターとキッチンが分かれている店、2フロアにまたがった店、死角の多い内装の店では多めのスタッフが必要になります。そのため、**最適人数は実際の営業の中で判断していく**必要があります。

飲食店の社員スタッフの勤務体制

飲食店では、**営業時間の長さから勤務形態が変則的になりがち**です。

ランチタイムとディナータイムのみの営業を行う専門レストランの場合、社員スタッフは通常、開店前の準備時間に出勤し、閉店後に店じまいをするまでが1日の勤務です。ランチタイム後からディナータイムまでの時間を自由時間とすることで長時間労働を避けるようなシステムになっていますが、ほとんど一日中拘束されるため、飲食店の勤務はきつい労働とされてきました。今でも、プロ料理人が中心の専門レストランの多くはこうした勤務体制です。

もっとも多いスタイルは勤務シフト制

専門レストラン以外の多くの飲食店では、早番、遅番のように**出勤時間をずらした「勤務シフト制」**を採るのが普通です。開業準備の段階から出勤して早く退社するのが「早《はや》番《ばん》」、午後から出勤して最後まで勤務するのが「遅番《おそばん》」、途中で出勤し途中で退社するのが「中番《なかばん》」です。「勤

務シフト制」とはもともと、ひとりのスタッフが早番や遅番など勤務時間をずらし（シフトする）ながら交代でローテーションする勤務体制のことを指します。

　飲食店では、夜だけ働く遅番専門の勤務なども含めて、**勤務スケジューリングのことを「勤務シフト」と呼んでいます。**勤務シフトは、飲食店の時間帯による忙しさの状況に合わせて、最適な人員配置を行うために組み立てられます。

　専門レストランのような勤務体制の場合は、店の売上にかかわらず人員の配置は一定です。しかし、多くの飲食店では、パート／アルバイトを中心に勤務シフトを組み人員配置を行うことで、忙しい時間帯には多くのスタッフを投入しながらも、人件費を適切に抑えることができるようにしています。

勤務シフト表のサンプル

効率のよい人員配置を行いましょう。

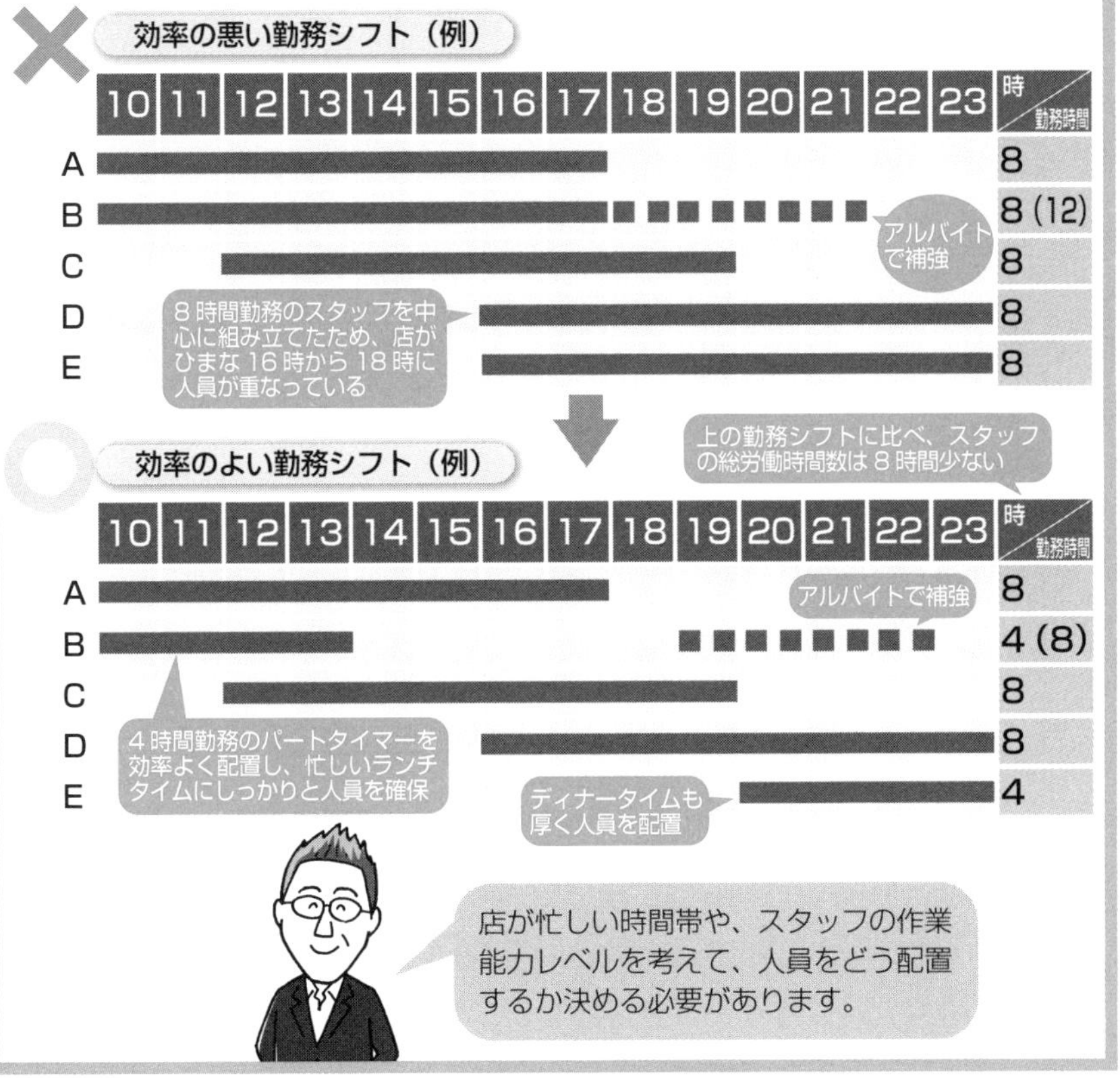

効率の悪い勤務シフト（例）
10 11 12 13 14 15 16 17 18 19 20 21 22 23
時
勤務時間
A 8
B 8 (12)
C 8
D 8
E 8
アルバイトで補強
８時間勤務のスタッフを中心に組み立てたため、店がひまな16時から18時に人員が重なっている
上の勤務シフトに比べ、スタッフの総労働時間数は８時間少ない
効率のよい勤務シフト（例）
10 11 12 13 14 15 16 17 18 19 20 21 22 23
時
勤務時間
A 8
B 4 (8)
C 8
D 8
E 4
アルバイトで補強
４時間勤務のパートタイマーを効率よく配置し、忙しいランチタイムにしっかりと人員を確保
ディナータイムも厚く人員を配置
店が忙しい時間帯や、スタッフの作業能力レベルを考えて、人員をどう配置するか決める必要があります。

マニュアルのつくり方

鉄則 デジカメを使って簡単に必要なマニュアルをつくる

マニュアルは店舗運営の仕様書

マニュアルとは、**決められた「手順」や「操作方法」「分量」などについて、誰もが間違えないように文書にまとめたもの**のことを指します。

店舗運営の場合でいえば、作業のやり方をまとめた「仕様書」のようなものです。

パート／アルバイトも含めて、何人ものスタッフが時間帯に分かれて働くことが多い飲食店では、**つねに一定のレベル以上の商品やサービスを提供するために**マニュアルは必要です。

「うっかりミスが多い作業」や「たまにしかやらないので、ついやり方を忘れてしまう作業」、そして「数値の間違いが多い作業」などがマニュアルを作成すべき作業となります。

ちなみに、「店のスタッフが、決められた接客用語しか話せない」といったいわゆる「マニュアル人間」のような問題が発生したとしたら、それは教育とトレーニングの仕組みが原因で、マニュアルのせいではありません。

簡単にマニュアルを作成する方法

デジタルカメラとパソコンがあれば、マニュアルは簡単につくることができます。

マニュアルは、目次をつくってイチから順番につくるものではありません。**マニュアルが必要な作業に気づいたら、そこでその作業のマニュアルをつくればよいのです。**

たとえば、開店時や閉店時に電気器具のスイッチの入れ忘れ、切り忘れが多ければ、その場所の写真を撮りましょう。そして、どのスイッチを、どの順番で入れれば（切れば）よいのかを書き込んでおきます。

あるいは、調理や仕込みの手順にミスが多いなら、その手順を写真に撮り、番号を振って分量や時間などを書き込みます。

マニュアルの例（窓拭きの場合）

マニュアルをつくるには、まず作業の正しい「やり方」や「結果の状態」をデジカメで撮影します。パソコンの文書作成画面に写真を貼り付けて、そのわきに説明などを付け加えます。

①窓ガラスに洗剤溶液を付けます

②隅のほうから左右に洗剤を取ります

③１回ごとにブレードを拭き取ります

④上から下へ一気に引き下ろします

⑤窓の桟《さん》はしっかり拭き取ります

⑥最後に曇りがないようにカラ拭きします

つくったマニュアルは、丈夫な紙に印刷してバインダーに綴《と》じ込んでおきます。順番などはかまわなくてOKです。
マニュアルの枚数が増えてきたら、番号を振って目次をつくります。

こうしたマニュアルはどんどん改良されていくもの。つねに追加修正が可能なように、管理する番号の振り方には注意が必要です。

ハウスルールをつくる

鉄則 スタッフにどのような姿勢で働いてほしいのかを明確に伝える

ハウスルールは開業前に決めておこう

飲食店のマニュアルのひとつに「ハウスルール」があります。

ハウスルールとは、その店で働く人が守らなければならない共通のルールのことです。

マニュアルは、その店の仕事をする上で知っておくべき「方法」や「その基準」を記したものですが、**ハウスルールとは、その店で働く上での基本的な「姿勢」や「考え方」を示すものです。**

小規模な飲食店で「ハウスルール」を明確に文書化しているところは少

ハウスルールづくりの考え方

ハウスルールをつくる上での基本的な考え方を例示します。

【1】チームで働くためのルール

経営者（オーナー）や店長、社員、パート／アルバイト（P ／ A）など、それぞれの立場の違いを説明しておくことが重要です。「立場の違い」とは「仕事上の責任範囲の違い」のことであり、それが「決定権の違い」につながるということを理解してもらいましょう。

こうしたことをきちんと説明すれば、「なぜ上の人の指示を守らなければならないのか」という理由が納得してもらえるはずです。

同時に、スタッフ同士やスタッフから店側に対して自由に意見を言えるような職場環境づくりも重要です。何か問題が起きたら皆で話し合うこと、また定期的にミーティングの場を設けることが大切です。ストレスをためない、風通しのよい組織づくりが、スタッフのやる気を引き出します。問題を見つけたときに、「見て見ぬふりをしない」という姿勢がもっとも重要です。

ないようです。

たとえば下に示したようなな基本に従って、ハウスルールづくりをしてみることをオススメします。

ハウスルールが必要な理由は、店側が、**スタッフにどのような姿勢と態度で働いてほしいのかを明確に伝える**ことにあります。

そのためには、スタッフを採用する時点でハウスルールを提示できなければなりません。ですから、作業マニュアルは店舗の開業後につくってもかまいませんが、ハウスルールは開業以前に決めておかなければならないのです。

はじめにしっかりとルールを決め、採用時にきちんと説明して全員が納得していることで、「そんなことは聞いていなかった」といった無用なトラブルを避けることができます。

【2】時間に関するルール

何人ものＰ／Ａが働く飲食店では、時間に関するルールがとても重要です。時給で働くＰ／Ａは、原則として時給が発生する時間のみに仕事の責任が発生しますから、Ｐ／Ａは、まずその決められた時間に出勤するということが、第一に守るべきルールです。

また、シフト勤務制の飲食店では交代要員であることも多いので、事前に連絡がなく出勤時間に遅れた場合は他のスタッフにも迷惑がかかります。優秀なスタッフであれば「多少の遅刻は大目に見たい」という気持ちはわかりますが、それをすれば不公平感が出て店内のチームワークが乱れます。

まず遅刻に関するルールを明確にし、店内にタイムレコーダーを置いて勤務時間の基準とするなど、人によって対応を変えたりせず事務的に判断することで、全員にとって公正な職場になるよう心がけましょう。

【3】お金に関するルール

金銭に関するトラブルはしばしば大きな問題に発展しがちです。それを防ぐには、金銭に関するルールをきちんと決めておく必要があります。

金銭問題に対しては、「問題が起きた原因を追及する」ことと「金額の多い少ないによって態度を変えない」ことが大切です。店側が、「1,000円のトラブルは曖昧に済ませるが、1万円のトラブルは厳しく追及する」というような姿勢だと、スタッフの側も「金額が重要なのだ」と考えて問題の原因を追及しなくなります。金銭トラブルで原因を追及する目的は、「なくなったお金を取り戻すこと」ではなくて、「今後、同じ問題を発生させないため」だということを全員が理解しなければなりません。そのため、むやみに犯人探しをするようなことはせず、店のスタッフ全員で問題を共有し、同じトラブルが起きない方法を考えましょう。

クレームの対応

鉄則 クレームを怖がらず、チャンスととらえる

お客様の気持ちを変えるクレーム対応

営業中にトラブルやクレームが発生することを、完全に避けることはできません。

苦情を受けるのは誰しも嫌なものです。しかし、**クレーム処理の基本は「苦情を受けた店側の対応次第で、お客様の気持ちを変えられる」ということです。**

ミスや失敗も、事後の処理次第で、逆にお客様に好感を持っていただく要素にもなり得ます。

クレームが大きな問題になるのは、下表のような場合などです。

クレームから大きな問題になる場合

クレームは対応次第では大問題に発展してしまうこともあるので注意しましょう。

① 店側に明らかなミスや落ち度がある場合

まずお客様に謝りましょう。そして、そのミスによってお客様にどのような損害があったのかをハッキリ確認し、どのように償うのかをすばやく決めます。

② お客様の要望や苦情に対する対応に問題があり感情的になってしまった場合

こじらせてしまったスタッフよりも、立場が上の人間が対応する必要があります。

③ 理不尽な要求をするお客様（いわゆるクレーマー）の場合

クレームの発端となった件についてはお詫びをしつつ、理不尽な要求には応じない姿勢が大切です。

トラブルの対処法は事前に決めておこう

クレームは対応次第で大きな金銭トラブルになることもあります。３つの例を紹介します。

①「傘立てに入れておいた傘がなくなった」という苦情に、「同じ傘を買って領収書を持ってきてください」と対応したら、高級ブランドの数万円の傘だった。

②成人の日に来店した女性客の振り袖に、ソースをこぼしてシミを付けてしまった。「祖母の着物を仕立て直した大事な品で、お金では買えない」と、店内で泣き出されてしまった。

③宴席の予約をうっかりダブルブッキングし、後から来たお客様が「大事な取引先の接待だ。訴える」と怒り出してしまった。

　こうした金銭に絡むトラブルの対処ルールは事前に決めておきましょう。お客様からのクレームは、自店の弱点を知るよい機会でもあります。

　クレームとは、本来は「苦情」というより「要望・要求」という意味です。**「お客様が店に期待しているからこそクレームがある」**と考えて、クレームを自店の改善に活かすことを考えましょう。

　そのためには、まずお客様の声をスタッフ全員で共有すること。店側の対応によって**クレームを好感に変えることができれば、逆に新しい顧客をつかむことにつながる**のです。

クレーム処理の基本

トラブルにならないための基本ルールを決め、スタッフ全員で共有します。

①あわてたり、その場しのぎの対応になったりしないように、事前にクレーム処理のマニュアルをつくっておきます。

②必ずその場にいる最高責任者が対応しましょう。責任者がいるのにアルバイトに対応させたりしてはいけません。

③トラブルや苦情が発生した時点ですぐに責任者に報告する。スタッフが自分だけの判断で処理しないことが重要です。

④発生したトラブルやお客様からのクレームは、事後にスタッフ全員で共有してください。

⑤「怒られると嫌だからクレームがあったことを隠してしまう」ようなムードをつくらないことが大切です。

クレームは、お客様への対応次第。大きな問題になることもあれば、逆に好感に変えることもできます。

お客様を増やすプロモーション

鉄則 飲食店にとってもっとも重要なプロモーション活動とは何かを知ろう

大きく4つの段階に分けて考える

プロモーションとは、宣伝・広告やPR、販売促進などの活動すべてを指す言葉で、マーケティングの分野のひとつです。

飲食店を開業したのちに、店舗の売上を伸ばし、経営を安定させるためには、来店するお客様の数を増やさなければなりません。そのために必要なのが、お客様を増やすためのプロモーション活動です。

まず、飲食店が来店するお客様を増やしていく上で、いくつかのプロセス（段階）があることを理解してください。なぜなら、お店の存在をまったく知らない人が、いきなり常連客になることはないからです。具体的には、次の4つのプロセスを区別して考える必要があります。

①認知のプロセス…多くの人にお店を知ってもらう。
②集客のプロセス…知った人に来店してもらう。
③再来店のプロセス…来店したお客様にまた来てもらう。
④固定客化のプロセス…お店のファンになってもらう。

多くの人は、この4つのプロセスを区別せず、ひと括りにしてしまっています。しかし、**店側が行うべき活動や利用するツールは段階ごとに異なります。**つまり、①～④のプロセスでそれぞれ目的を達成することができて、はじめて最終的にお店のファンになってくれる固定客を増やすことができるのです。それぞれのプロセスごとの考え方や利用するツールについては、次ページ以降で説明します。

また、プロモーションとはお客様を増やすことだけが目的ではありません。お店が必要なときに売りたい商品を売り込むことを目的としたり、お店のイメージアップを目的としたプロモーションなどもあります。そうしたほかのプロモーションについては、P212以降で説明しています。

飲食店のお客様を増やすプロモーション活動のプロセス

お客様を増やすプロモーション活動では、４つのプロセスを区別して考えることが重要です。各プロセスの目的ごとに、ツールや手法が異なることを理解しましょう。

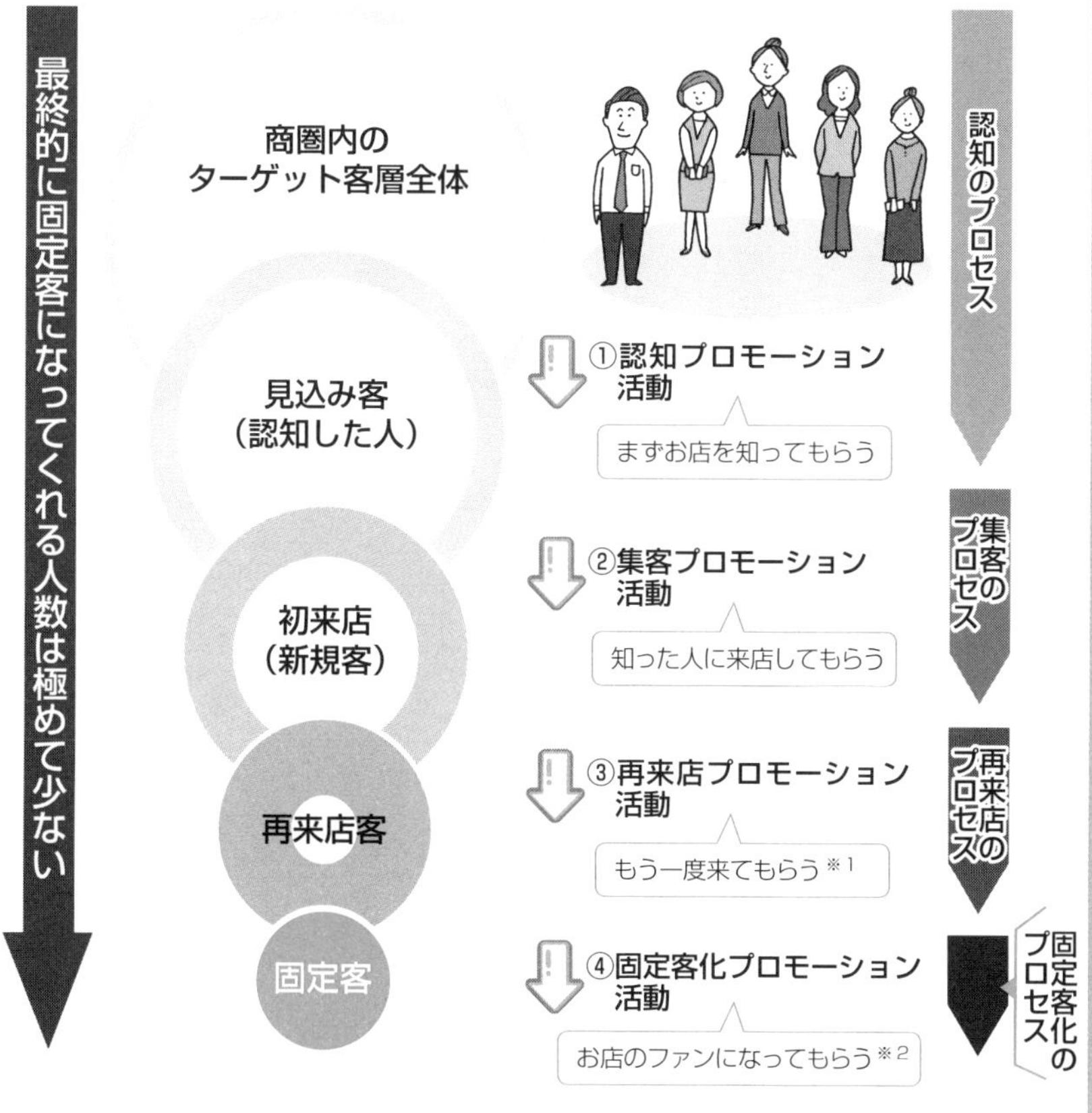
最終的に固定客になってくれる人数は極めて少ない
商圏内のターゲット客層全体
見込み客（認知した人）
初来店（新規客）
再来店客
固定客
認知のプロセス
①認知プロモーション活動
まずお店を知ってもらう
集客のプロセス
②集客プロモーション活動
知った人に来店してもらう
再来店のプロセス
③再来店プロモーション活動
もう一度来てもらう※1
固定客化のプロセス
④固定客化プロモーション活動
お店のファンになってもらう※2

※１：一般に、新規のお客様が再来店する比率はとても低いと言われている。
※２：通常、再来店以後は、来店回数が増えるほど、再来店する比率が高まる。

ココが知りたいQ&A

プロモーションと販売促進は違うの？

飲食店の集客や売上向上には、販促（販売促進）という言葉がよく使われます。しかし、販売促進とは本来、来店したお客様に対して店内で行う営業活動のことを指すため（P212 参照）、本書では、プロモーションと販売促進は区別して説明しています。

認知のためのプロモーション

鉄則 より多くの人たちに、あなたのお店を知ってもらおう

知らない飲食店には入りにくい

お店を認知してもらうこと、つまり、**あなたの店の存在を知ってもらうことの重要性**は、意外と知られていません。しかし、あなたがお客様の立場だと思って考えてみてください。それまで、その店がそこに存在していることすらまったく知らなかった飲食店に、何の予備知識もなく、いきなり入店するという可能性はどのくらいあるでしょうか。

駅ビルやショッピングモールの中にある店であれば、そのような可能性もあるかもしれません。それでも、その近くによく知った有名チェーンの店があれば、そちらを選ぶ場合が多いのではないでしょうか。

店内に入って何も買わずに出てくることができる小売店と違って、飲食店は入口を入った時点でお客になります。ですから、知らない飲食店に入店する心理的なハードルはとても高いのです。

ターゲット客層に認知してもらおう

もちろん、お店を知ってもらったからといって、来店してもらえるかどうかは、まだわかりません。しかし、店舗を知ってもらう認知のプロモーションとは、あなたの店の「見込み客」（来店する可能性のある人）を増やす活動なのです。新しいお客様に来店してもらうためには、まず、より多くの人に店を知ってもらうことが大前提になります。

認知のプロモーションで重要なのは、お店のターゲットである客層に認知してもらうことです。もし仮に、あなたの店がおもに主婦層をターゲットにしているとしたら、どんなに多くの学生に知ってもらっても、あまり意味がないでしょう。**より多くのターゲット客層に知ってもらうために、手法やツールを選ぶ必要があるのです。**

まず、お店を知ってもらうことからスタート

認知のプロセスでは、あなたの店が、「何という名前の店か」「どこにあるのか」「何が売り物なのか」「どのようなときに利用すると満足できる（楽しい・便利な）店なのか」などを知ってもらうことが目的となります。また、「よりよい印象を持ってもらう」といったイメージも重要です。

ココに注意！

なぜ認知してもらうことが重要なのか？

多くの人は、はじめて見た飲食店にいきなり入ってみるようなことは、めったにしません。例外としては、たとえばラーメンが大好きで食べ歩きをしているような人が、いままで知らなかったラーメン店を見つけて入ってみる、というような場合ぐらいです。はじめての飲食店に入る場合、少なくとも、その店がそこにあることはすでに知っているのが普通です。

また、店側が思っているほど、お店の存在は知られていないものです。実際に、何年もその場所で営業しているのに、「ここに、こんな店があるとは知らなかった」と言って来店する人は決して少なくありません。

認知プロモーションのツールと手法

鉄則

プロモーションツールの特性を把握し、うまく活用すること

多くの人に存在を知らせるためのツール

実際のプロモーション活動では、P192で説明したそれぞれのプロセス（段階）によって、利用するツールが異なります。**認知プロモーションの目的は、まだ自店を知らない人たちに自店の存在を知ってもらうこと**です。そのためには、次のようなツールが有効です。

ツール① サイン

店舗の看板や懸垂幕《けんすいまく》、ノボリ、ポスターなど、「店舗の存在」や「どのような店舗なのか」を知らせるツールがサインです。独立した建物の店舗なら、店舗自体がサインにもなります。

対象となるのは、サインが設置された道路を通行する人たちですが、それを見た人がみな来店するわけではありません。つまり、サインはおもに「集客」よりも「認知」を目的としたものなのです。ターゲットとなる客層が店の周辺を多く通るほど、サインの効果は高くなります。

ツール② 有料広告

有料広告は、認知を広げるためのツールというよりも、**店のイメージや知名度を維持するため**のツールです。新規開業する個人店が多額の費用を払って広告を出しても、大きな効果が得られるとはかぎりません。

ツール③ パブリシティ

パブリシティとは、有料広告ではなく、**記事として雑誌や新聞、テレビ、Webサイトなどのメディアに掲載されること**を指します。

グルメ情報は、さまざまなメディアに掲載されているので、個人店でも工夫次第でパブリシティを効果的に活用できます。パブリシティは、掲載される内容によって集客の効果も見込めます。

ツール④ 口コミ

インターネットの発達により、口コミはすばやく広い範囲に知れわたるようになりました。口コミは本来、

簡単にコントロールできるものではありません。しかし、ネット上の口コミは店側から情報発信することも可能です。

詳しくは、インターネットを活用したプロモーションを参考にしてください（P216参照）。

ワンポイント

プレスリリースをインターネットで

パブリシティを活用するには、多くのメディアに向けて**効果的な「プレスリリース」を発信する**ことが必要です。近年では、インターネットを使ってメディアに「プレスリリース」を配信してくれるサービスが低価格で利用できるようになりました。個人店でも、工夫次第でメディアに記事として掲載される可能性が高くなったのです。

パブリシティ活用のイメージ

パブリシティとはメディアに記事として紹介されることをいいます。認知、プロモーション効果が期待できます。

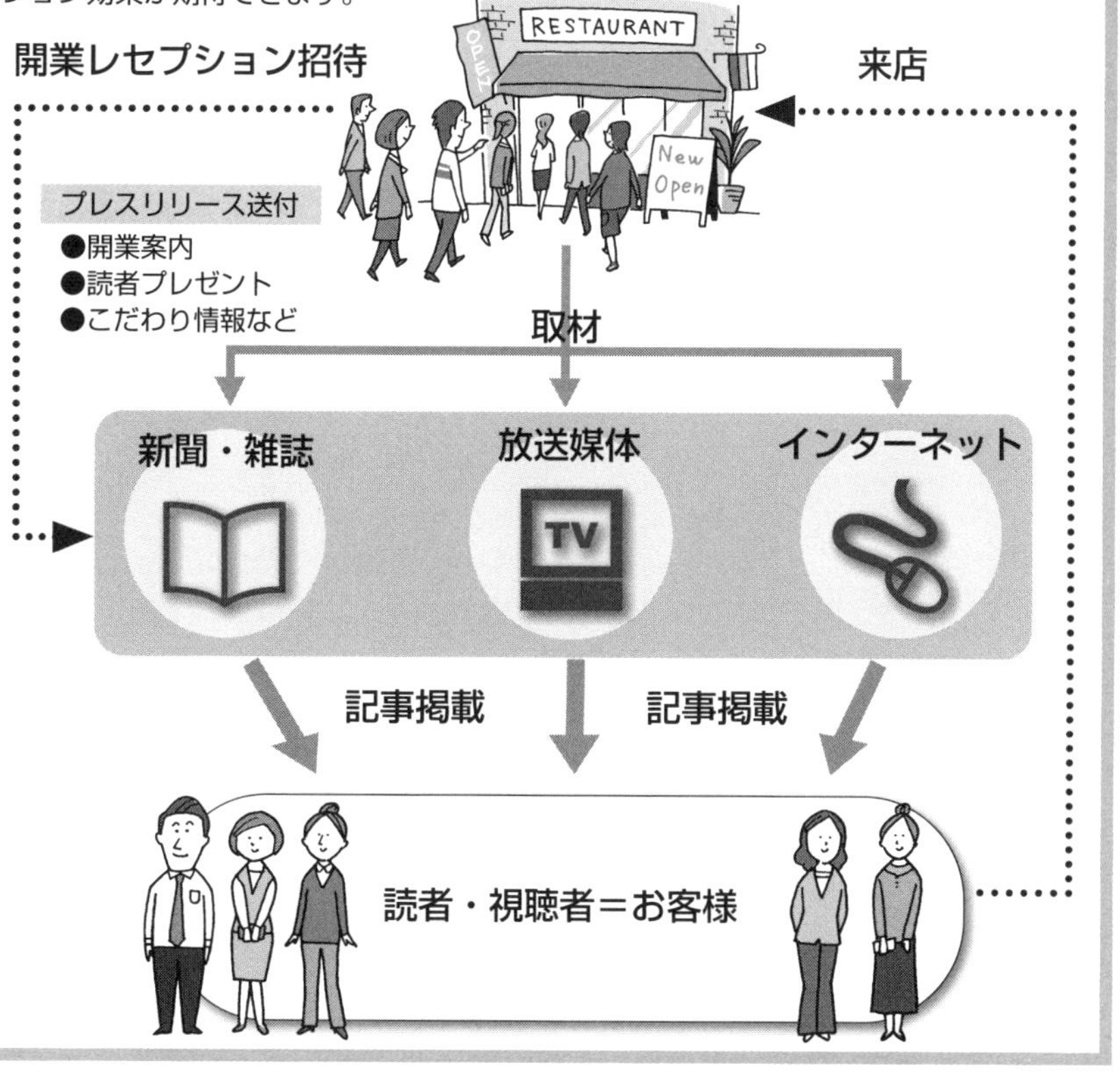
開業レセプション招待
RESTAURANT
OPEN
New Open
来店
プレスリリース送付
●開業案内
●読者プレゼント
●こだわり情報など
取材
新聞・雑誌
放送媒体
TV
インターネット
記事掲載
記事掲載
読者・視聴者＝お客様

集客のためのプロモーション

鉄則 お店を知った人たちに来店してもらおう

認知と集客は、つねに区別して考える

集客のプロセスでは、お店の存在を認知してもらった人に、実際に店舗へ来店してもらうためのプロモーション活動を行います。

P194で説明したように、多くの場合、まったく知らない飲食店にいきなり入店するというハードルはとても高いものです。つまり、お店に来店してもらう目的で行う**集客のプロモーション活動は、すでにお店を知っている人を対象にして行うほうが効果的**だということです。ですから、プロモーション活動では認知と集客を分けて考えることが大切なのです。

しかし実際には、認知と集客の両方を同時に狙ったプロモーション活動が行われることはよくあります。たとえば、店舗の外で割引クーポンの付いたチラシを配ったりするようなことがそうですが、そういうときも、**配る相手がすでにお店のことを知っている場合と知らない場合では、チラシの効果は変わってくる**でしょう。

集客のプロモーションは見込み客を狙う

たとえば、あなたが駅前などでクーポン付きのチラシを受け取ったとき、それがあなたのよく行く店のクーポンだったなら、きっと「近いうちに使おう」と財布にしまうに違いありません。けれども、新しくできたばかりの、まったく知らない店だったとしたらどうでしょうか。おそらく、あなたがそのクーポンを使うかどうかを決めるのは、その店を調べたりして、店についてある程度知ってからではないでしょうか。

このような集客を目的としたクーポン付きチラシの配布を「販促」と呼んでいる例は多く見られます。しかし新しく開業した店の場合、実際にはチラシを受け取った人の多くは

その店を知らないので、こうした「販促」は思いのほか効果を発揮しない場合があります。

まだ来店したことはないが、あなたの店のことは知っていて、多少なりとも興味は持っている。そうした来店の可能性が高い人たちのことを一般に見込み客と呼んでいます。**集客のプロモーションは、見込み客に向けて行うほうが効果的**だということはおわかりでしょう。

グルメサイトは条件検索によって自分の行きたい店を見つけるサービスですから、**グルメサイトであなたの店を検索した人は見込み客**です。しかし、グルメサイトでは同時に多数の競合店が表示されますから、その中で選ばれるためのハードルは高くなります。ツールにはそれぞれ一長一短があり、上手に活用しなければなりません。

認知と集客の両方に使えるグルメサイト

グルメサイトは、検索により店舗を知ってもらうこと、クーポンで集客を狙うことの両方がひとつで可能になるツールです。上手に使いこなしましょう。

ココが知りたいQ&A

集客のプロモーションが必要ないお店もある？

集客に苦労している飲食店はたくさんあります。しかし一方で、わかりにくい場所にありながら、お客様を集めている飲食店もあります。もし、お店に十分な魅力があれば、その魅力が口コミなどで伝わるだけで、一定のお客様は来店してくれるでしょう。店舗の存在だけではなく、そのセールスポイントをしっかり伝えることができれば、集客のプロモーション活動を積極的に行わなくても、お客様のほうから進んで来店してくれる可能性が高くなります。

集客プロモーションのツールと手法

鉄則 店舗をすでに知っている「見込み客」に来店をうながす

集客に効果があるかどうかを見極める

集客プロモーションのポイントは、**すでに店舗の存在を知っている人たちに向けて、できるかぎり具体的に来店をうながす工夫をすること**です。まだ来店したことがない見込み客の気持ちを考えて、どのツールを、どのように活用すれば集客に効果があるか、よく検討して実施しましょう。

ツール❶ チラシ

チラシは、もっともよく知られた飲食店のプロモーションツールです。誰にでもわかりやすく、使いやすいツールですが、**効果を上げるためには少し工夫が必要**になります。単に新規オープンを告知し、クーポン券を付けるというだけではなく、後述の店内イベントやキャンペーンなどを企画するなど、店の特長を上手にアピールしましょう。

集客のためのチラシの配布は、プロモーション全体の計画をしっかり立てた上で、必要に応じて実施することが大切です。その場しのぎの集客を狙って、安易にクーポンなどが付いたチラシをまくことは、あまりオススメできません。

ツール❷ 有料広告

有料の広告で集客に効果があるのは、インターネットを利用したものです。グルメサイトやSNS、スマートフォン向けのアプリなど、さまざまなツールがありますが、まずは無料のサービスに登録したり、**自分でユーザーとして利用してみて、しっかり使いこなせるようになることが大事**です。グルメサイトやモバイルアプリのクーポンは、狙い目を外さなければ、それなりの効果が見込めます。宴会やパーティーの予約、ランチなどのように利用のポイントをはっきり絞ったクーポンのほうが効果があります。有料のツールを利用する場合は、費用対効果をよく検討して、目的に沿った無理のない方法

グルメサイト

グルメサイトとは、おもにインターネットで飲食店の検索サービスを提供するサイトを指します。グルメサイトは、うまく活用すればそれなりの効果を得られます。さまざまなサイトをよく検討し、できるかぎり活用しましょう。有料のサービスを利用して費用をかける前に、まず基本的な機能を十分に使いこなすことが大切です。

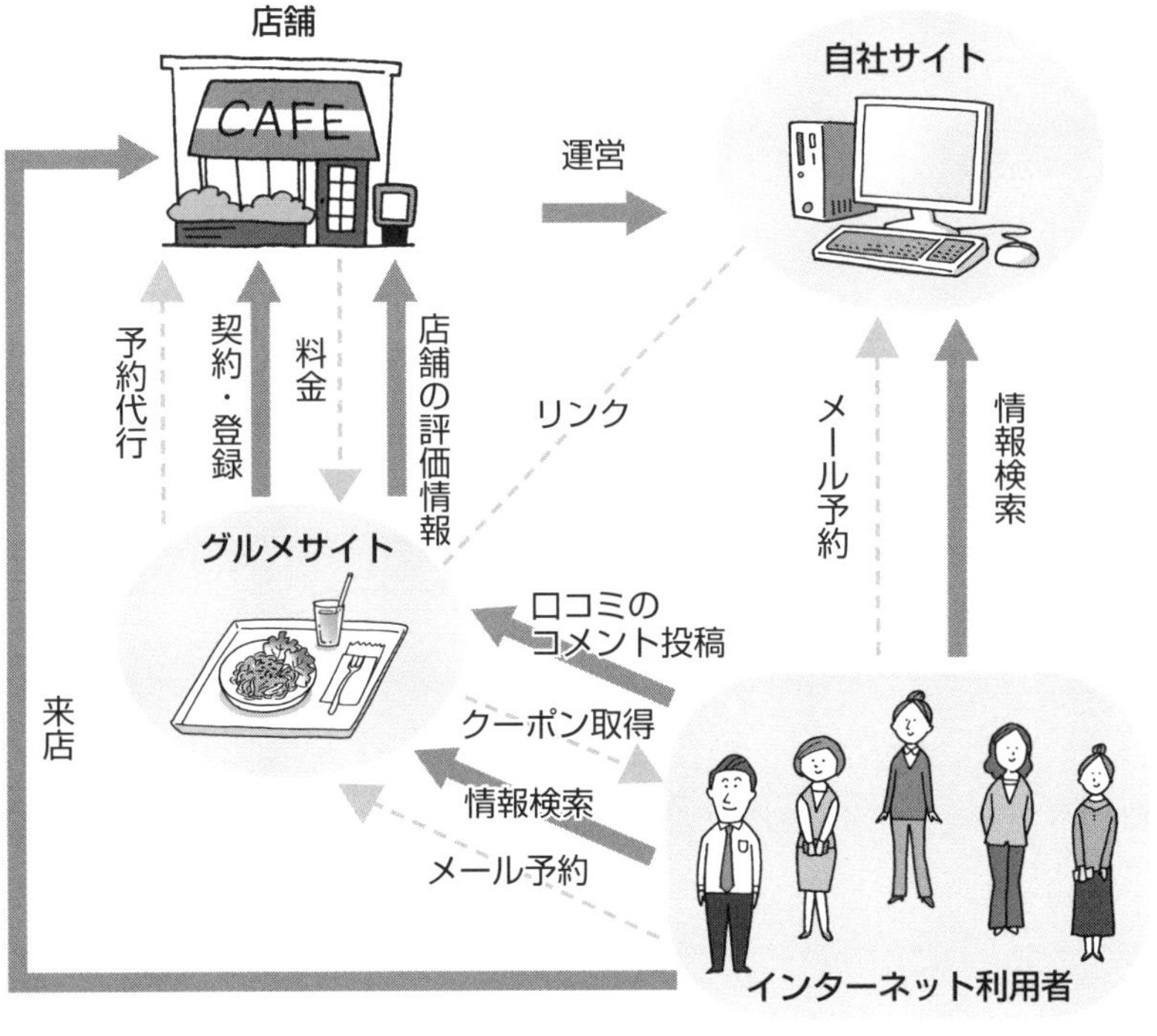

ワンポイント

店内イベントの効果

店内イベント（P202 参照）には、集客のためだけではなく、来店客に向けて「再来店」や「固定客化」を目的として実施するものもあります。これは既存のお客様に対して「日頃の来店に感謝する」という考え方で企画します。

また、イベントの告知は、新規客の集客だけではなく、少し足が遠のいていた既存のお客様に対しても効果があります。

で活用してください。

特殊な場合を除いて、印刷メディア（雑誌や新聞など）や放送メディア（テレビ、ラジオなど）では有料広告よりパブリシティ効果を狙ったほうが有利です。

店舗そのものもツールになる

ツール③ 店頭サイン

店頭で看板やサインなどに入店をうながすような情報を掲載することは、新規オープンの店では意外に効果が高いものです。新しくできた店は、多くの人が興味を持って観察していますから、メニューブックを店頭に置くだけでも集客の効果があったりします。**「ちょっと試しに入ってみよう」と思わせるアイデアが効果を上げます。**店頭の路面が使える店なら、店頭で持ち帰ることができる商品を販売するという方法もあるでしょう。ただし、店前の歩行者が少ない店では、遠くからも見えるようなサインを置くなど、工夫が必要になるかもしれません。

ツール④ 店内イベント

季節の行事に関連した催しや新メニューの発表、お客様が参加できる趣味のサークル活動など、**店舗で実施するイベントやキャンペーンは、企画次第で集客に大きな効果があります。**食材メーカーのキャンペーン商品なども活用し、楽しく、お得なことがありそうなイベントを企画してみましょう。季節限定のメニューも多くの人の興味をひきます。

こうした**イベントを行うときには事前に告知が必要です。**店舗での案内だけではなく、チラシやインターネットなど、ほかのツールを告知のために活用しましょう。

お客様や他店を巻き込んだ集客

ツール⑤ 紹介

飲食店の集客にとって、既存のお客様が紹介してくれる効果は大きいものです。しかし、新規オープンの店ではこれが成り立ちません。開業後に**常連のお客様が少し増えてきたとき、紹介キャンペーンのようなプロモーションを実施するのが効果的です。**自分のお気に入りの店を他人に紹介したい、という人は多いものです。ただし、このような紹介キャンペーンでは、紹介する人にも何らかのメリットがあることがポイントになります。

また、固定客が多い美容室のような近隣の異業種の店とタイアップして、互いにお客様を紹介し合うといった方法もあります。

新規オープンのチラシは店頭で配る

店前に人通りが多い店であれば、新規オープンの集客チラシは店舗の前で配布しましょう。それによって、店舗の開業を伝えながら（認知）、集客のプロモーションをすることになり、効果が高まります。

新規オープンの告知（認知）＋集客のプロモーション

ワンポイント

SNS は集客ツールとして使えるか

SNS は、すでにフォロー関係でつながっていることを前提としてコミュニケーションを取るツールですから、新しく開業した店では、広告などを利用しないと集客で効果を上げることがなかなか難しいものです。しかし、２店舗目の開業やスモールビジネスからの拡大など、既存に運用している SNS のフォロワーがいる場合はぜひとも活用すべきでしょう。また、店舗の開業よりも以前に SNS で新店オープンの告知をしながら、見込み客になるようなフォロワーを集めるという方法もあります。X（旧 Twitter）や Instagram などのように、大きな話題となることで一気にフォロワーが増える SNS もあります。特長を活かして上手に活用しましょう。

再来店をうながすプロモーション

鉄則 はじめてのお客様に、もう一度来店してもらう

重要なのは新規のお客様の再来店

ここでいう「再来店」とは、集客のプロモーションなどによって、はじめてお店を訪れたお客様（新規客）が、再び来店してくれることを指します。

新規のお客様がはじめて来店したとき、**そのお客様がもう一度お店に来てくれるかどうかは、お客様を増やせるかどうかに大きくかかわって**います。なぜならば、一般的に多くの店舗では、新規客が再来店する確率（再来店比率）はとても低いからです。

この再来店比率はその店の条件によって異なります。便利な場所にある低価格なファストフードのチェーンなどでは、再来店比率は高くなるでしょう。

しかし、新しく開業した個人経営の飲食店では、新規客が再来店する可能性は非常に低く、3割以下ともいわれます。ですから、**お客様を増やすためのプロモーション活動では、この再来店のプロセスがとても重要**なのです。

店内での満足度が再来店を決める

あなたが、どこかで新しいお店に入ってみたとき、「もう一度、行こう」と思う理由は何でしょうか。あなたの店は、そうした理由を満たすような店ですか。いずれにしても、新規客に再来店してもらうためには、店舗における普段からの営業活動が重要なのです。

また、集客のプロモーションによって来店されたお客様は、割引などのお得感を求めて来店した方が中心です。つまり、**次回は割引なしで来店してくれるかどうかというのが、重要なポイント**になります。さらに、固定客となるようなお客様に再来店してもらうことを目標としなければいけません。

はじめてのお客様が再来店を決める理由

来店したお客様が「また来よう」と思う理由となるのは、まず何よりも価格を含めたメニューの満足感、そして感じのよい従業員の接客、さらに加えて店内の雰囲気と清潔感です。

メニューの満足感

飲食店としては、何よりも提供するメニューで満足度が決まります

従業員の接客

はじめてのお客様にとって、接客の際の第一印象はとても重要です

ココが知りたいQ&A

３度目以降の来店は？

多くの飲食店では、はじめて来店したお客様が再び来店する再来店比率は 30% 以下だといわれています。

しかし、その再来店したお客様が、その後また来店する確率はもっとずっと高くなり、回数を重ねるごとに、また来店する確率は上がります。ですから、初回の再来店がもっとも重要になるのです。

再来店をうながすプロモーションのツールと手法

鉄則　ちょっとしたコミュニケーションが再来店を誘う

また来たいと思わせるためのツール

はじめて来店したお客様に、「もう一度この店に来よう」と思っていただくためには、何よりもまず、店内で満足した時間を過ごしてもらわなければなりません。つまり、このプロセスでは店舗の運営のすべてが重要になります。

ツール① 店内オペレーション

お客様に「また来よう」と思っていただくには、「魅力的なメニュー」や「心地よい店内の雰囲気」「サービス精神にあふれた接客」など、**日々の営業活動すべてが重要**な要素となります。

つまり、スタッフの笑顔やあいさつ、店内の清潔さなどを含め「店内オペレーション」のすべてが、再来店をうながす基本的なツールになるのです。

ツール② クーポン

初回の来店時に、次回の来店で使えるクーポンを配布するという方法は、再来店をうながすプロモーションとしてはある程度の効果があります。

このとき**重要なのは、クーポンの特典内容です。どのような内容のクーポンを、どのような相手に配布するかによって、効果に差が出る**からです。たとえばランチのお客様には、夜の営業で利用できるお酒などのクーポンと、今後のランチタイムに利用できるクーポンのどちらが効果が高いでしょうか？　そうしたことをよく考えて実施してみてください。

ツール③ SNS

SNSは固定客化のツールとしてもっとも効果を発揮しますが（P210参照）、とくに、**初回の来店時にお店のSNSをフォローしてもらうことができれば、その時点から再来店のプロモーション活動が可能**になります。

前述のクーポンのような何らかの

特典を用意して、SNSのフォローをお願いするとよいでしょう。

　また、SNSでつながることで、何かの機会にお店を思い出してもらう可能性も高くなります。これは、お店の名刺代わりであるショップカードにも似たような効果があります。

ツール④ お礼状

　はじめてのお客様に再来店をうながすツールとして大変有効なのは、**来店後すぐにお送りするお礼状**です。しかし、「個人情報保護法」の施行により個人の飲食店がお礼状を送ることはとても難しくなりました（P219参照）。

　客単価の高い特殊な業態や会員制のような飲食店以外では、郵送でのお礼状の代わりに、「ツール③」のSNSなどを上手に利用してください。

さまざまなクーポンのアイデア

単にクーポン券を手渡すだけではなく、「SNSに投稿するともらえるクーポン」であれば認知を広げる効果も得られます。また、事前に購入することで割引になるコーヒーチケットなども、クーポンの一種です。

SNS

SNSに投稿してもらい、
認知を広げる

再来店時に使えるクーポン

次回に使えるクーポンを配布し、
再来店をうながす

固定客を増やすプロモーション

鉄則 あなたの店のファン顧客をつくり上げよう

継続して来店しているお客様を把握する

固定客化のプロセスとは、再来店してくれたお客様を、繰り返し来店してくれる固定客にする段階です。さらにその中から、あなたのお店のファン顧客をつくり上げることができれば、お客様を増やすプロモーションとしては大成功でしょう。

初回から2～3回来店しただけのお客様は、まだ固定客とは呼べません。**固定客とは、継続して何度も来店してくれるお客様のこと**です。

お客様が継続して来店する場合、居住地や職場が近くにあるなど、生活の範囲が店舗の場所と重なっているのが普通です。しかし、遠くに住んでいても、仕事の出張の際には立ち寄るとか、たまに繁華街に出るときに来店するなど、頻度は低くても継続して利用してくれる固定客もいます。

こうした固定客を増やすには、やはり店側の対応が重要です。**何度か来店したお客様を把握し、「ひいきにしてくれていることをわかっている」と伝える**ことで、お客様はきっと喜ぶでしょう。大手チェーンではなかなかそうした対応ができないので、それが個人店の有利な面でもあります。

不公平にならず常連客をもてなす

また、固定客の中でも、単に自分が来店するだけではなく、**知人を連れて来たり、ほかの方にお店を紹介してくれたりして、新しいお客様を増やしてくれるような方をファン顧客**と呼んでいます。

とてもありがたい半面、ファン顧客になるような人の中には、自分をほかのお客様より優遇してほしいという気持ちを持っている人がいます。

常連客にばかり愛想よく接客する店は、ほかのお客様に嫌われます。

常連客とそうではないお客様を区別せず、どちらにも気持ちよく利用してもらうバランスのよい接客が必要です。

　固定客をどれだけ持っているかが、その店の実力といえます。こうしたお客様を減らすことなく、継続して固定客を増やしていくプロモーション活動を行うことが、繁盛店として長く経営を続けていく秘訣です。

常連客が特別な待遇を受けていると感じると、一般のお客様は敬遠します。常連客に依存しすぎない営業が大切です。

固定客をファン顧客にしよう

接待にかぎらず、仕事上で大切な人を同伴してくれるお客様は、とても重要です。

信頼でき、安心できる店だからこそ、親しい人を連れて行くことができます。

友人や知人を連れて来てくれたり、他の人にお店を紹介してくれたりするようなお客様をファン顧客と呼んでいます。大変ありがたいことですが、それに依存しすぎず、店としてのプロモーション活動はきちんと継続しましょう。

固定客を増やすプロモーションのツールと手法

鉄則 リピーターをファン顧客に育て上げる

ファン顧客になってもらうためのツール

固定客化のプロセスでは、**再来店したお客様がリピーター（常連客）となり、最終的には、また新しいお客様を紹介してくれるような「ファン顧客」になることを狙います。**

ツール❶ 店内オペレーション

固定客づくりを決めるポイントは、やはりお客様が来店したときの店舗運営です。ですから、この段階でもっとも重要なのは、たびたび来店してくださるお客様を店側がきちんと把握しているかどうかです。

常連さんだとわかったら、それを相手に伝えなければなりません。不公平にならない範囲で、特別なお客様として接することができれば、お店に対する評価がぐっと高まります。

ツール❷ SNS

従来は、ポイントカードなどにより顧客名簿をつくり、必要に応じてセールスレターを送付する方法が、固定客化に効果がありました。現在では、会員制など特殊な営業形態以外では、個人情報保護の点から顧客名簿をつくることはかなり難しくなっています。

その代わりに、LINEやFacebook、Instagram、X（旧Twitter）などのようなSNSを通じて来店客とつながる方法が活用できます。SNSでつながることにより、顧客名簿なしにセールスレターのような案内を送ることも可能になります。

ツール❸ ポイントカード

ただポイントが付くだけでは、積極的なファン顧客づくりの効果までは期待できません。しかし、**定期的に来店される固定客へ、感謝を伝えるツール**としては有効でしょう。

ランチだけ、コーヒー（ドリンク）だけ、などのように頻度の高いメニューに限定したポイントカードも効果的です。また、ポイントカードを持っていることで、常連客であることもわかります。

ツール④ 公式ホームページ

公式ホームページを訪れる人のほとんどは、あなたの店をすでに知っている人なので、認知や集客にはあまり役立ちません。ソーシャルメディアで人々と店舗が直接つながるようになり、ホームページの重要性は以前よりも薄れました。

公式ホームページは直接的な固定客化のツールではありませんが、対外的な信頼を得る目的では必要です。店舗は所有者や経営母体などの背景が見えにくいので、公式なホームページがあると信頼感が増します。店舗のコンセプトやメニュー全体、経営者などの情報をまとめて見ることができることに意味があります。多くの費用をかける必要はありません（P216参照）。

SNSで固定客と交流する

店舗の公式なFacebookページで、固定客とコミュニケーションを図ることができます。適度な距離感を保って、お客様とつながりましょう。同様のことは、他のSNSでも可能です。

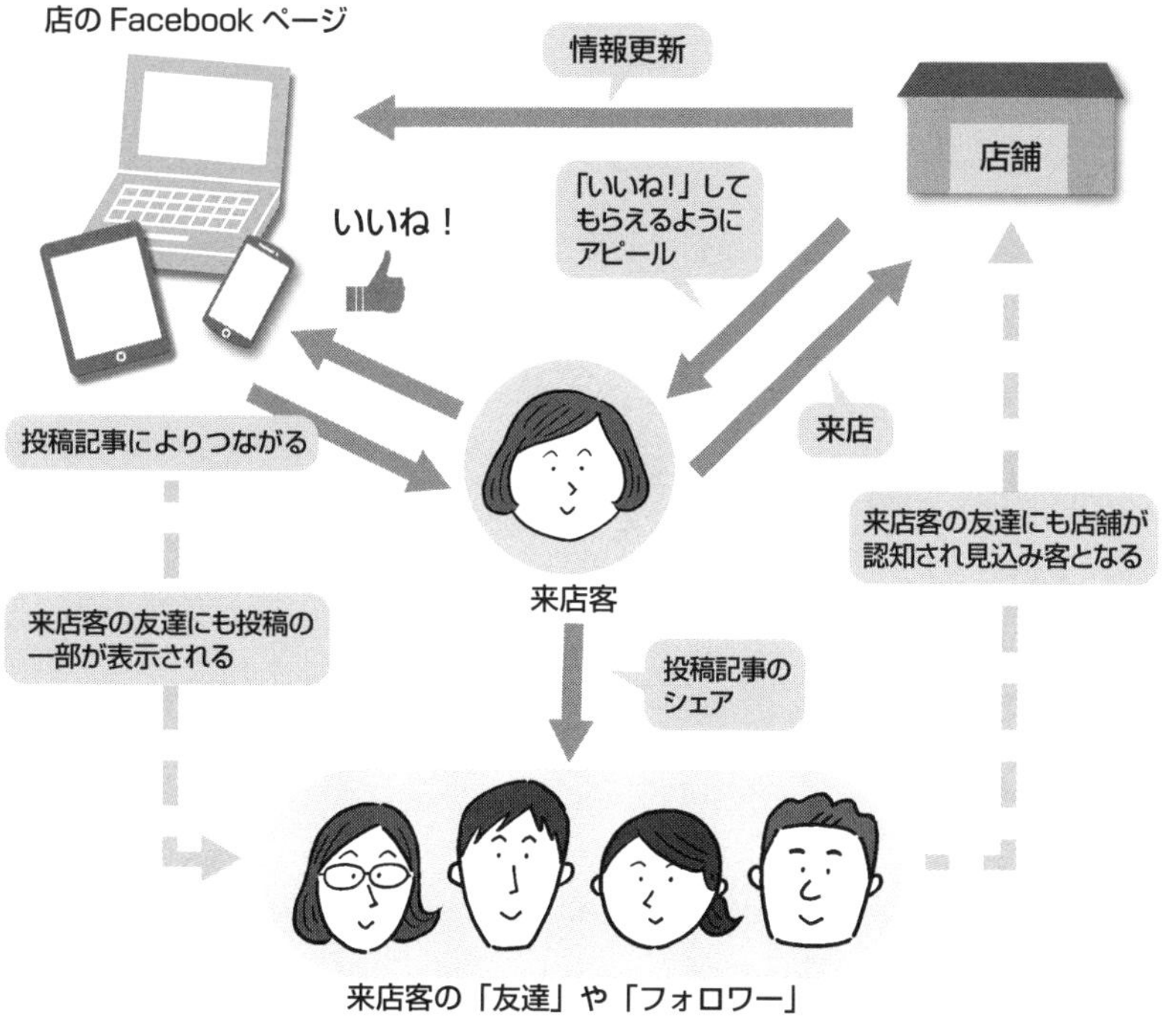
店のFacebookページ
情報更新
店舗
いいね！
「いいね！」してもらえるようにアピール
投稿記事によりつながる
来店
来店客
来店客の友達にも店舗が認知され見込み客となる
来店客の友達にも投稿の一部が表示される
投稿記事のシェア
来店客の「友達」や「フォロワー」

来店客に対しての販売促進

鉄則 売り込みたい商品を来店客にアピールする

さまざまなツールで商品をアピール

販売促進（販促）とは、プロモーションの中でも、**来店したお客様に対して「店側が売り込みたい商品」をアピールしたり、「もう1品の追加販売」を勧めたりする活動**のことを指します。

飲食店でよく使われる販売促進ツールには、次のようなものがあります。

ツール❶ メニューブック

メニューブックは、飲食店の販売促進におけるもっとも重要で効果的なツールです。

パソコンを使えば個人店でも、効果的なメニューブックをつくることができます。メニュー計画（第2章参照）で狙った店側の目的に沿って、**店側が売りたい商品を売りたい方法で売り込む工夫を凝らしましょう。**レイアウトやネーミング、紹介コメント、書体などのアレンジが重要です。

ドリンクメニューの最初にビールを載せて、「もうからないビールばかりが売れる」となげく経営者の声を耳にすることがあります。レイアウトを工夫し、粗利の高いカクテルなど売りたいアイテムを最初に置き、粗利率の改善を狙いましょう。

そのほかにも、酒の銘柄について紹介コメントを添えたり、オリジナルカクテルのネーミングに流行のキーワードを組み込んだり、強調したい部分の書体や文字サイズを変え、線で囲んだりするといった、さまざまな工夫が考えられます。

ツール❷ スタッフの売り込み

来店されたお客様に、店内で**スタッフが「おすすめメニュー」を紹介したり、「もう1品」の追加注文をうかがったりするアプローチ**は、スタッフが適切に行えば、有効な販売促進となります。

ただし、こうした人的なアプローチによる販売促進は、言い方や態度、タイミングなどによって、逆効果になる可能性も高いので、よく検討した上で実施してください。

ツール③ 店内POP

POPとは、「Point of Purchase（購買時点）広告」の略で、おもに小売店の売場などに置かれている販売促進のツールを指します。飲食店におけるPOPツールとは、**壁面のポスターや卓上スタンド、差し込みメニュー**などです。必要に応じて適切に設置しましょう。

ツール④ 店内イベント（キャンペーン）

来店者に向け、店内でのイベントや販促キャンペーンを行い、販売促進の効果を上げることが可能です。

イベントで、**雰囲気を盛り上げ、お客様に無理なく追加注文をオススメする**ことができます。ただし、イベント実施にはチラシなどさまざまなツールが必要になるので、コストも含め検討する必要があります。

店内 POP のイメージ

来店したお客様の目に入りやすいポスターやテーブル POP で、オススメ商品をアピールしましょう。

■たとえばラーメン店では、
通常、お客様はラーメン１品しか注文しません（追加注文はない）。
そこで、来店客が着席してメニューブックを見る前から、壁面ポスターなどで、「単価の高い」期間限定などのオススメ商品をアピールしましょう。
先に安い通常メニューを見てしまうと、「オススメ」を高く感じてしまうこともあります。

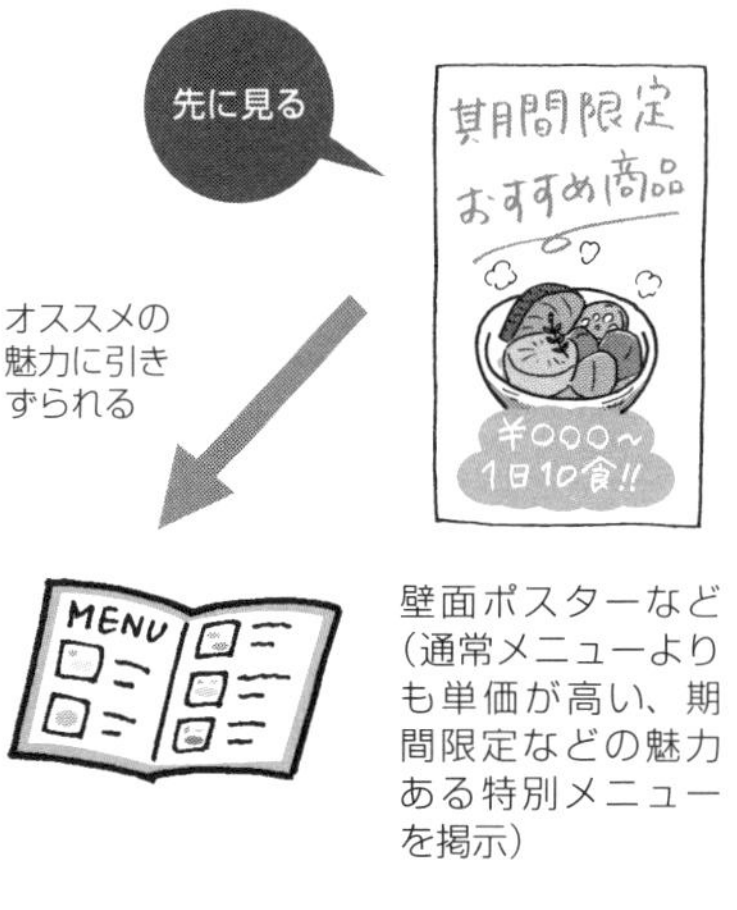
先に見る
期間限定
おすすめ商品
￥〇〇〇～
1日10食!!
オススメの魅力に引きずられる
MENU
壁面ポスターなど（通常メニューよりも単価が高い、期間限定などの魅力ある特別メニューを掲示）

■たとえば喫茶店では、
ドリンクだけを注文するつもりで来店するお客様も多いでしょう。
しかし、注文をうかがった後にメニューブックを下げてしまっても、テーブルPOP（テーブルテントなど）が卓上に残っていれば、デザートなどの追加注文が期待できます。

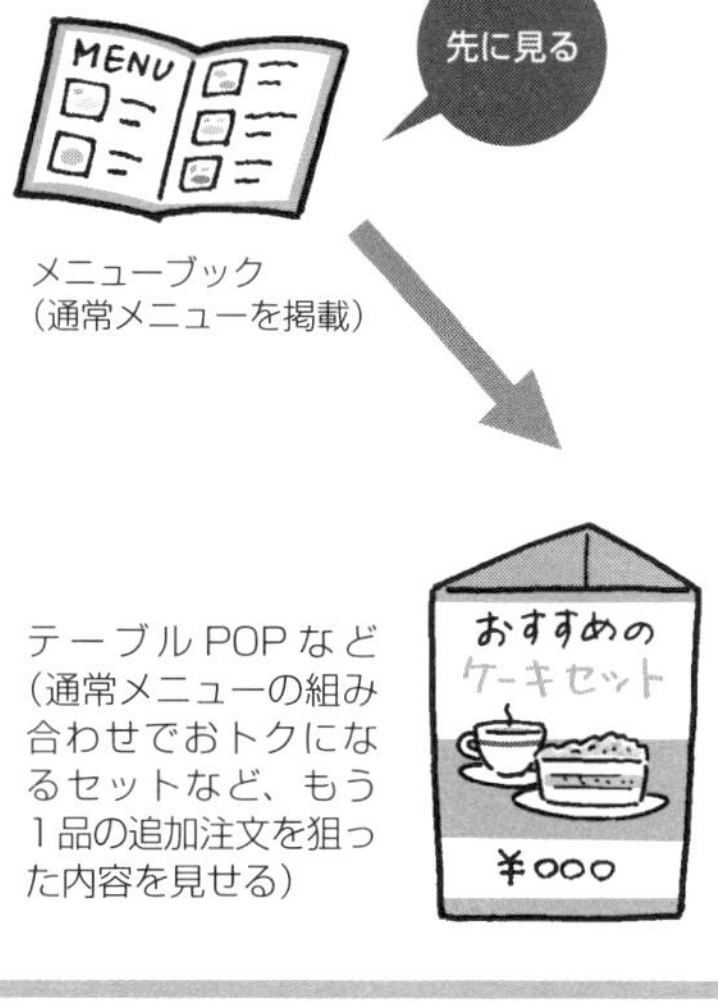
MENU
先に見る
メニューブック（通常メニューを掲載）
テーブルPOPなど（通常メニューの組み合わせでおトクになるセットなど、もう１品の追加注文を狙った内容を見せる）
おすすめの
ケーキセット
￥〇〇〇

※メニューブックなどに表示する価格は、消費税を含めた税込価格（総額表示）となります。飲食店の場合、テイクアウトとイートインの税率の違いなども考慮して表示する必要があります。

プロモーションの注意点

鉄則 コストに対する効果測定を必ず行う

プロモーションの目的は何か

プロモーションを企画するときには、まず、その目的が何かを明確にすることが重要です。

いくら熱心に街頭でチラシを配布しても、実際に店舗に来店したお客様へのサービスがおろそかになっていたのでは、お客様の満足度を高めることはできません。それでは、将来的にお客様が増えることにはならないでしょう。

チラシを配布することが目的なのではなく、お客様を増やすことが目的です。そのためには何が必要なのか、よく考えてみてください。

プロモーション活動の効果を検証する

さまざまなプロモーション活動を行ったときは、**必ず「効果測定」を行いましょう**。どのようなプロモーション活動を行うにせよ、それには必ずコストがかかります。

そのプロモーションの目的は何なのか、どのような結果を想定しているのか、そして実施したことによってどの程度の効果が得られたのか、それぞれを検証しましょう。

具体的に、売上、利益、客数、客単価などといった数値で、効果を判定しなければコストをかけた意味がありません。

プロモーションは年間予算を決める

プロモーションにかける予算は、場当たり的にその都度、計上するのではなく、**年間の売上高や粗利益高から算出してあらかじめ大枠を決めておきましょう**。

年間のプロモーション予算を決定した上で、必要な時期に必要な金額を配分します。こういった考え方をすることで、プロモーション予算がどんどん膨れ上がってしまうことを防ぐことができます。

割引販促をしたときの利益

プロモーションとは、あくまでも売上を伸ばし、利益を増やすために行うものです。
費用をかけてプロモーションを行った結果、どれだけの利益が得られたのか効果を検証する必要があります。

A 店

A 店で割引によるプロモーションを行ったときの利益を考えてみましょう。

月間売上 :500 万円
固定費額 :140 万円
変動費率 :65%

通常時

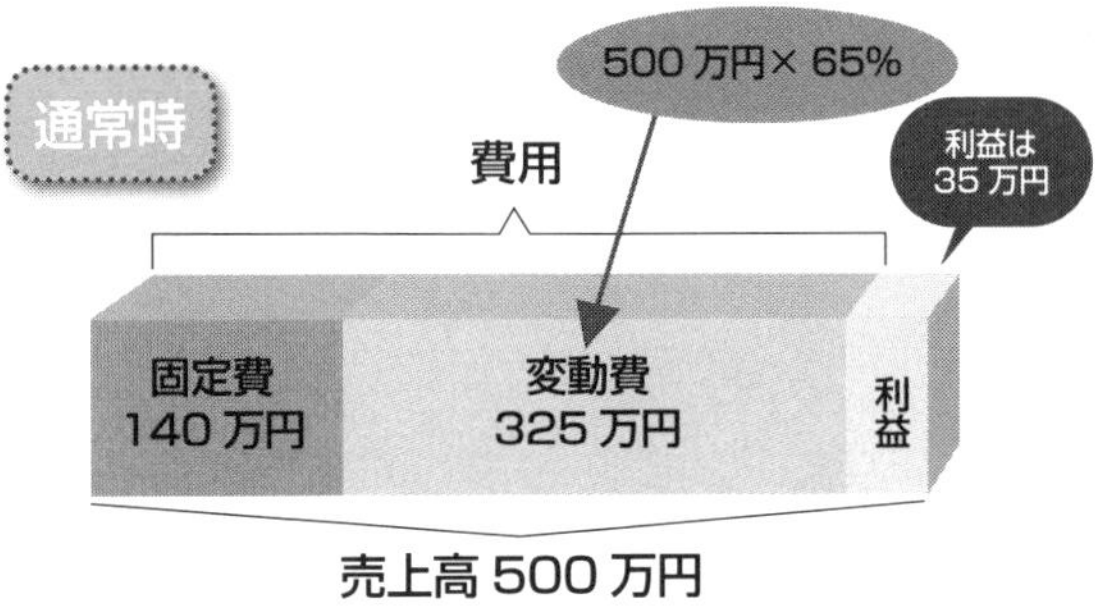
500 万円× 65%
費用
利益は
35 万円
固定費
140 万円
変動費
325 万円
利益
売上高 500 万円

40 万円売上が増えても利益は４万5,000 円ほどしか増えていないことがわかります。

割引販促時（15% 割引をして、売上は 40 万円 UP）

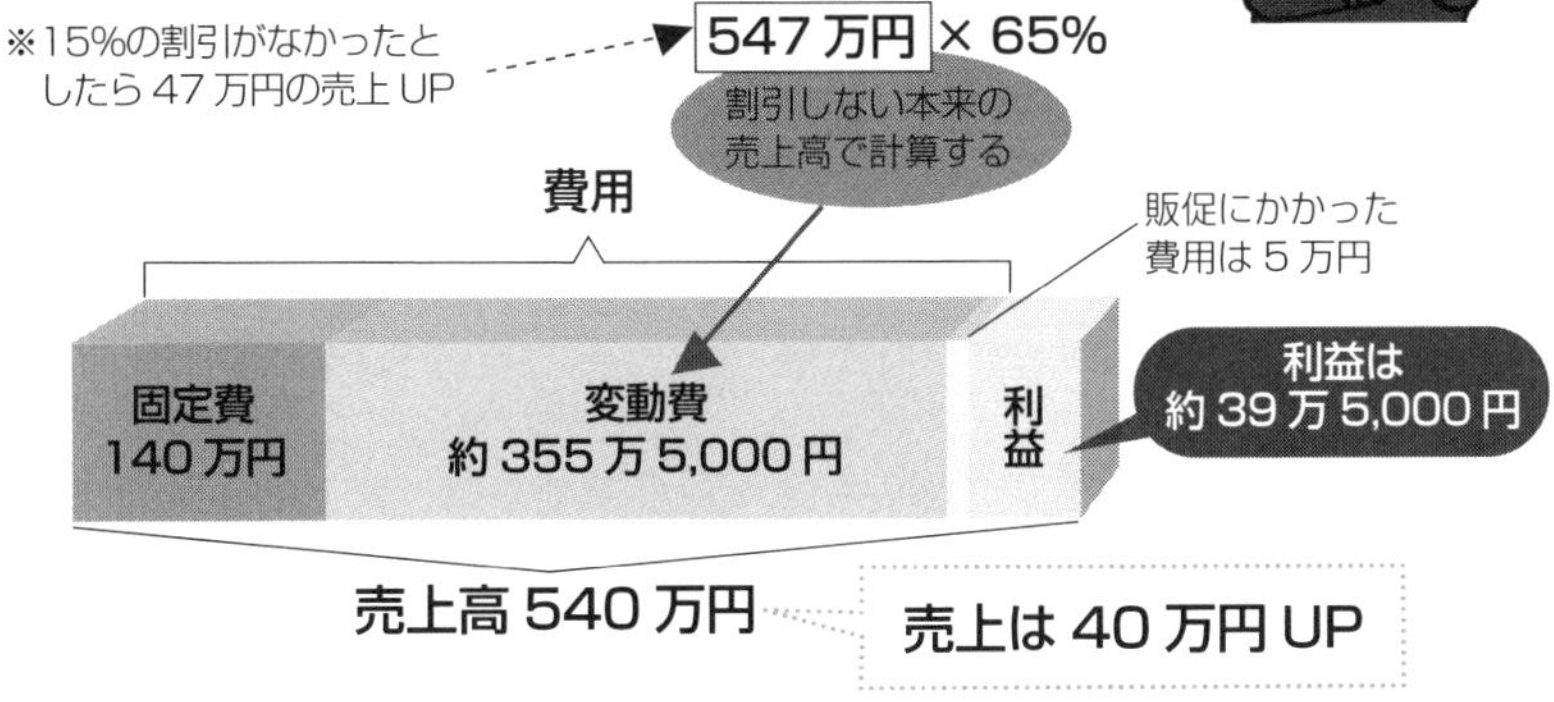
※15%の割引がなかったとしたら 47 万円の売上 UP
547 万円 × 65%
割引しない本来の売上高で計算する
費用
販促にかかった費用は５万円
固定費
140 万円
変動費
約 355 万 5,000 円
利益
利益は
約 39 万 5,000 円
売上高 540 万円
売上は 40 万円 UP

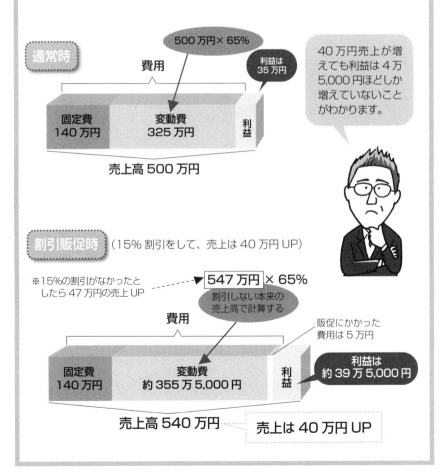

インターネットとモバイルの活用

鉄則 プロモーションのためにソーシャルメディアを使いこなす

目的に応じてツールを使い分ける

インターネットの普及で、飲食店のプロモーションは大きく変わりました。とくに、ここ10年ほどのあいだに高年齢者のインターネットやスマートフォンの利用率が高まり、**どのような業態の飲食店であっても、インターネットを使ったプロモーションは有効**になっています。

●ソーシャルメディア

ソーシャルメディアは、ユーザーの投稿を中心に成立しているインターネットのサービスです。SNSをはじめ、YouTubeなどの動画配信サービス、ブログ、コメントを投稿できるグルメサイトなどもソーシャルメディアです。

こうした**新しいツールは、実際に自分がユーザーとして利用しないと、なかなか理解できません。まず、しっかりと自分で使ってみることが重要**です。

●グルメサイト

かつて、割引クーポンの付いたフリーペーパーが飲食店の集客に大きな効果を発揮したことがありました。現在では、それがグルメサイト（飲食店検索サイト）に変わっています。クーポンの効果は、とくにランチや宴会コースの予約などで発揮されますが、クーポン利用者はクーポンだけを目当てに来店している人も多いので要注意です。

グルメサイトでは、まず**無料の基本サービスを十分に使いこなしましょう**。有料の広告などは、プロモーションの全体計画に沿って利用することが大切です。

●公式ホームページ

法人の場合や取材を受けたい店の場合、公式ホームページは信頼性を高める上で重要です。必要最低限の情報を掲載した簡単な1ページ型のホームページでも十分ですが、ドメインは独自のものを取得したほうがよいでしょう。

公式ホームページのサンプル

下図のように、基本情報を１ページに収めてしまうスタイルのホームページがオススメです。写真はきちんと撮影したものを使いましょう。

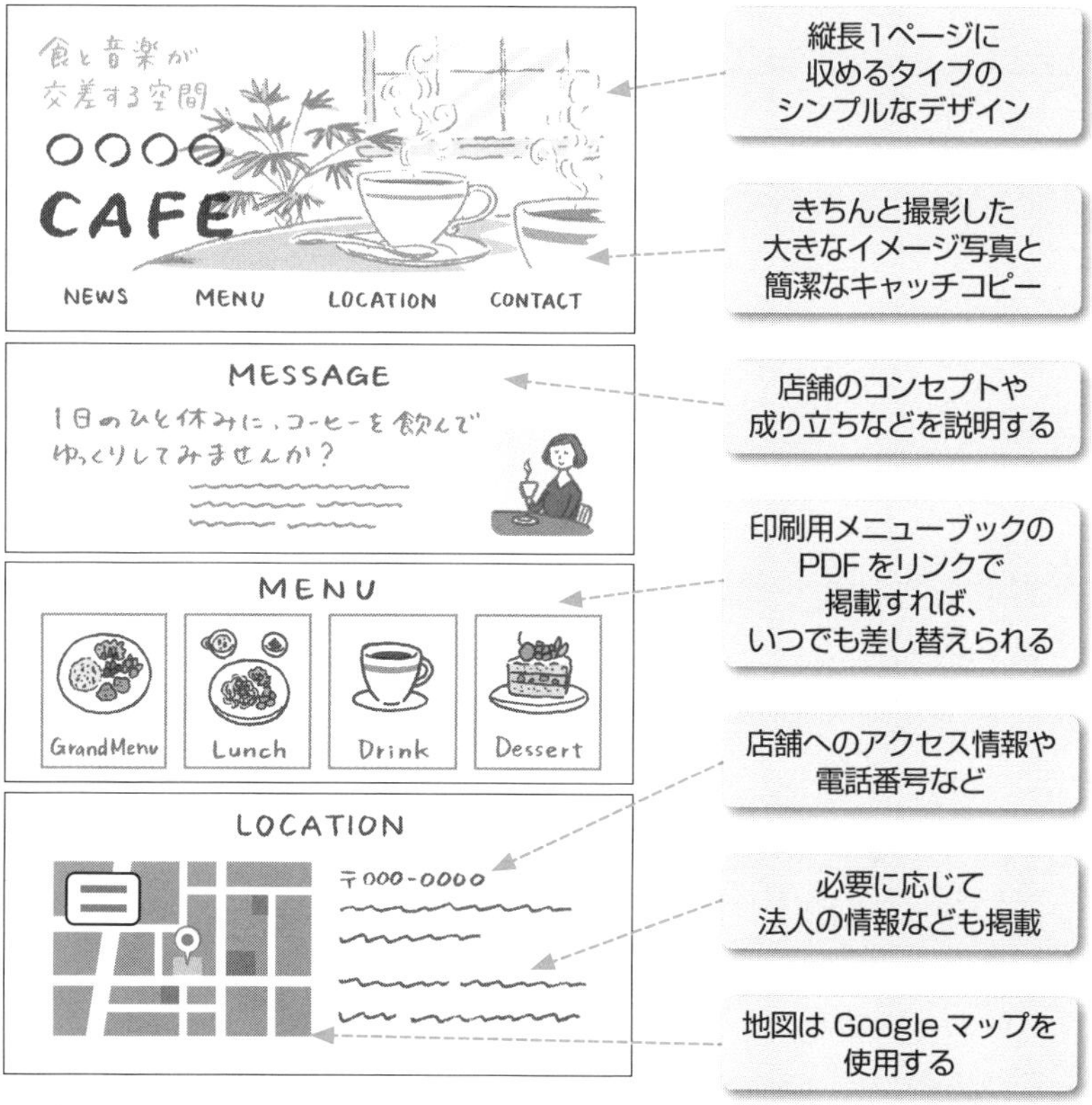
食と音楽が
交差する空間
○○○○
CAFE
NEWS
MENU
LOCATION
CONTACT
MESSAGE
1日のひと休みに、コーヒーを飲んで
ゆっくりしてみませんか？
MENU
GrandMenu
Lunch
Drink
Dessert
LOCATION
〒000-0000
縦長1ページに
収めるタイプの
シンプルなデザイン
きちんと撮影した
大きなイメージ写真と
簡潔なキャッチコピー
店舗のコンセプトや
成り立ちなどを説明する
印刷用メニューブックの
PDF をリンクで
掲載すれば、
いつでも差し替えられる
店舗へのアクセス情報や
電話番号など
必要に応じて
法人の情報なども掲載
地図は Google マップを
使用する

※パソコンだけではなく、スマートフォンやタブレットで表示されるホームページがとても重要なので、できるだけ用意する。

ワンポイント

SNS とインターネットの口コミ

Facebook や Instagram、LINE、X（旧 Twitter）、YouTube のような SNS（ソーシャル・ネットワーキング・サービス）では、ユーザーの口コミがインターネットで広まります。企業の広告とは違って、知り合いからの口コミによる情報は信頼されやすく、集客にも大きな効果を発揮します。店側は、口コミに乗りやすい情報を積極的に発信するなど、その効果を高める努力をする必要があります。写真や動画を投稿する SNS も、飲食店と相性がよいので研究して活用しましょう。

法令の改正などに対応する

鉄則　開業後に変わった最新のルールや基準を知っておく

法令の改正や新設を見逃さない

飲食店の開業から時間が経過すると、さまざまな社会のルールや基準が次第に変化します。中でも、とくに注意が必要なのは法令の改正や新設です。新しく法律がつくられることはそれほど多くありませんが、税制などのように比較的ひんぱんに改正される法律もあります。

飲食店に関係する法令としては、主に**税金、食品や衛生管理、建築などに関連するもの**が挙げられますが、ほかにもさまざまな分野で飲食店の経営に関係する法令が改正・新設されることがあります。

最新の情報をどこから入手するか

税制の改正を知らなければ、「インボイス制度」（P14参照）のように税金の控除を受けられなくなってしまう場合もありますし、対象となる法令によっては、知らないことで処罰を受けることも考えられます。

ですから飲食店の経営では、こうした**ルールや基準の変更に関して、最新の情報を入手する方法を確保しておく必要があります**（次ページの表参照）。

たとえば、食品に関する法令の情報は、食材の納入業者が教えてくれることもあります。ですから、単に納入価格が安いというだけではなく、そうした**情報をすばやく正確に提供してくれるということも、取引業者を決めるひとつの要素になります。**

また、新しく法律がつくられた例としては、次ページの「ワンポイント」に記載した「個人情報保護法」が挙げられます。この法律によって、それまで多くの飲食店が行っていた顧客名簿をつくってDMなどを送るという手法が、ほぼできなくなってしまうほどの影響がありました。

※法令とは、国が定めた法律と、地方自治体のような国以外の行政機関が定めた条例や規則などをひとまとめにした総称です。

飲食店が対応すべき法令の例と情報の入手先

	改定される法令（ルールや基準）の例	情報の入手先
税務や財政	経営にかかわる税金（P166〜167参照）だけではなく、「インボイス制度」（P14参照）のような税制の変更があります。また、公的な補助金や助成金などの情報も重要です（P136参照）。	●税理士・公認会計士、銀行などの金融機関、青色申告会など
食品や衛生管理	食中毒や衛生管理に関係する法令（P90〜91参照）、食品販売や移動販売など（P60〜63参照）。また、新型コロナウイルス感染拡大の際は、国や自治体から営業時間の縮小など対策が求められました。	●新聞・雑誌、飲食店の業界紙・誌、食材の納入業者など
建築・内装と設備	飲食店の店舗にかかわる建築や内装、設備などを規定する法令は、比較的ひんぱんに改正されています。多くの場合、こうした法令は新しくつくられる店舗を対象にしています（P103ココに注意！、P117ワンポイント参照）。	●設計者、施工会社、設備機器・厨房機器メーカー、食材の納入業者など
その他	下記「ワンポイント」に記載した個人情報保護法は、時代の変化とともに生まれた新しい法律です。ほかにも、価格の表記や雇用、広告宣伝などの法令が関係する可能性があります。	●広告会社や印刷会社、専門コンサルタントなど

ワンポイント

個人情報保護法について

2022年に「改正個人情報保護法」の見直しが行われました。顧客の個人情報の取り扱いについては、従来よりもさらに厳格な対応が義務づけられ、罰則も強化されました。小規模な事業所も対象となるため、プロモーションなどのために顧客名簿を作成して個人情報を扱う場合は、十分な知識と注意が必要です。公的機関である「個人情報保護委員会」のホームページには、説明会やセミナーなどの情報が掲載されています。

アンケートを実施する

鉄則 アンケートでは5段階で評価してもらう

店がうまくいっている理由を調査しよう

客数が減り、売上が低下する要因として、それまでお客様が来店していた理由が失われてしまったから、ということが考えられます。こうした事態にすぐに対処するためには、お店が繁盛しているうちに「お客様が来店する理由」を調査しておく必要があります。うまくいっている理由を考える人はあまりいませんが、**売上不振の対策は、売上がよいときから始めなければならない**のです。

では、「なぜお客様が来るのか」を知るにはどうすればよいでしょうか。それは実際にお客様に聞く、つまりアンケート調査を行うのです。

アンケートの意見にまどわされてはいけない

アンケートの質問事項の中には言葉や文章で答えてもらう記述式の設問があります。たとえば、「店の料理に満足していますか?」という質問に「満足していない」と答えた人には、さらに「どこが不満ですか?」と言葉で記入してもらうといった場合です。

しかし、店舗で実施するアンケートでは、**記述式の設問はできるだけ少なくしましょう**。なぜなら、数値で集計した結果と違って、**文字で書かれた回答には店側がまどわされてしまう可能性が高い**からです。

そもそも、アンケート調査に進んで答えてくれるお客様というのは少数派です。中でも、記述式の質問に詳しく答えてくれるというのは、かなり特別なお客様です。そのようなごく少数のお客様の言葉によって、店の方針が影響されるのは、非常に危険なことなのです。

業績が落ち込んで改善の糸口を探しているようなときには、お客様の言葉が気になります。しかし、アンケートの趣旨を正しく理解して上手に使いこなすようにしましょう。

アンケート用紙サンプル

アンケートの質問事項は5段階などで回答できる形式にし、記述式の設問はなるべく少なくしましょう。

お客様アンケート

該当する項目に◯をつけてください

1 料理の味はいかがでしょうか？

①とてもおいしい ②おいしい ③ふつう
④ややまずい ⑤まずい

2 当店の接客については、ご満足いただけましたでしょうか？

①とても満足 ②満足 ③ふつう ④やや不満 ⑤不満

3 当店ではつねに清掃点検チェックを行っていますが、清潔・きれいに感じましたでしょうか？

①とても満足 ②満足 ③ふつう ④やや不満 ⑤不満

4 当店に対するご意見・ご要望がございましたらご記入ください

（ ）

ココに注意！

少数のお客様の意見にまどわされない！

たとえば、回収した100枚のアンケート用紙の中にほんの2～3枚、「味付けが濃すぎる」という記述があっただけでも、それが文字で書かれていると、非常に重要なことと錯覚してしまいがちです。

アンケートでは、まず全体の何パーセントのお客様が「まずい」と感じているかが重要です。「味付けが濃い」という意見は参考程度にとどめておきましょう。

もしかすると、大多数のお客様は「味付けが濃い目」であることが、あなたの店の魅力だと思っているのかもしれないのです。

少数の意見によって、安易に料理の味付けを変更したりすることは避けなければなりません。

アンケート実施のポイント

アンケート用紙は各テーブルに置いておく、あるいはお客様が来店した際にテーブルで手渡し、記入してもらいましょう。

- 手渡したスタッフの目の前で記入してもらったり、スタッフが聞き取って記入したりすることは避けましょう。

- 店の規模にもよりますが、アンケート用紙は1カ月に最低100枚程度回収することを目標としてください。回収率が低い場合は、回収する際にサービス券と引き替えるなどの方法で回収率を上げましょう。

アンケートを上手に使いこなし、業績改善につなげましょう。

- アンケートは、たまに行うのではなく、普段から継続して実施してください。それによって、お店に対する評価の変化をすばやく察知し、業績が落ち込む前に改善を行うことも可能になるはずです。

- 原則として、各設問は5段階などで回答する形式でつくります。たとえば、「料理の味」を「おいしい」と答えた人が30%、「とてもおいしい」と答えた人が18%といったように、数値で集計してください。

- そのときどきで設問の文章を変えたり、項目を変更したりすると、統計的な変化がわかりにくくなります。後から設問を変更することがないように、アンケート実施の前によく考えてからスタートしましょう。

予約の受け方

鉄則　**宴会・パーティーの事前予約は経営を安定させる要素**

貸切り営業をするときの注意点

宴会やパーティーなどの事前予約は、いろいろな意味でとても重要です。

まず、事前に未来の売上の見込みが立っているので、お客様の来店を待つ立場である飲食店にとっては、**経営を安定させる大きな要素となります。**

しかし同時に、事前に客席が予約で埋まっているということは、**当日来店したお客様を断らなければならない**という可能性も出てきます。

そのため、貸切り営業にはとくに注意が必要です。知らずに来店したお客様をお断りする際には、十分にお詫びをし、次回来店のためのサービス券などを渡しましょう。

宴会やパーティーの予約には、次ページの見本のような**予約台帳や予約カードなどを作成**して、受付時にお客様と確認しながら必要事項を記入しましょう。これで、予約に関する多くのトラブルが防げます。

予約営業の準備とスケジュール

予約営業については、**定型のパッケージをつくっておくと便利**です。

予約営業には「席だけの予約」「料理のみ事前予約、飲み物は当日注文」「すべてを事前に決めておく」などの方法があり、それぞれにメリット・デメリットがあります。お客様と店側の都合に合わせて、ふさわしい内容をオススメしてください。

運営のウラワザ

店のメリットをお客様に還元する

予約営業は通常営業と違って来店人数などの見込みが立っています。そのため、食材などのムダが出にくく、コスト管理もしやすいのです。その店側のメリットをお客様に料金や料理で還元しましょう。「予約は得だ」と感じてもらうことが次の予約につながり、また経営の安定にもつながります。

予約カードのサンプル

予約を受け付けるときにお客様と確認しながら必要事項を記入しましょう。

ご予約カード

受付日	年　月　日　曜日	受付番号	
お名前		受付者	
連絡先			
日　時	年　月　日　曜日	午前・午後　:　〜　:	時間
人　数	名		
予　算	予算　円／お一人　総額　円		
内　容	乾杯【　】	内訳	その他
	酒類【　】	内訳	
	料理【　】	内訳	
■予約金　予約金として総額の___%ご用意ください。予約金の受領により予約成立となります。 ■キャンセル　原則として、2日前からのキャンセル、内容変更はできませんのでご注意ください。キャンセルの場合は予約金よりキャンセル料をいただく場合があります。			
備考			

■予約カードの項目

①予約申込金

予約時には、必ずその場で予約申込金（内金《うちきん》）を受領します。

少額であっても事前に支払いをしたお客様は、まずキャンセルしないので、幹事の方がその場で支払える程度でも、後日ではなく予約時に現金を受領しましょう。

予約申込金の入金を渋るお客様は、まだ決断しかねています。その場合は、内容の説明だけを行い、また次回の来店をお待ちしましょう。

②人数の確定

予約の受付でもっとも難しいのは、予約人数の確定です。大人数の予約の場合、予約の時点で人数が確定しているというお客様はほとんどいません。しかし、人数と予算総額が確定しないと、料理やテーブルの準備ができず、コスト管理もできないので、基本的には3日〜1週間前までに人数を確定してもらいましょう。

結婚式の二次会や歓送迎会など、予約の目的は何なのか？　また、「幹事は誰か？」「主賓《しゅひん》は誰か？」を把握しておきましょう。

予約営業の注意点

予約営業のポイントは「時間管理」です。店側が､時間に関する基本的なルールを決めておくことで、お客様も判断がしやすくなります。

■予約営業の注意点

①予約時間	予約時間は通常２時間～2.5 時間程度です。しかし、続けて予約が入る際には、客席とキッチンの両方で準備時間と後片づけ時間を見込んでおかなければいけません。予約の多い時期には、開始時刻と入店可能時刻を決めておくとよいでしょう。終了時刻の少し前に、残り時間を幹事の方に耳打ちすることで、スムーズに終了できます。
②貸切り	貸切り営業の場合、利用時間に注意が必要です。たとえば、営業時間が夜11 時までなのに午後８時～ 10 時に貸切りを行うと、その後の閉店までの時間は実質的にはほぼ営業できなくなってしまいます。そうしたことも考慮して予約を受けましょう。
③予約当日	幹事の方には、早めに来店してもらい、もう一度内容の確認をしましょう。どの時点で料金の精算をしてもらうかも聞いておくとよいでしょう。参加者の集まるタイミングも重要となります。 当日のオペレーションでもっとも重要なのは、キッチンとの連携です。料理や飲み物の出し方と時間配分について、事前にキッチンとしっかり打ち合わせをしておきましょう。 料理を出すのが遅れて間が空いてしまってはいけないし、早く出しすぎてもいけません。タイミングは進行状況によって変わるので、つねにお客様の状況を確認しキッチンにも伝えておきましょう。

ココが知りたいQ&A

予約人数はどうやって確定するの？

予約時に「最大限（参加する可能性のある人すべて)」と「最低限（すでに参加すると決まっている人)」の人数を確認します。この数字が出ない場合は、幹事の方の段取りが悪いか、まだ内容がまったく不確定なので要注意です。この人数をもとに「とりあえず現時点では何人で予約するか」を、その場で幹事の方と決定し、その予約人数で内容を詰めてしまいましょう。それから、最終的な人数確定が予約日の何日前になるかを尋ね、その日に必ず連絡をいただくこと、また「連絡がない場合は、予約時に決めた人数で決定」となることを伝えます。

コラム

オーナーとしてスタッフを上手に管理する

飲食店の経営を成功させるための重要な要素のひとつに、パート／アルバイトのスタッフを上手に活用するということがあります。会社勤めをしていた人が脱サラして飲食店オーナーになった場合、「これまでも仕事でたくさんの部下がいたのだから、スタッフの扱いには慣れている」と考えている人は多いでしょう。けれども、たとえ管理職であっても、あくまでも会社の社員のひとりとして部下を使っていたときと、小さくても経営者（オーナー）としてスタッフを使うときとでは、やはり立場が違ってきます。

経営者にとっては、スタッフの給与と働きぶりが自分の利益に直結します。そのため、スタッフを見る目が厳しくなることは仕方がありません。しかし、そこで気をつけなければならないのは、その場その場の状況によってルールを変えないということです。たとえば、経営が安定しているときには寛大な対応だったのに、少し業績が低迷すると急に金銭面などのミスを厳しく追及するとか、人材に余裕があるときには許されなかった問題が、人員不足になるとなしくずし的に見逃されてしまう、といった変化にスタッフは敏感です。

ハウスルールなどの明確なルールを決めるのはもちろん大切ですが、経営者自身がそうしたルールをどう運用するか、という姿勢もまた問われるのです。

スタッフが働きやすい職場にすることは、経営を安定させる大きな要素のひとつです。たとえば、多くの人と接する「接客」という仕事は意外にストレスがたまります。そのため、店内のスタッフが互いに本音で話せる雰囲気をつくらなければ精神的に疲れてしまいます。

多くの若いスタッフが働いている店でよく起きる問題は「店内恋愛」についてです。こうした問題も解決するためには、普段から本音で話し合える職場環境であることがとても重要になります。

運営編

第7章

売上アップのための見直しポイント

飲食店を始めてしばらく経ったら……。繁盛店を維持する方法、また多店舗経営のメリットも紹介します。

メニューを見直す

鉄則 アイテムの「出数《しゅっすう》」を把握して販売計画を立てる

それぞれのメニューの売れ行きをチェック

はじめて飲食店を開業した場合、開業前に考えたメニューの大部分は、見直しの必要があると思っておいたほうがよいでしょう。

まずメニューの見直しをするためには、**それぞれのメニューがどのくらい売れているのか**を把握しなければなりません。

メニューにあるそれぞれの商品がいくつ売れているかという数字を「出数」といいます。高機能なレジ機器を使用していればメニューアイテムの詳細な出数はわかりますが、会計時にレジ操作が面倒になるかもしれません。

アイテム分類できる数が少ないレジの場合は、まず「サラダ」や「ランチ」のように部門に分け出数を把握します。さらに会計伝票から数えたり、レジの空いている部門に特定のアイテムを1週間ほど打ち込んだり、といった調べ方があります。

目標達成につながる販売計画を立てる

メニューの見直しをするときには、**どのアイテムを1日平均いくつ売るという計画を立てる**ことが重要です。これを販売計画と呼びます。

本来、販売計画は開業前に立てておくべきものです。しかし、はじめて飲食店を経営する方が、開業前に販売計画を立てるというのはかなり難しいことです。そのため現実的には、営業を始めた後に販売動向を見て、販売計画を練っていくことになります。

販売計画は、もちろん売上目標とつながっていなければなりません。たとえば、ランチタイムに値段の異なるランチメニューが3種類あったとき、設定した売上目標を達成するためにどのアイテムをいくつ売ればよいのか、さまざまな組み合わせが考えられます（左ページ参照）。

販売計画を立ててみよう

販売計画は各アイテムの利益率や仕込みなどの効率も考慮して立てます。メニューにある全アイテムの計画を立てるのは大変ですが、日々の販売動向などを見ながら、少しずつメニューを見直していくとよいでしょう。

ランチタイムの売上目標 ¥55,000

A ランチ
¥780
B ランチ
¥880
C ランチ
¥980

計画①	A	B	C	合計
金額	780	880	980	¥55,140
個数	18	30	15	63

計画②	A	B	C	合計
金額	780	880	980	¥55,200
個数	30	25	10	65

計画①では、A ランチは 18 個売れれば目標達成ですが、計画②では 30 個売らないと達成ではありません。
A ランチが 1 日平均 20 個売れている場合、①の販売計画ならば目標達成です。しかし②ならば目標未達なので A ランチは見直しが必要になります。

ランチタイムの売上目標は 55,000 円。ランチメニューに、A ランチ（780 円）、B ランチ（880 円）、C ランチ（980 円）という 3 種類があったとき、目標額を売り上げるには、この表のようにさまざまな組み合わせが考えられる。
どのアイテムをいくつ売れば目標売上を達成するかを考えるのが販売計画である。

ココに注意！

メニュー価格の「総額表示」

メニューブックやチラシなどに表示する価格は、消費税を含めた税込価格（総額表示）を記載することが義務づけられています。総額表示の方法はいくつかありますが、飲食店の場合、テイクアウト商品には軽減税率 8%が適用されるため、イートイン（店内飲食）価格との違いも考慮して表示する必要があります。

メニュー分析を行う

鉄則 ABC分析やデシジョンテーブル分析を用いる

ABC分析でメニューを見極める

メニューの見直しをするときに使う分析手法に「ABC分析」（「ABCZ分析」ともいう）があります。

ABC分析は、1カ月の販売データをもとに商品の売上金額が大きいものから順に並べたリストをつくり、それを大きくグループ化して分析する手法です。

売上の累計が売上全体の約75%までのメニューをAランク、そこから約95%までのものをBランク、残りのメニューをCランク、まったく売上がない（ゼロ）ものをZランクと分類します。すると、売上の大部分は、全体の3割程度のメニューで構成されていることがわかります。

ABC分析のおもな目的は、改善効果の高いメニュー、売上に大きく影響しない、つまり貢献していないメニュー、廃止を検討するメニューなどについて見極めることとなります。

位置づけを決めるデシジョンテーブル分析

ABC分析ではわかりにくい、**メニュー全体の中での各アイテムの位置づけを明確にして改善方法を検討する手法が、デシジョンテーブル分析（マトリクス分析）です。**

たとえば、横軸に「粗利益率」、縦軸に「販売個数」をとり、それぞれの枠の中にメニューのアイテムを当てはめて、配置します。

配置された商品は、左ページのように「どのような性格」で、「どのような方針で改善を行うべきか」という位置づけが決まってきます。

あとは、**その位置づけにもとづいて個々のメニューの改善を検討**していきましょう。

このように、メニューの見直しにもいろいろなとらえ方があります。さまざまな視点から考えることが大切です。

ABC 分析とデシジョンテーブル分析

ABC 分析グラフ

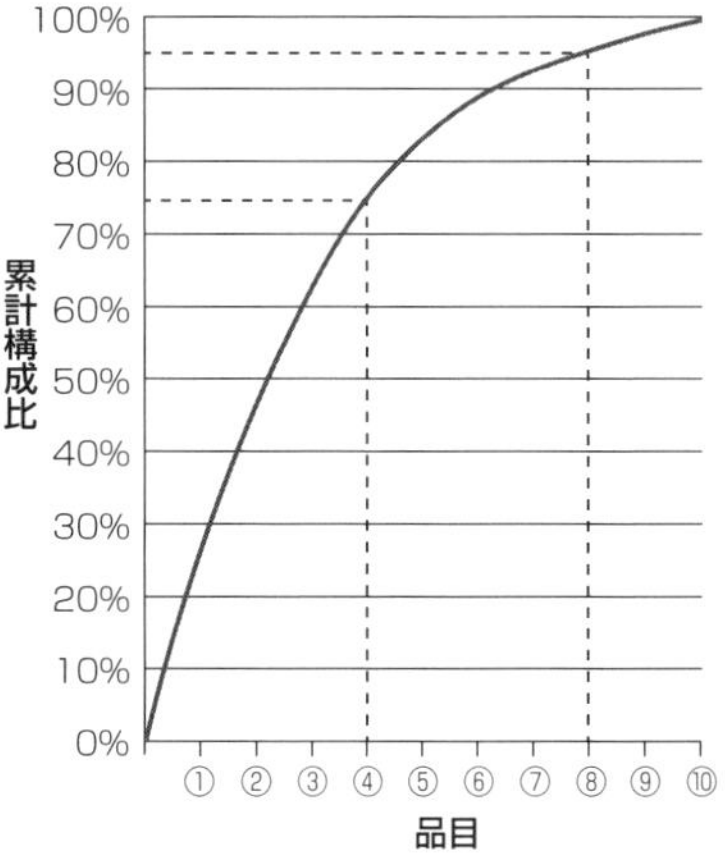

ABC 分析表

番号	メニュー名	売上金額	売上構成比	累計構成比	ランク
①	サーロインステーキ	16,800円	27.7%	27.7%	Aランク
②	海老フライ	12,600円	20.8%	48.5%	
③	ハンバーグ	9,800円	16.1%	64.6%	
④	日替りランチ	6,800円	11.2%	75.8%	
⑤	海老ドリア	4,600円	7.6%	83.4%	Bランク
⑥	カニグラタン	3,200円	5.3%	88.7%	
⑦	チキン照焼	2,560円	4.2%	92.9%	
⑧	ナポリタン	1,800円	3.0%	95.9%	
⑨	ミックスピザ	1,280円	2.1%	98.0%	Cランク
⑩	ハヤシライス	1,200円	2.0%	100.0%	
	合計	60,640円	100.0%		

デシジョンテーブル分析

利益の貢献度／お客の満足度		粗利益率		
		高	中	低
販売個数	多	**重点販売メニュー** さらに売り込む	**売れ筋メニュー** 粗利益を上げる工夫	**ロスリーダー(目玉)メニュー** 粗利益を上げる工夫
	中	**利益メニュー** 販売数を上げる工夫	**準売れ筋メニュー** 利益メニューか売れ筋メニューへ	**品揃えメニュー** 品揃えの再検討
	少	**育成メニュー** 育て上げる工夫	**品揃えメニュー** 品揃えの再検討	**死に筋メニュー** 切り捨てか育成か決断

ココに注意！

カテゴリーごとにアイテムを検討する！

ABC 分析を行う場合、位置づけの違うメニューアイテムを同時に見てしまうと正しく分析できない恐れがあります。メインディッシュとサイドメニューとドリンクなどのように、大きく位置づけの異なるカテゴリーのメニューアイテムは、同時に見ないほうがよいでしょう。詳細な検討のためには、必ず各カテゴリーの中でABC 分析を行い判断するようにしましょう。

コンセプトの見直し

鉄則 売上が伸びないときは、根本からコンセプトを見直す

ひらめきから生まれた直感的なアイデアによってビジネスが成功するということもよくあります。しかし、そうしたアイデアを試して思うような結果が得られなかった場合、その後どのように軌道修正すればよいのかを考えるのは、難しいものです。

なぜなら、きちんと筋道を立てて考えた計画と違い、「思いつきのアイデア」を見直すということは、ふりだしに戻って、またイチから考え直すしか方法がないからです。

相関図を用いて課題を整理する

コンセプト立案の際は、左ページに記載したようなコンセプトの相関図を使って、要旨をまとめておきましょう。そうすれば、見直しを行うときに、**どの部分を見直せばよいのか、順番に項目を整理しながら考えることができます。**

たとえば、本当に現在の商品（メニュー）は想定していた「その客層が魅力的と感じる商品なのか」とか、本当に「その客単価で集客できるのか」といった項目について、もう一度冷静になって考えてみましょう。

すると、**根本的に改善が必要な部分**が見えてきます。少なくとも、**「どこに問題がありそうか」といった課題の整理**はできるはずです。

コンセプトから抜本的に見直す

開業後、半年以上経っても売上が計画通りに伸びない場合、どうすればよいでしょうか。

改善を行っても、業績が思うように伸びないときは、当初想定した店舗のコンセプト自体に、どこか問題があったのかもしれません。

事業計画を立てる上で、**業態やコンセプトについてしっかり考えておくのは、見直しが必要になったときのためでもあります。**どこが間違っていたのかという再検証がしやすくなるからです。

開業前の計画はあくまでも机上のものです。そのため、知らず知らずのうちに自分に都合のよい見方をしてしまっていることもあります。

ほとんど利益が出ない状態で見直しもせず、そのままズルズルと営業を続けていると、やがて経営にとって大きな問題になる場合があります。閉店を考えるほど業績が悪ければ、いやおうなしに見直しを行うことになりますが、業績がそこまで悪くもないと問題を先延ばしにしてしまい、改善ができないほど悪化してしまうかもしれません。

事業計画を立てるときにきちんとコンセプトを考えておくことで、見直しを行いやすくなります。

相関図を活用して改善点を整理する

①～③の順に追って、項目ごとに見直しをしましょう。

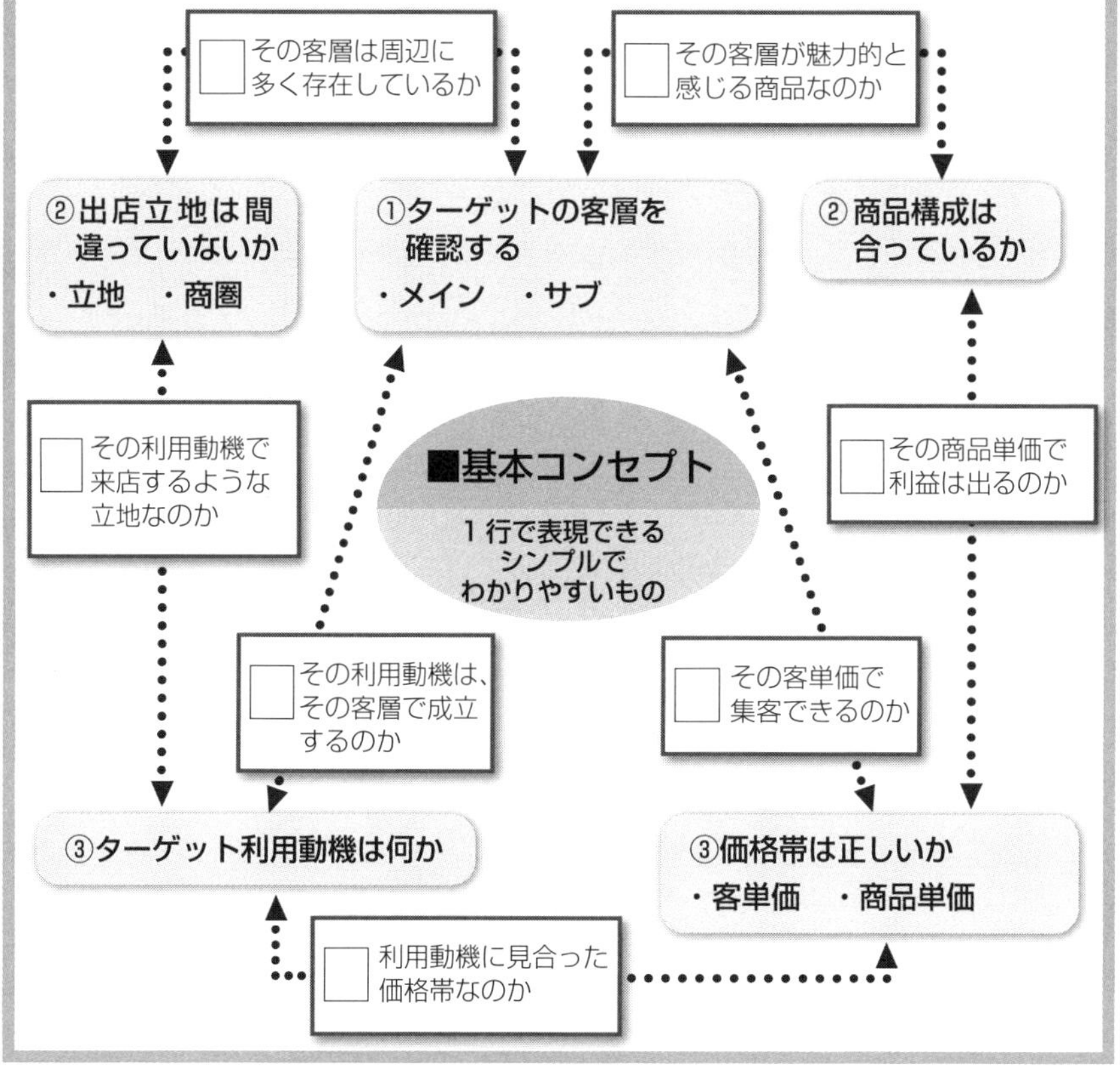
その客層は周辺に多く存在しているか
その客層が魅力的と感じる商品なのか
②出店立地は間違っていないか
・立地　・商圏
①ターゲットの客層を確認する
・メイン　・サブ
②商品構成は合っているか
その利用動機で来店するような立地なのか
■基本コンセプト
１行で表現できるシンプルでわかりやすいもの
その商品単価で利益は出るのか
その利用動機は、その客層で成立するのか
その客単価で集客できるのか
③ターゲット利用動機は何か
③価格帯は正しいか
・客単価　・商品単価
利用動機に見合った価格帯なのか

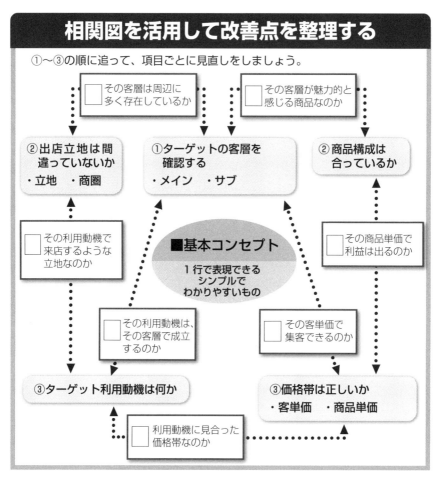

売上が落ちてきたら

鉄則 自店の営業姿勢、近隣の競合店を見直す

売上が落ちてきた要因を確認しよう

開業後、順調に売上が伸びている間は、ひたすら毎日の営業をこなし、作業をすばやく間違いなく行うことが経営の第一目標となるはずです。こうした時期には、恐らく飲食店の経営に大きく悩むことはあまりないでしょう。

しかし、これまでと同じ営業を行っていても、**次第に売上が落ちてくるという壁にぶつかる時期**がやってきます。

それは時間が経てば、**お客様が入れ替わったり、商圏内にライバル店が出現したり、経済状況や外食のトレンドが変化したりする**からです。

そうしたときに、経営者としてどう行動するかで、会社と事業を次のステップへ飛躍させられるかが決まるといってもよいかもしれません。

これまで通りか、それ以上のレベルで営業を行っているはずなのに、「売上が伸びない」あるいは「少しずつ落ち込んでくる」という傾向に気づいたら、まずは**営業の姿勢がマンネリにおちいっていないか**を冷静に確認してください。

やるべきことをちゃんとやっているつもりでも、かたちだけのサービスに対してお客様は敏感です。

近隣にある競合店を調査する

営業の姿勢に問題がない場合は、**近隣にお客様を奪うような競合店が出店していないか**調べてみる必要があります。この場合、競合店は必ずしも同じようなメニューを扱っているとはかぎりません。

競合店にお客様を取られているとわかった場合は、まずその店をよく観察しましょう。そして、競合店と自分の店の長所短所などを冷静に比較し、対処方法を考えます。

もし、競合店などの心当たりもない場合には、あなたの店が時代の変

化についていけていない、という可能性も考えられます。

　どのような点に問題があるのかわからない場合、あるいは解決策が見つからない場合は、専門家に相談することも考えましょう。また、近くの商工会議所や商工会に行くのもひとつの方法です。

売上が伸びない原因は？

これまでと同じように営業を行っていても売上が落ちてきた場合、その原因を探る必要があります。

近隣に競合店が出現して、お客様を奪われてしまっている

接客態度がよくないなど、営業の姿勢がマンネリ化してしまっている

ココが知りたいQ&A

経営悪化に早く気づくためには？

売上や客数など、経営管理のためのデータはきちんと分析しておきましょう。

個人経営の店などでは、分析をおこたったために、認識が遅れるという傾向がしばしば見られます。現状の問題点をハッキリ理解しないまま、長い間営業を続けていると、本当に経営が立ち行かなくなったときに改善を行うのが非常に困難になる場合が多いものです。

そうした事態におちいらないように、日頃から経営状態を数字で把握するようにしてください。

店舗のメンテナンス

鉄則

よりよい状態に店舗を保つために定期的に点検する

清掃のときに店舗を目視でチェック

店舗のメンテナンスとは、**店舗内装および設備・機器等の保守管理や修理・交換**といった作業を指します。

これはクレンリネス（P92参照）と密接な関係があります。日頃からしっかりと清掃や衛生管理を行っていれば、ホコリや汚れなどによる故障を未然に防ぐことができます。また、修理や交換の必要な部分にも早めに気づくことができるので、大きなトラブルになる可能性が少なくなります。

店舗をいつもよりよい状態に維持するためには、まず**定期的な保守点検が欠かせません。**清掃作業の際は、ただ汚れを落とし、きれいにするだけではなく、店舗に関するすべてが良好に機能するように、目視でチェックするように心がけましょう。見るべきところは、客席の内装や家具、キッチンで使用される設備・機器から看板や店舗の外壁などにいたるまで、店のすべてです。

リストを作成して定期点検を行う

毎日確認する必要のないところは、定期的に点検するためにリストアップしておきましょう。**決められたタイミングで確認するという作業の仕組みをつくっておく**と、うっかり点検を忘れてしまうということがなくなります。

店内で使用する電気機器などについては、まず製造元の取扱説明書をよく読みます。そして、説明書はメンテナンス業者の連絡先と一緒に、すぐにわかるところにまとめて保管しておいてください。

メンテナンス業者については、出張作業に対応してくれる曜日と時間帯を調べておきましょう。週末や休日に設備・機器の故障が起きた場合は、どのような対応が可能かを事前に確認しておく必要があります。

メンテナンスを行うポイント

これは、とくに保守点検すべきポイントの例です。このような箇所を定期的にメンテナンスしましょう。

キッチン

厨房機器	冷蔵・冷凍機器の熱交換器部分の汚れや破損。温度が規定通りに保てているか。扉の密閉度（ゴムパッキンの劣化）など。その他機器は説明書によりチェック箇所を確認。
製氷機	製氷時間の確認。水漏れや製氷皿の破損など、内部のチェックと冷却器の動作確認。ゴムパッキンの損傷など。
水回り	蛇口の水垢やパッキンの摩耗、給水管の水漏れ、排水管の詰まりによる水漏れなどを確認。給水タンクがある場合は水質の検査。キッチン内グリーストラップの破損、汚損。排水ポンプがある場合は業者によるポンプの点検など。
ガス器具	ガスホースの劣化、点火装置や元栓付近の破損や不具合。オーブンやコンロはとくに五徳等の破損など。ガス器具は、ガス会社による定期的な点検が望ましい。

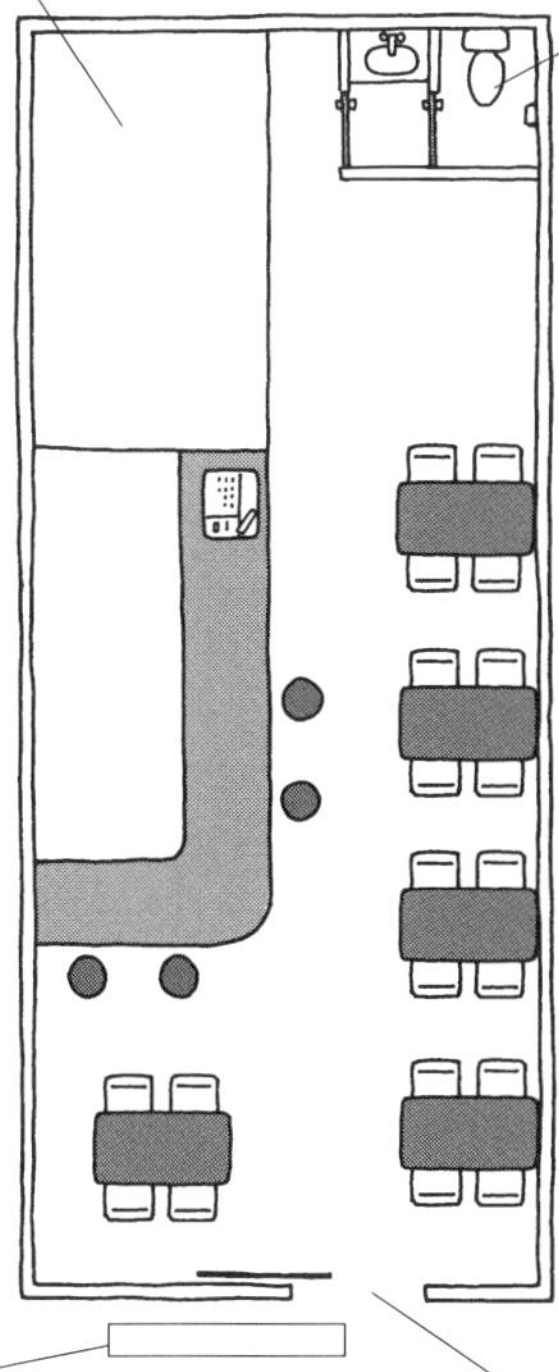

トイレ

タンクや給水管の水漏れ、破損。タンク排水の動作確認。便器内や排水管の詰まり。便器まわりの水漏れなど。

エアコン

フィルターより内部の汚れの点検。冷却ガスの補充時期。室外機の破損やサビなど。

照明器具

電球等のまわりの破損や熱による劣化。ペンダント照明のつり下げ器具。調光器の不具合や破損とレールコンセントのガタつきなど。

内装

壁面、床面、天井などの表面資材の破れ、はがれがないか。塗装面のはげや汚損がないか。床面や階段は踏んで沈まないか、など。

家具

張り生地の破れ、塗装のはげ、接合部のゆるみなど。イス・テーブルは、とくに脚の部分に注意。

看板類

塗装やカッティングシート等の色あせ、はがれなど。ネオン管、照明器具と電源ケーブル等の損傷。雨風による劣化や漏電の確認など。

扉・窓

開け閉めの不具合。ちょうつがいやカギの破損・不具合。ガラス面との歪み等による隙間。自動ドアの動作など。

リニューアルと改装工事

鉄則 時代の変化に合わせて、店舗を修正する

さまざまな要素の修正点を検討する

リニューアルとは、お客様の変化を敏感に感じ取り、飲食店の経営に修正を加えていくことです。

その際には、メニュー構成や価格、サービス方法などといったさまざまな要素を検討する必要があります。リニューアルによる改装工事とは、あくまでもその中の要素のひとつにすぎないのです。

たとえば居酒屋は、職場などを単位とした大人数の宴会の需要を背景に成長しました。そのために、大人数が入れる座敷《ざしき》席などを設けて、多くのお客様に受け入れられるような無難な宴会メニューをつくりました。「○○○円コース」といった価格で区別するスタイルが幹事の方の手間を省き、重宝がられたのです。

しかし、時代は変わって大人数の宴会需要は大幅に減り、親しい3〜5人ぐらいの仲間うちで利用されることが中心になっています。

こうした変化に対応するには、店舗の見た目のデザインをキレイに、新しくするだけのリニューアルでは投資の効果がありません。

大きなお座敷席よりも個室風の客席を増やし、メニューにはその店独自の工夫を凝らすといった大きな方

ココに注意！

メンテナンスとリニューアルは大違い！

店舗を補修するメンテナンスとは別に、店舗のつくりやデザインそのものまで修正を加えるのがリニューアルです。
かつては、リニューアルといっても、改装で古びた店をキレイにするというメンテナンスに近い考え方で十分でした。そのため、改装工事に合わせて、空調やキッチン設備などの大規模なメンテナンスを行うという計画もあまり無理がありませんでした。
しかし、お客様が飲食店に求める要素が多様化した現在では、リニューアル計画はメンテナンス計画と別に考える必要があります。

針転換が必要になるわけです。

効率よく計画的にリニューアルしよう

店舗の改装工事がすなわちリニューアルではないことをよく理解しましょう。目的に沿った部分的なリニューアル工事を、必要なときにその都度行っていくことが大切です。

投資ばかりが大きく、効果が見込めない無計画な全面改装などは、決して行ってはいけません。全面改装とは、これまでの店を閉めて新しい店をオープンするのと同じです。もし全面改装が必要であるならば、ほかの物件への移転も同時に検討すべきでしょう。

リニューアルは、あくまでも投資に見合った結果を得ることを目標として、しっかりとした計画の下に行わなければいけません。

リニューアル検討項目

開業当初から、大きなリニューアル工事を行わずに済むような設計にしておくことも重要です。

■リニューアルで検討するおもな項目

- □ 店舗のコンセプト（経営方針）の見直し
- □ ターゲットとする客層とその利用動機の見直し
- □ メニュー商品構成と価格帯の見直し
- □ メニューの提供方法やサービス方法の見直し
- □ 上記の変更にともなう人員計画の変更
- □ 上記の変更にともなう店舗ハードウェアの改装
- □ 上記の変更にともなう販促計画の変更

店舗を設計するときにつくり付けの家具などをなるべく少なくしておけば、入れ替えるだけで店内のレイアウトや動線をある程度は変更できます。

■リニューアルによる改装工事を検討する項目の例

- □ 店舗の全体イメージを変えるデザイン計画
- □ 店舗の視認性や認知度を高めるサイン計画
- □ 生産性を向上させるキッチンの機器入れ替え、レイアウト変更
- □ 客席の稼働率を上げるイス、テーブルの変更
- □ 動線を修正し作業効率を向上させるための客席レイアウトの変更
- □ 清掃作業の効率化を図る目的でのトイレや内装造作の壁床処理改善
- □ 臭気や空気の汚れを改善するための空調設備の改善
- □ 店内の室温管理の向上と電気代の節約のためのエアコン機器交換
- □ 店内イメージの変更を目的とした照明機器・音響機器の変更

テイクアウト営業を行う

鉄則 かぎられた客席数以上の売上を上げることを狙う

テイクアウト営業で売上アップを狙う

飲食店は客席の数が決まっているので、売上には上限があります。しかし、**テイクアウト営業をすることで、客席数の少ない小さな飲食店でも、限界以上に売上を伸ばすことが可能になります。**

テイクアウトといっても、ファストフードのハンバーガー店のような営業だけを指すのではありません。たとえば、カフェや食堂で「ランチタイムの時間だけ店頭で弁当を売る」といった方法もテイクアウト営業のひとつです。こうした**部分的なテイクアウト営業でも、店内の客席を使わずに済みますから、混み合う時間帯の総売上額は増加します。**「混み合う時間帯に満席でお客様をお断りした」という経験があれば、ぜひ試してみるべきでしょう。

テイクアウト営業を行うための課題とは?

テイクアウト営業で大きな効果を上げるためには、いくつかの前提条件があります。

まず、通常営業に加えてテイクアウト営業分の商品も時間内に準備しなければならないため、**キッチン設備や人員に余裕が必要です。**次に、持ち帰りでも商品が売れるほど、**店舗の周辺に十分なお客様が存在しなければなりません。**そして、コンビニやスーパーなどの低価格な商品に負けないくらい、あなたの**店と商品に魅力があることも重要です。**

また、テイクアウトのほかに、飲食店向けのデリバリーサービスを利用して売上を増やす方法も検討できます。デリバリーサービスでは配送の手数料が必要になりますが、専用のメニューや価格を設定することも可能です。店舗の規模を超えて売上を伸ばす可能性のあるテイクアウトやデリバリーは、検討してみる価値があるでしょう。

テイクアウト営業の例

テイクアウト営業をすることで、客席数の少ない小さな飲食店でも売上を伸ばすことが可能になります。

仮に、ランチタイム営業の売上が、１日５万円（客単価 1,000 円×客数 50 人）だとします。
これに加えて 800 円の弁当を 30 個テイクアウトで売り上げることができれば、ランチタイムの売上は一気に約 50% もアップして７万 4,000 円になります。弁当が売れるのは平日のみの週５日と考えても、１カ月（20 日間）では約 48 万円の売上増となります。

イートイン

店内で 50 人のお客様が食事（¥1,000）をする

＋

テイクアウト

持ち帰りで弁当（¥800）が 30 個売れる

ランチタイムの売上が約50％UP！

¥1,000 × 50 人　　　¥800 × 30 個

50,000 ＋ 24,000 ＝ 74,000

１カ月（20 日間）では

→ 480,000 円

の売上増

テイクアウト営業の売上のみで、家賃が支払えるくらいの利益が出る可能性もあります。

※ 2019 年 10 月に消費税が 10%へ増税されました。外食では、テイクアウトやデリバリーなど、一部に軽減税率（8%）が適用されるものがあり注意が必要です。

2号店を出店する

鉄則 **複数の店舗を経営することでリスクを抑える**

2号店出店を考えるタイミング

はじめての店が無事軌道に乗って数年が経ち、開業時の借入金も返済のメドがついてきたら、そろそろ2号店の出店を考え始めてもよいタイミングです。

かつては、創業した1店舗を長く守りながらコツコツと資産を増やし、子どもが成長して跡を継ぐような年齢になって、はじめて2号店について検討する、といった考え方が多くを占めていました。

しかし、現在はそういう時代ではありません。ちょっとした経営環境の変化によって、急激に業績が悪化するといった可能性は、以前よりずっと高くなっています。そうしたときの**リスクを最小限に抑えるために、複数の店舗を経営する**ことの重要性は増しているのです。

2号店を任せられる人材は早めに育てる

個人経営の飲食店オーナーが、2号店を出店するというのは、**「オーナー自身の目が行き届かない店舗を管理する」**ということです。

これはオーナーにとって新しい課題であり、経営上の大きな節目となります。

運営のウラワザ

2号店は1号店と異なった客層も狙うべし

2号店を出店するということは1号店の業績が順調だということ。そのため、原則的には2号店のメニューやサービスは1号店の営業内容を踏まえたものにすべきです。
しかし、現在のめまぐるしい経営環境の変化を考慮すれば、2号店は1号店とは少しだけ方向性を変えてみるのもよいでしょう。2号店は異なった客層にも狙いを広げたほうが2店同時に業績が低下するようなリスクを避けられます。

２号店の出店立地を考えよう

１号店を基準に、２号店の出店場所について考えましょう。

立地案❶　１号店と同じＡ駅エリアでも、線路を挟んだ反対側に出店する。

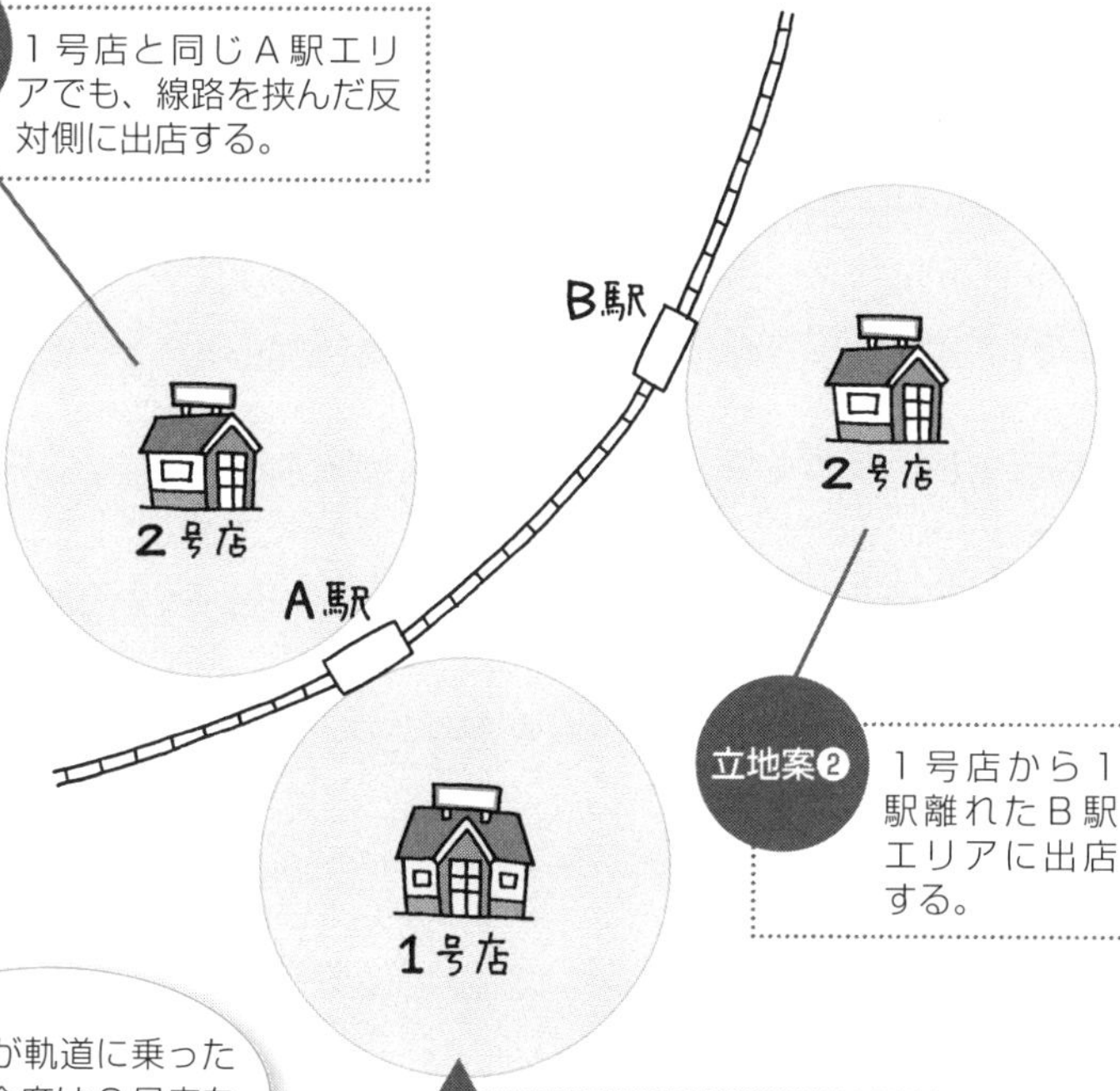

立地案❷　１号店から１駅離れたＢ駅エリアに出店する。

地域で評判になっている人気メニューがあり、固定客も多い。

１号店が軌道に乗ったから、今度は２号店を出店するぞ！

１号店の人気の理由を踏まえて、「１号店の顧客を取り合わない程度に遠く、しかし１号店の評判は届いている範囲に」というのが､２号店の理想的な立地場所です。付かず離れずの場所に出店しましょう。

このように、２号店は電車で１～２駅程度の範囲、または大きな駅を挟んだ街の反対側といったロケーションが想定されます。営業の管理をするために、店舗間の交通の便はよくないといけません。

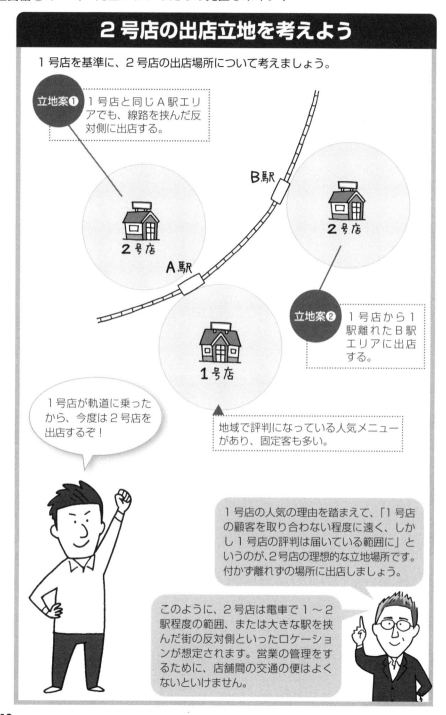

1店舗だけの経営であれば、つねに自分自身が店に出ればいいことです。パート／アルバイトだけを使って店舗の運営をすることもさほど難しくはありません。

しかし、同時に2店舗の経営を行うということは、確実にどちらかの店はオーナー不在で営業をするということになります。つまり、2号店には、オーナー以外に店舗に常駐する責任者が必要になるわけです。

そこで、2号店の出店でもっとも重要になるのは、誰を責任者にするかです。もし多店舗化を目指すのであれば、**開業するときから、将来店を任せられる人材の育成について考えておかなければいけません。**

店を任せられるような人材は、出店が決まってから探したのでは遅すぎるのです。優秀で信頼できるスタッフは、そう簡単に見つかるものではありません。

2号店の運営は新店長に任せよう

新しい店を任せる店長に対して、「店はオレがつくってやるから、お前は店長として毎月○○万円売ればよい」といった言い方をするオーナーがいます。

しかし、これでは店長に経営感覚がつきません。

投資をどのように売上につなげるのか、そのために必要な経費をどうコントロールするのか、といった**マネジメントの考え方を、店長には理解してもらう必要があります。**新規店を立ち上げる際に、店長にはその感覚を身につけてもらいましょう。

そのために、投資と回収を検討する資金計画の段階から、できるだけ店長を参加させるようにします。商品構成は既存店の人気メニューを軸に組み立ててかまいません。しかし、**新規店のオペレーションは、原則として店長に任せてください。**

目標となる経営指標はオーナーが提示しなければなりません。しかし2号店の管理を任せる以上、細かな運営方法についてあまり口を挟むべきではないでしょう。その代わり、新店は数字の面からきちんとチェックします。

また、オーナーは2号店の営業中にしばしば訪れて、お客様の様子を観察しましょう。そして、定期的なミーティングなどにより問題点を共有することが大切です。

いずれにしても、2号店が独自でお客様を開拓し、顧客を増やしていく力をつけることを目標にしなければなりません。

２号店の任せ方

店を任せられる人材の育成は早めに行っておく必要があります。

１号店

１号店を営業しながら優秀なスタッフを育成する

２号店

２号店の店長としてオペレーションを任せる

コラム

プロモーションはマーケティングの分野のひとつ

「マーケティング」という言葉を聞いたことがあるでしょう。プロモーションとはこのマーケティングの一分野です。マーケティングを詳しく説明すると、それだけで本が何冊も必要になるくらい奥が深いものです。そこで、飲食店を例に取ってごく簡単に説明するならば、「店舗の売上や利益を向上させるために、商品やサービスとその価格、店舗、プロモーション（広告宣伝や販売促進）について筋道立った作戦を立てること」というような意味になります。

しばしば、「マーケティングをしっかりやらなかったから商売に失敗した」という言い方をする人がいますが、それは少し違います。ビジネスが成功するかどうかにはさまざまな要因があります。それは、マーケティングをやったから必ず成功するといった単純なものではありません。

それでは、なぜマーケティングが必要なのでしょうか。実は、マーケティングのポイントは、ビジネスについて「筋道を立てて整理しながら作戦を検討する」というところにあるのです。

あるビジネスのアイデアを実行するにあたって、事前に筋道立った作戦を考えていたとします。その場合には、もしアイデアの狙いが外れてしまってもすばやく次の手を打つことができます。しかし、そうした方針や計画なしに、その場の思い付きだけで考え、実行したアイデアだったらどうでしょう。それが失敗だったときには、またゼロからやり直すしかありません。つまりマーケティングとは、アイデアが成功したときよりも、失敗したときに役立つものです。

飲食店の経営を始める場合も、また売上を伸ばすプロモーションを考える際も同じです。こうしたマーケティングの考え方を採り入れて、事前にしっかりと筋が通った計画を立ててから実行に移すという姿勢が大切なのです。

巻末資料

事業計画書
創業計画書
借入申込書

筆者の作成した飲食店の事業計画書や、公的金融機関に申し込む際の用紙の入手先などを紹介しています。

事業計画書については本編P138で説明しています。詳しくはそちらを参照してください。

事業計画書 01　店舗説明書

事業計画者	成美堂太郎		連絡先等	東京都新宿区新小川町○-○ 電話:03-0123-○○○○	
店舗概要	面積	22坪（契約面積）	賃料	33万円	
	保証金	220万円	造作買取り	200万円	席数 30席
開業予定日	20××年○月△日				
店名	カフェ＆ベーカリー「ハーモニー・キッチン」				
業態コンセプト	「食材の調和（ハーモニー）」をテーマに、地元の農家から届けられる新鮮な野菜など、食材の自然なおいしさを活かしたシンプルな味付けの料理を提供。また、店舗には小さなベーカリーを設置し、店内で焼き上げたパンや焼き菓子などを持ち帰り用に販売する。 昼間は主に軽い昼食や喫茶としての利用、夜間は家族での食事も楽しめるように、低価格なワインなども取りそろえる。 子どもたちにもおいしく安心して食べさせられるメニューを用意し、地域密着型の店として長期的な経営の安定を狙う。				
商品	■料理 ・その日に仕入れた「旬の野菜」を中心に、できる限り加工食品などを使わない手づくりのカフェメニューをワンプレートスタイルで提供。 ・料理のテーマである「食材の調和」を大切に、昼間は自家製のパンを添えた定食スタイルのランチやブランチなど、夜間の営業では、食肉加工品（シャルキュトリ）と野菜を使った一品料理を中心にする。また、チーズやピクルスなど、ワインと一緒につまんでいただく軽いおつまみを充実させる。 ・自家製のスコーンやパンケーキなど、フルーツと一緒に盛り付けたスイーツを用意する。 ■飲物 ・コーヒーは、知人である個人ロースターから供給されるコーヒー豆を使用して、一杯ずつ淹れたものを提供。また、お茶も紅茶や中国茶、日本茶などを幅広く取りそろえ、オリジナルブランドのハーブティーも数種類用意する。 ・気軽に飲める価格帯のワインを10種類ほどチョイスし、自家製のソーセージやパテなどと一緒に楽しんでいただく。 ・スムージー、自家製のジンジャーエールやレモネード、フルーツや野菜などを使ったカクテルなども。				
ターゲット客層	店舗の周辺に住む20代後半～40代の子育て世代ファミリー、および50代後半以上の子どもが独立したシニア世代夫婦。特に、可処分所得の高い二世帯同居ファミリーを主要なターゲットとする。 平日の昼間は、主婦と子どもたち、10代～20代の学生、すでにリタイアしたシニア層の利用、平日の夜および週末は、さまざまなファミリーやシニア世代の夫婦などに利用してもらうことも想定。				
立地・商圏	上記のような客層が周辺に多く住む○○市近郊の新しい住宅地の中に出店。店舗は小高い丘の上にあり、市街を一望できるテラス席も用意する。 徒歩で10分程度の圏内に、十分な固定客がつかめる居住者数が存在している。				
営業時間等	平日:午前11時～午後11時 休日:午前10時～午後10時 年中無休（年末年始、夏期のみ休業）				
営業の演出等	・店内は、古材やレンガなどを使用したナチュラルな内装。デザインの異なった中古の家具を利用し、客席の一部にはソファー席を設ける。 ・店内には観葉植物や絵画、古い雑貨品などをデコレーションして、誰もがホッとするような、懐かしさを感じさせる雰囲気をつくり上げる。 ・必要以上に出しゃばらない、気づかいや気配りのある接客。落ち着いた雰囲気で、お客様と自然な会話ができる対応を心がける。				

※表の数値はページごとに設定されています。
※表計算ソフトを使用し、小数点以下の数値は四捨五入し表記しています。

事業計画書 02　開業費用

店名	「ハーモニー・キッチン」	店舗面積	22.0坪	月額賃料	330千円
		賃料単価	15千円/坪	歩合賃料	0.0%

■物件取得費	単価	単位	金額
保証金	100千円	22.0坪	2,200千円
敷金	330千円	0ヵ月	0千円
礼金/仲介手数料	330千円	1.0ヵ月	330千円
前家賃	330千円	1.5ヵ月	495千円
造作譲渡料			2,000千円
		小計	5,025千円

■店舗工事費	単価	面積	金額
内外装工事	200千円	22.0坪	4,400千円
厨房設備	150千円	22.0坪	3,300千円
その他設備	60千円	22.0坪	1,320千円
家具・什器	50千円	22.0坪	1,100千円
サイン工事	80千円	22.0坪	1,760千円
設計・デザイン	60千円	22.0坪	1,320千円
		小計	13,200千円

■開業備品	単価	面積	金額
食器・調理器具	25千円	22.0坪	550千円
メニュー・印刷物等	20千円	22.0坪	440千円
開業プロモーション	10千円	22.0坪	220千円
消耗品・備品	12千円	22.0坪	264千円
		小計	1,474千円

■その他	単価	単位	金額
募集採用	50千円	2回	100千円
研修トレーニング	40千円	2回	80千円
運転資金	800千円	3ヵ月	2,400千円
雑費			200千円
		小計	2,780千円
		合計	22,479千円

※原則として 2024 年 4 月時点での記入例です。

※表の数値はページごとに設定されています。
※表計算ソフトを使用し、小数点以下の数値は四捨五入し表記しています。

事業計画書03　資金調達

事業資金総額　22,479千円

■自己資金

本人	8,000千円
家族・親族	5,000千円
友人・知人	2,500千円
その他	
小計①	15,500千円

必要借入金総額	6,979千円

※必要借入金総額＝事業資金総額－自己資金小計

■借入金

	金利	返済年数	金額
日本政策金融公庫	2.5%	7年	4,500千円
制度融資（自治体）	1.5%	5年	1,500千円
○○銀行	3.0%	6年	0千円
		小計②	6,000千円

■リース

	支払総額	月額支払い	料率	期間	リース金額
○○社	960千円	16千円	2.0%	5年	800千円
××社	360千円	6千円	2.0%	5年	300千円
その他	0千円	0千円	0.0%	年	0千円
	1,320千円	22千円		小計③	1,100千円

■その他

現物協賛等

資金調達総額　小計①＋②＋③　22,600千円

※表の数値はページごとに設定されています。
※表計算ソフトを使用し、小数点以下の数値は四捨五入し表記しています。

事業計画書 04　売上計画

時間帯区分	客単価
ランチタイム	850円
アイドルタイム	600円
ディナータイム	1,800円

客席数	30席
営業日数	30日
休前日日数	4日
休日日数	4日
年間営業日数	360日

平日	客単価設定	×客席数	×客席稼働率	×客席回転数	時間帯別売上	客数	実質回転数
ランチタイム	850円	30席	70%	1.0	17,850円	21人	0.7
アイドルタイム	600円	30席	50%	0.5	4,500円	8人	0.3
ディナータイム	1,800円	30席	65%	1.5	52,650円	29人	1.0
平日売上合計					75,000円	58人	1.9
				平均客単価	1,299円/人		

休前日	客単価設定	×客席数	×客席稼働率	×客席回転数	時間帯別売上	客数	実質回転数
ランチタイム	850円	30席	70%	1.0	17,850円	21人	0.7
アイドルタイム	600円	30席	50%	0.5	4,500円	8人	0.3
ディナータイム	1,800円	30席	70%	2.0	75,600円	42人	1.4
休前日売上合計					97,950円	71人	2.4
				平均客単価	1,389円/人		

休日	客単価設定	×客席数	×客席稼働率	×客席回転数	時間帯別売上	客数	実質回転数
ランチタイム	850円	30席	75%	1.0	19,125円	23人	0.8
アイドルタイム	600円	30席	60%	1.0	10,800円	18人	0.6
ディナータイム	1,800円	30席	65%	1.5	52,650円	29人	1.0
休日売上合計					82,575円	70人	2.3
				平均客単価	1,184円/人		

月間売上			
平日売上合計	日数	22日	1,650,000円
休前日売上合計	日数	4日	391,800円
休日売上合計	日数	4日	330,300円
月間売上合計	日数	30日	2,372,100円
平均日商	月間売上合計÷30日		79,070円
年商(日商×営業日数)		360日	28,465,200円

※ベーカリーの売上は含まれていません。

※原則として2024年4月時点での記入例です。

※表の数値はページごとに設定されています。
※表計算ソフトを使用し、小数点以下の数値は四捨五入し表記しています。

事業計画書 05　初年度設定

■初年度売上

	店舗面積	月間売場効率	月間平均売上	売上金額
店内売上(※1)	20.0坪	120千円/坪	2,400千円	28,800千円
販売売上	2.0坪	150千円/坪	300千円	3,600千円
合計				32,400千円

■初年度経費

売上原価(※2)	売上高	原価率	経費金額
	28,800千円	33%	9,504千円
人件費(※2)	売上高	人件費率	
	28,800千円	28%	8,064千円
その他の経費(※2)	売上高	その他経費率	
	28,800千円	20%	5,760千円

賃　料	月額賃料	家賃費率	
固定賃料	330.0千円	12%	3,960千円
売上歩合賃料		0%	0千円
販売売上経費(※3)		経費率	
		70%	2,520千円
合　計		92.0%	29,808千円

■減価償却費

科目	年数	償却方式	残存率	金額
内外装工事	5年	定額法	0%	4,400千円
厨房設備	5年	定額法	0%	3,300千円
その他設備	5年	定額法	0%	1,320千円
家具・什器	5年	定額法	0%	1,100千円
サイン工事	5年	定額法	0%	1,760千円
設計・デザイン	3年	定額法	0%	1,320千円
開業費	3年	定額法	0%	1,000千円
合　計				14,200千円

■売上高上昇率

年度	2年度	3年度	4年度	5年度以降
店内売上	3%	3%	2%	2%
店外売上	2%	2%	2%	2%

■賃料上昇率

6年毎に	1%アップする

※1:「売上計画」の売上とは連動していません。
※2:飲食売上のみに対する経費。
※3:ベーカリー販売売上に対する諸経費。

※表の数値はページごとに設定されています。
※表計算ソフトを使用し、小数点以下の数値は四捨五入し表記しています。

事業計画書 06　年度別事業収支

項目	初年度	2年度	3年度	4年度	5年度	6年度	7年度	8年度	9年度
店舗売上	28,800	29,664	30,554	31,165	31,788	32,424	33,073	33,734	34,409
店舗外売上	3,600	3,672	3,745	3,820	3,897	3,975	4,054	4,135	4,218
経常収入合計	**32,400**	**33,336**	**34,299**	**34,985**	**35,685**	**36,399**	**37,127**	**37,869**	**38,627**
売上原価	9,504	9,789	10,083	10,284	10,490	10,700	10,914	11,132	11,355
人件費	8,064	8,306	8,555	8,726	8,901	9,079	9,260	9,446	9,634
その他の経費	5,760	5,933	6,111	6,233	6,358	6,485	6,615	6,747	6,882
賃料	3,960	3,960	3,960	3,960	3,960	3,960	4,000	4,000	4,000
歩合賃料	0	0	0	0	0	0	0	0	0
店舗外販売経費	2,520	2,570	2,622	2,674	2,728	2,782	2,838	2,895	2,953
経常支出合計	**29,808**	**30,558**	**31,330**	**31,878**	**32,436**	**33,006**	**33,626**	**34,219**	**34,823**
支払利息	135	116	96	76	55	34	17	0	0
リース料	264	264	264	264	264	0	0	0	0
減価償却費合計	3,149	3,149	3,149	2,376	2,376	0	0	0	0
税引き前利益	−956	−751	−540	392	554	3,359	3,483	3,650	3,803
法人税等	0	0	0	117	166	1,008	1,045	1,095	1,141
税引き後利益	**−956**	**−751**	**−540**	**274**	**387**	**2,351**	**2,438**	**2,555**	**2,662**
繰越金	0	1,306	2,797	4,480	6,183	7,980	9,656	11,403	13,958
発生キャッシュ	2,193	2,398	2,609	2,650	2,763	2,351	2,438	2,555	2,662
現金小計	2,193	3,704	5,406	7,130	8,947	10,331	12,094	13,958	16,621
借入金返済額	**887**	**907**	**926**	**947**	**967**	**675**	**691**	**0**	**0**
借入金残高	5,113	4,206	3,280	2,333	1,366	691	0	0	0
返済後キャッシュ	**1,306**	**1,491**	**1,683**	**1,704**	**1,796**	**1,677**	**1,747**	**2,555**	**2,662**
同上累計	1,306	2,797	4,480	6,183	7,980	9,656	11,403	13,958	16,621

※損金の繰越はサポートしていません。

税率設定
30%

※原則として 2024 年 4 月時点での記入例です。

※このページに掲載されているのは記入例です。
※原則として 2024 年 4 月時点での書面です。

●創業計画書

日本政策金融公庫に提出する創業計画書の居酒屋を開業するときの記入例です。本書の 138 ページにある「事業計画書」の説明も参考にしてください。

創　業　計　画　書　【記入例】

〔令和　○　年　○　月　○　日作成〕

お名前　○○○○

1　創業の動機（創業されるのは、どのような目的、動機からですか。）

・これまで複数の店舗で経験を積む中で、次第に自分の店を持ちたいと思うようになっていたところ、現勤務先で店長を経験し、店舗の運営に自信がついたため。
・昔から馴染みのある○○地区で物件を探していたところ、好立地の空きテナントが見つかったことに加えて、現勤務先の仕入業者から、豊富なお酒を安価に仕入れることができるようになったため。

2　経営者の略歴等（略歴については、勤務先名だけではなく、担当業務や役職、身につけた技能等についても記載してください。）

年　月	内　容
H○年○月～	○○大学卒業（調理師免許取得）
H○年○月～	居酒屋○○○３年勤務（学生時代のアルバイト先に、そのまま就職）、ホール兼調理を担当
H○年○月～	ダイニングキッチン○○(洋風居酒屋チェーン)９年勤務、ホール兼調理を担当
	３年前から店長(現在の月給30万円)
R○年○月	退職予定（退職金70万円）
過去の事業経験	☑事業を経営していたことはない。 □事業を経営していたことがあり、現在もその事業を続けている。（事業内容：　　） □事業を経営していたことがあるが、既にその事業をやめている。（やめた時期：　年　月）
取得資格	□特になし　☑有（調理師免許（H○年○月取得）　番号等　　）
知的財産権等	☑特になし　□有（　　□申請中　□登録済）

3　取扱商品・サービス

事業内容	・○○地区周辺の会社員をターゲットに、様々なお酒と旬の素材を使用した創作料理を提供する。 ・隠れ家的な雰囲気の店構えとして、寛げる空間を提供する。
取扱商品・サービスの内容	① 昼　日替わりランチ（４種類／ドリンク・デザート付）（売上シェア 20 %） ② 夜 ｛一品料理　550円～1,200円（売上シェア 80 %） ③ ドリンク　500円～1,200円（売上シェア　%）
客単価（飲食・小売等）	昼900円 夜4500 円　受注（販売）単価（建設・製造等）　万円　～　万円
営業日数（月）（飲食・小売等）	26 日　定休日（飲食・小売等）日曜日　営業時間（飲食・小売等）11:00　～ 23:00
セールスポイント	・ワイン、ビール、オリジナルカクテル等200種類のドリンクを提供する。 ・地元の食材を使用した地産地消にこだわり、高品質な料理をリーズナブルに提供する。 ・月１回、友人の協力でアコースティックギターの生演奏会を予定している。
販売ターゲット・販売戦略	・30～40代の○○地区周辺の会社員がメインターゲット。 ・創業当初は、駅前でのチラシ配りやポスティングにより、新規顧客の獲得を図る。 ・写真映えする創作料理をインスタグラムなどのSNSに投稿し、認知度向上を図る。
競合・市場など企業を取り巻く状況	・商業ビルが立ち並ぶ路地裏の立地。周辺にセレクトショップ等があり、人通りは多い。 ・居酒屋などは多いが、落ち着いた雰囲気の店舗は少ない。 ・出店予定地の近くに新たに商業ビルが建設予定であり、ランチや飲み会需要の増加が期待できる。

4　従業員

常勤役員の人数（法人の方のみ）	人	従業員数（３ヵ月以上継続雇用者※）	4 人	（うち家族従業員）1 人 （うちパート従業員）2 人

※ 創業に際して、３ヵ月以上継続雇用を予定している従業員数を記入してください。

5　取引先・取引関係等

	フリガナ / 取引先名	所在地等（市区町村）	取引先のシェア	掛取引の割合	うち手形割合 手形のサイト	回収・支払の条件
販売先	一般個人（現金）		70 %	%	% 日	即金 日〆　日回収
販売先	一般個人（クレジット・電子マネー）		30 %	100 %	% 日	末 日〆　翌月20 日回収
販売先		ほか　社	%	%	% 日	日〆　日回収
仕入先	△△サケテン（カ / △△酒店（株）（現勤務先の仕入先）	○○区○○	50 %	100 %	% 日	末 日〆　翌月末 日支払
仕入先	カ）××ショクヒン / （株）××食品（現勤務先の仕入先）	○○区○○	50 %	100 %	% 日	末 日〆　翌月末 日支払
仕入先		ほか　社	%	%	% 日	日〆　日支払
外注先						日〆　日支払
外注先						日〆　日支払
人件費の支払	末 日〆　翌月末 日支払（ボーナスの支給月　月、　月）					

・販売先・仕入先との結びつきがあれば記入してください。
・販売・仕入条件について確認しておく必要があります。

☆　この書類は、ご面談にかかる時間を短縮するために利用させていただきます。
　　なお、本書類はお返しできませんので、あらかじめご了承ください。
☆　お手数ですが、可能な範囲でご記入いただき、借入申込書に添えてご提出ください。
☆　この書類に代えて、お客さまご自身が作成された計画書をご提出いただいても結構です。

6　関連企業（お申込人もしくは法人代表者または配偶者の方がご経営されている企業がある場合にご記入ください。）

関連企業①	企業名		関連企業②	企業名	
	代表者名			代表者名	
	所在地			所在地	
	業種			業種	

7　お借入の状況（法人の場合、代表者の方のお借入）

お借入先名	お使いみち	お借入残高	年間返済額
○○銀行△△支店	□事業 □住宅 ☑車 □教育 □カード □その他	76 万円	24 万円
	□事業 □住宅 □車 □教育 □カード □その他	万円	万円
	□事業 □住宅 □車 □教育 □カード □その他	万円	万円

8　必要な資金と調達方法

	必要な資金	見積先	金額	調達の方法	金額
設備資金	店舗、工場、機械、車両など（内訳）		970 万円	自己資金	360 万円
	・店舗内外装工事	○○社	500	親、兄弟、知人、友人等からの借入（内訳・返済方法）	200 万円
	・厨房機器	○×社	200		
	・什器・備品類	△△社	150	父	200
	・保証金		120	元金２万円×100回（無利息）	
				日本政策金融公庫国民生活事業からの借入 元金10万円×70回（年○.○%）	700 万円
				他の金融機関等からの借入（内訳・返済方法）	万円
運転資金	商品仕入、経費支払資金など（内訳）		290 万円		
	・仕入		90		
	・広告費等諸経費支払		140		
	・家賃等		60		
合計			1,260 万円	合計	1,260 万円

・見積書などを添付してください。
・すでに支払済みの場合は領収書・請求書などを添付してください。

金額は一致します。

9　事業の見通し（月平均）

		創業当初	1年後又は軌道に乗った後（○年○月頃）	売上高、売上原価（仕入高）、経費を計算された根拠をご記入ください。
売上高①		248 万円	322 万円	<創業当初> ①売上高（日曜定休） 昼(月～土)　900円×25席×0.8回転×26日＝ 46万円 夜(月～木) 4,500円×25席×0.6回転×18日＝121万円 (金、土) 4,500円×25席×0.9回転× 8日＝ 81万円 ②原価率 35%（勤務時の経験から） ③人件費　従業員１人20万円 専従者１人(妻)10万円 アルバイト２人 時給1,300円×12時間／日×26日＝40万円 支払利息　700万円×年○.○%÷12ヵ月＝○.○万円 その他光熱費、広告宣伝費等　50万円 <創業1年後（軌道に乗った後）> ①創業当初の1.3倍(勤務時の経験から) ②当初の原価率を採用 ③人件費　従業員1人増　18万円増　その他諸経費　10万円増
売上原価②（仕入高）		87 万円	113 万円	
経費	人件費	70 万円	88 万円	
	家賃	20 万円	20 万円	
	支払利息	2 万円	2 万円	
	その他	50 万円	60 万円	
	合計③	142 万円	170 万円	
利益 ①－②－③		19 万円	39 万円	

人件費は従業員数もわかるように記入してください。

・所得税等の税金や借入金の返済元金はここから支払われます。
・個人営業の場合、事業主分の人件費はここに含まれます。

創業計画書の作成にあたっては、支店等の予約相談や、創業計画書セルフチェックリストもご活用ください。

ご相談の予約はこちら　　創業計画書セルフチェックリストはこちら

（日本政策金融公庫　国民生活事業）

日本政策金融公庫のホームページから転載しています。
創業計画書と借入申込書を記入する用紙は、日本政策金融公庫のホームページからダウンロードできます（ダウンロードのリンク先は変更になる場合があります）。

「日本政策金融公庫 - 国民生活事業 - 各種書式ダウンロード」
ダウンロードページ　https://www.jfc.go.jp/n/service/dl_kokumin.html

●借入申込書

日本政策金融公庫で創業資金を借り入れるときの申込書の記入例です。
本書の 134 ページにある「資金調達」の説明も参考にしてください。

［表面］

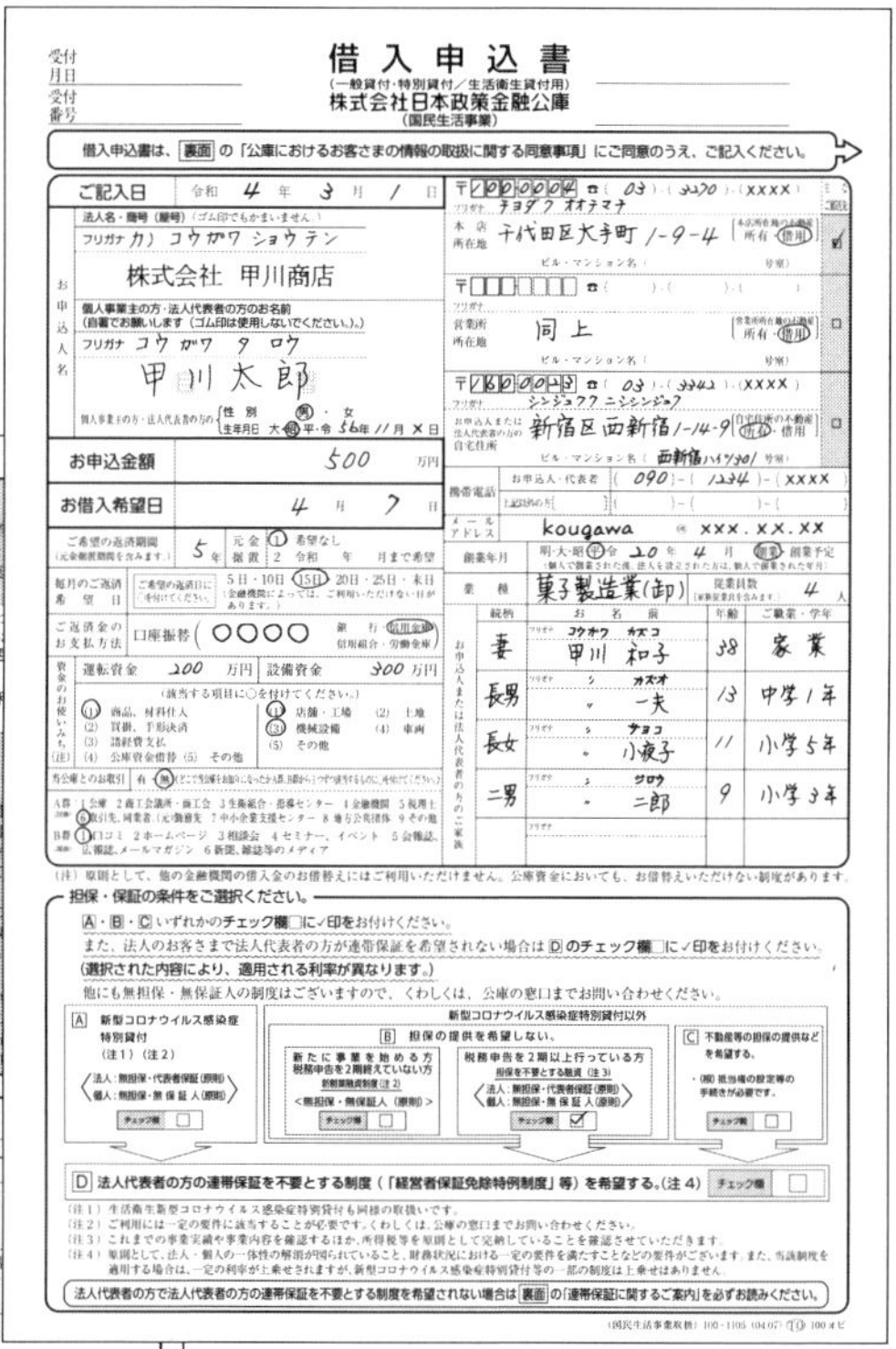

借入申込書
（一般貸付・特別貸付／生活衛生貸付用）
株式会社日本政策金融公庫
（国民生活事業）

借入申込書は、裏面の「公庫におけるお客さまの情報の取扱に関する同意事項」にご同意のうえ、ご記入ください。

ご記入日　令和 4 年 3 月 1 日

法人名・商号（屋号）
フリガナ カ）コウカワ ショウテン
株式会社 甲川商店

個人事業主の方・法人代表者の方のお名前
フリガナ コウカワ タロウ
甲川太郎

本店所在地　〒100-0004　チヨダク オオテマチ　千代田区大手町 1-9-4
営業所所在地　同上
お申込人または法人代表者の方の自宅住所　〒160-0023　シンジュクク ニシシンジュク　新宿区西新宿 1-14-9　西新宿ハイツ301

お申込金額　500 万円
お借入希望日　4 月 7 日
ご希望の返済期間　5 年
運転資金　200 万円　設備資金　300 万円

携帯電話　090-1234-XXXX
メールアドレス　kougawa　XXX.XX.XX
創業年月　20 年 4 月 創業予定
業種　菓子製造業（卸）　従業員数　4 人

続柄	お名前	年齢	ご職業・学年
妻	コウカワ カズコ 甲川 和子	38	家業
長男	カズオ 〃 一夫	13	中学1年
長女	サヨコ 〃 小夜子	11	小学5年
二男	ジロウ 〃 二郎	9	小学3年

担保・保証の条件をご選択ください。
A・B・C いずれかのチェック欄□に✓印をお付けください。
また、法人のお客さまで法人代表者の方が連帯保証を希望されない場合は D のチェック欄□に✓印をお付けください。
（選択された内容により、適用される利率が異なります。）

D 法人代表者の方の連帯保証を不要とする制度（「経営者保証免除特例制度」等）を希望する。（注4）

法人代表者の方で法人代表者の方の連帯保証を不要とする制度を希望されない場合は裏面の「連帯保証に関するご案内」を必ずお読みください。

［裏面］

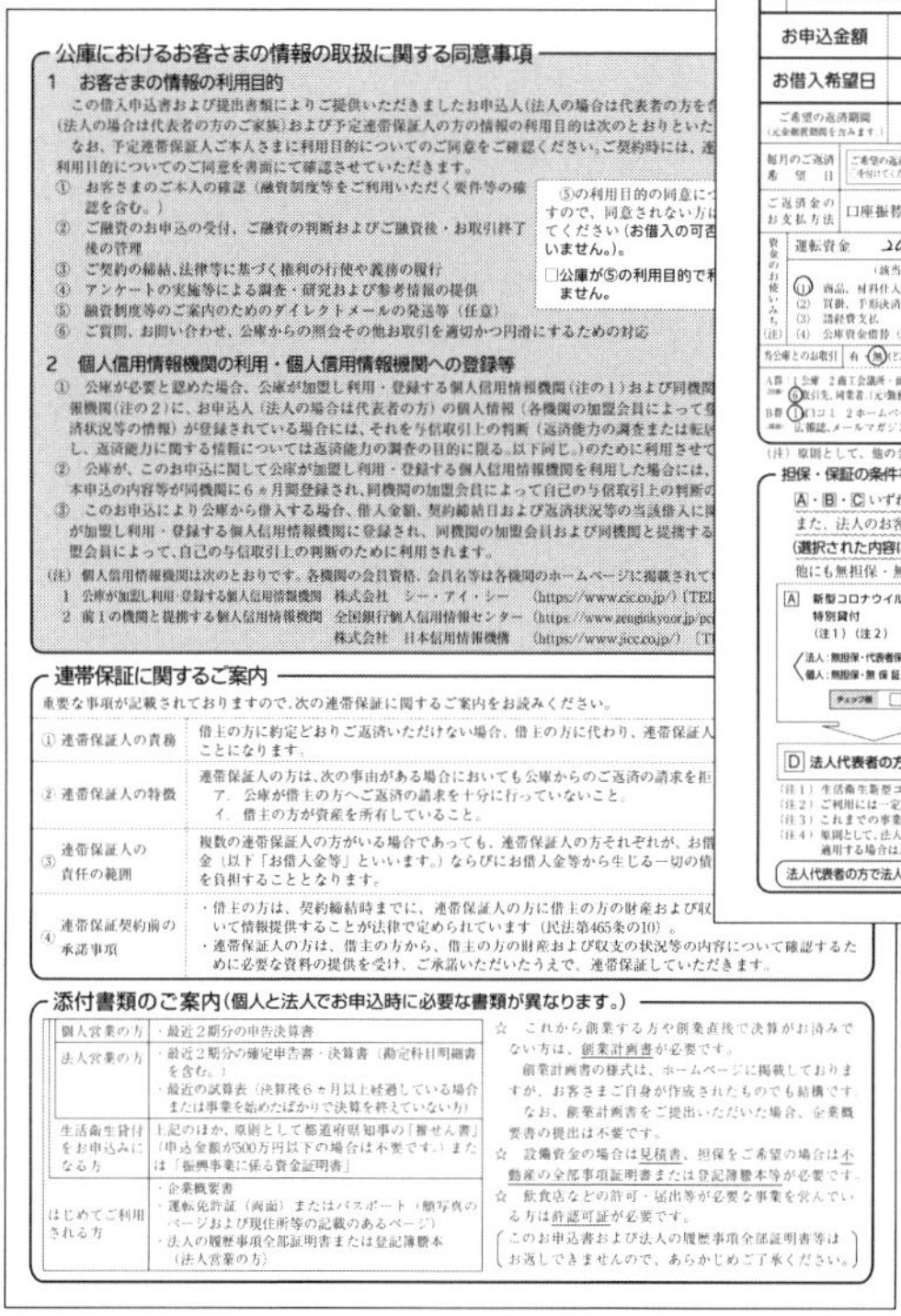

公庫におけるお客さまの情報の取扱に関する同意事項

1 お客さまの情報の利用目的

① お客さまのご本人の確認（融資制度等をご利用いただく要件等の確認を含む。）
② ご融資のお申込の受付、ご融資の判断およびご融資後・お取引終了後の管理
③ ご契約の締結、法律等に基づく権利の行使や義務の履行
④ アンケートの実施等による調査・研究および参考情報の提供
⑤ 融資制度等のご案内のためのダイレクトメールの発送等（任意）
⑥ ご質問、お問い合わせ、公庫からの照会その他お取引を適切かつ円滑にするための対応

2 個人信用情報機関の利用・個人信用情報機関への登録等

連帯保証に関するご案内

重要な事項が記載されておりますので、次の連帯保証に関するご案内をお読みください。

① 連帯保証人の責務
② 連帯保証人の特徴
③ 連帯保証人の責任の範囲
④ 連帯保証契約前の承諾事項

添付書類のご案内（個人と法人でお申込時に必要な書類が異なります。）

個人営業の方	・最近2期分の申告決算書
法人営業の方	・最近2期分の確定申告書・決算書（勘定科目明細書を含む。） ・最近の試算表（決算後6ヵ月以上経過している場合または事業を始めたばかりで決算を終えていない方）
生活衛生貸付をお申込みになる方	上記のほか、原則として都道府県知事の「推せん書」（申込金額が500万円以下の場合は不要です。）または「振興事業に係る資金証明書」
はじめてご利用される方	・企業概要書 ・運転免許証（両面）またはパスポート（顔写真のページおよび現住所等の記載のあるページ） ・法人の履歴事項全部証明書または登記簿謄本（法人営業の方）

☆ これから創業する方や創業直後で決算がお済みでない方は、創業計画書が必要です。
創業計画書の様式は、ホームページに掲載しておりますが、お客さまご自身が作成されたものでも結構です。
なお、創業計画書をご提出いただいた場合、企業概要書の提出は不要です。
☆ 設備資金の場合は見積書、担保をご希望の場合は不動産の全部事項証明書または登記簿謄本等が必要です。
☆ 飲食店などの許可・届出等が必要な事業を営んでいる方は許認可証が必要です。
（このお申込書および法人の履歴事項全部証明書等はお返しできませんので、あらかじめご了承ください。）

●著者紹介
入江 直之

店舗プロデュース会社の営業部門で飲食店の運営に携わり、数多くの飲食店の開業と運営に参加。その後、不動産会社、店舗デザイン会社、専門学校講師、商業施設コンサルタント会社などを経て独立。これまでに、飲食店の独立開業に関する多くの講座で講師を受け持つ。

商業施設や店舗の企画・リニューアル計画にも外部スタッフとして参画し、個人の独立開業から企業の店舗運営、プロモーション、人材育成など、フード業界で幅広く活躍。

業界誌や経営誌への執筆は数多く、新聞、雑誌、テレビなどのコメンテーターも務める。

商工会議所・商工会の指導員。日本フードサービス学会会員。株式会社イートワークス（EATWORKS）代表取締役。

著書に『小さな飲食店の儲け方』（日本実業出版社）がある。

連絡先
株式会社イートワークス（EATWORKS）
http://www.eatworks.com/
irie@eatworks.net

●編集：有限会社ヴュー企画
●本文デザイン・DTP：提箸圭子・坂口志子
●イラスト：中村知史
●企画・編集：成美堂出版編集部

本書に関する正誤等の最新情報は下記のURLをご覧ください。
https://www.seibidoshuppan.co.jp/support/

※上記アドレスに掲載されていない箇所で、正誤についてお気づきの場合は、書名・発行日・質問事項・氏名・住所・FAX番号を明記の上、成美堂出版まで郵送またはFAXでお問い合わせください。お電話でのお問い合わせは、お受けできません。
※本書の正誤に関するご質問以外はお受けできません。また、開業相談、運営相談等は行っておりません。
※内容によっては、ご質問をいただいてから回答を郵送またはFAXで発送するまでお時間をいただく場合もございます。
※ご質問の受付期限は、2025年6月末到着分までとさせていただきます。ご了承ください。

お客が殺到する飲食店の始め方と運営 '24～'25年版

2024年7月10日発行

著　者　入江直之《いりえなおゆき》
発行者　深見公子
発行所　成美堂出版
〒162-8445　東京都新宿区新小川町1-7
電話(03)5206-8151　FAX(03)5206-8159
印　刷　大盛印刷株式会社

ISBN978-4-415-33428-8
落丁·乱丁などの不良本はお取り替えします
定価はカバーに表示してあります